한국 성씨의 기원과 신화

한국 성씨의
기원과 신화

서해숙

민 속 원

성씨신화는 성씨 시조가 탄생하여 득성得姓하기까지의 일련의 과정을 이야기한 것으로, 특정 성씨집단의 기원을 설명하는 신화이다. 성씨신화의 전승자는 그 성씨를 지닌 특정의 씨족집단이다. 그래서 성씨신화는 성씨의 범위에서 신성시되고 제한된 혈연적 지속성 위에 존재하며, 역사문화적 전통을 고스란히 수용하고 있는 신화라 할 수 있다.

성씨신화는 성씨의 수만큼 다양하게 전승될 가능성이 많으나 오늘날 남겨진 자료는 그리 많지 않다. 실제 수집된 자료들은 건국신화와는 달리 시조가 탄생하고 그로 인해 성씨가 부여되는 것으로만 이야기가 전개되고 있어 시조의 탄생이 성씨신화의 핵심을 이루고 있다.

비록 성씨신화가 씨족 집단 내에서만 신화로 기능함에 따라 다소 제한된 가치를 두고 있으나, 집단의 세계관을 반영하고 가치관을 함축하고 있는 시조에 관한 신화적인 전승이라 규정지을 수 있다. 금궤, 석함, 궤, 금합과 같은 상자에서 시조가 출현하는 성씨신화에서 나타나는 신화적 공간과 시간은 건국신화에 비견되는 모티브이다. 역사에 의하여 성씨신화가 그 변이를 거듭하였을지라도, 근대인의 심성에 깊이 숨겨져 있는 신화적 사고는 바로 시원에 대한 관심인 것이다. 그리고 성씨신화에서 전설소의 차용은 신화의 진실성과 신성성을 보강해주는 역할을 하고 있다. 특히 이류교혼에 의해 시조가 탄생하는 성씨신화에서 그 전실직 변이를 쉽게 찾아볼 수 있는데, 이는 부모의 존재가 인간과 이류라는 점, 즉 이류교혼 모티브에서 드러나는 흥미성으로 인해 다양한 변이가 가능하였던 것이다.

5

이러한 성씨신화가 전승의 지속성을 마련하고 있는 것은 성씨제도와 족보편찬이 전승집단에게 구심체로 기능하고 있기 때문이다. 성은 혈족관계를 표시하기 위한 제도적 장치로 언제부터 형성되어 왔는지는 자세하지 않다. 그러나 오늘날 성씨는 제도적으로 강화되어 자신의 존재 근원을 확인하는 최고의 사회적 산물이 되고 있다.

특히 우리나라 성씨제도는 단지 혈통의 표시에 끝나지 않고, 사회조직의 기초를 이루고 있어 사상·문화·도덕·관습의 근본이 되고 있다. 곧 성씨 체제는 역사적 시간이 적층으로 쌓여 자연스럽게 형성된 제도로, 여느 민족과 구별되는 한민족의 전형적인 문화적 양태라 할 수 있다. 따라서 오늘날 전해지는 성씨신화는 성씨제도의 정착과 긴밀한 관련을 맺으면서 신화로서 정착·전승되고 있다 할 것이다.

성씨제도 외에도 족보는 성姓과 밀접히 관련된다. 고려시대에 이르러 성씨제도가 정착되면서 가계가 기록되기 시작하다가, 조선시대에 들어와서는 여러 가지 사회적 여건의 성숙과 문벌의식 팽창으로 족보편찬이 활발해진다. 이는 조선시대 유교를 숭상하면서 신분질서 강화와 제사의식 등 조상숭배사상이 강조되고 문벌과 남녀의 차별이 굳어지는 시대풍토를 반영한 것이다.

이러한 의식은 성씨신화에서 그대로 드러나는데, 후대에 간행된 족보일수록 시조에 대한 신화적 미화는 심화되고 있다. 그래서 가급적 성씨의 시조를 고래古來로 소급하고, 왕실의 후예나 명문출신임을 강조하고 시조의 관직을 지나치게 과장하여 기록하는 것은 결국 자신이 소속된 가계의 지위를 가급적 높이려는 것이며, 가계 역사의 유구함을 과시하기 위한 노력의 산물이라 할 수 있다. 여기에 성씨신화가 자리하고 있으며, 씨족집단의 결속력과 씨족에 대한 우월의식을 강화시키는 매개체로 기능하고 있는 것이다.

이러한 성씨제도, 족보와의 연계 속에서 성씨신화는 시조신 제의의 구술 상관물로써 기능한다. 매년 후손들에 의해 시조신 제의가 거행되는 동안에는 신화적인 성스러운 시간과 공간으로 회귀한다. 비록 신화에서만 시조신이 기억된다 할지라도, 제의를 통해 매번 성씨신화는 환기되며 되살아나고 있는 것이다.

이처럼 성씨신화는 성씨제도의 사회성, 족보의 역사성, 시조신 제의의 종교성 등의 복합관계 속에 위치하며, 이러한 문화적 인식이 성씨신화를 거듭나게 하고 있다. 실제 어느 한 가지가 제외된다 하더라도 성씨신화는 신화로서 최소한의 가치를 부여할 수 있으나, 이러한 복합적 의미를 수용할 때 비로소 성씨신화가 갖는 문학성이 온전하게 살아난다.

따라서 성씨신화는 과거이래 오늘날에도 신화적 기능을 보유하면서 전승되는 신화이며, 자신의 존재를 증명하는 현재의 신화이다. 성씨신화는 과거의 시조와 현재의 자신 그리고 미래에 있을 후손의 관계를 긴밀하게 맺어주는 연결고리이다. 시조가 있기에 자신이 존재하고 자신이 있기에 장차 후손들도 존재하는 이상적인 구심체를 바로 성씨신화에서 찾을 수 있다. 그리고 오늘날에도 지속되는 시조신 제의가 현재적 자아를 과거와 미래로 연결시키는 매개 행위로 기능하고 있다. 곧 성씨신화는 신화 내적으로 논리적인 일관성을 갖고서 역사문화적 경험과 인식이 습합된 역동적인 신화라 할 수 있다.

이 책에서는 이러한 관점에서 성씨신화의 세계를 고찰하고자 하였다. 크게 제1장, 제2장으로 나누고서 제1장에서는 성씨신화의 서사구조, 형성과 전승양상, 문화사적 수용, 인식체계, 문학교육론적 활용 등으로 성씨신화의 전반적인 체계와 의미를 살펴본 논문들이다. 그리고 제2장에서는 성씨신화의 각편들로, 남평문씨, 남원진씨, 경주최씨, 견씨 등의 특정 성씨신화의 전승양상과 해당 문중에서의 인식과 역사적 의미 등을 고찰한 논문이다.

이 책은 지금까지 성씨신화를 논의의 중심 대상으로 삼은 예가 없기 때문에 새로운 연구방향을 모색하는 계기가 되었다고 생각된다. 그러나 성씨신화에 대한 필자의 짧은 소견을 피력한 것이기 때문에 부족한 점이 많음을 토로할 수밖에 없다. 그래서 졸저를 내놓는 부끄러움이 앞서지만 성씨신화를 본격적으로 다루었다는 점에서 아쉬운 마음을 달래고자 한다.

이 작은 책이 나오는 데는 주위 많은 분들의 은혜가 있었기에 가능했다. 먼저 지금까지 학문적으로나 인격적으로 인도해주시고 지도해주신 나경수 선생님께 감사드린다. 항상 묵언으로 채찍하시면서도 선생님의 하염없는 힘과 격려가 없으셨다면 여기까지 올 수 없었기에 감사하는 마음을 하루도 잊은 적이 없다. 그리고 민속학을 현장에서 그리고 강의실에서 열심히 공부할 수 있게 해주신 동은 지춘상 선생님께도 감사드린다. 늘 민속공부에 대한 자부심을 갖게 해주셨고, 적극적으로 조사의 현장을 찾아 관찰할 수 있도록 힘을 실어주신 선생님께 감사한 마음 표할 길이 없다. 또한 박사학위 논문을 심사해주신 나승만 선생님, 송진한 선생님, 이종주 선생님께도 감사드리고 모교의 여러 선생님께도 감사드린다. 그리고 학문에 정진하도록 멀리서 성원을 아끼지 않으신 전경목 선생님께도 감사한 마음을 전한다.

끝으로, 돌아가신 그 순간까지도 자식에게 힘을 실어주신 어머니 그리고 든든한 후원자로 버팀목이 되어주시는 아버지께 더할 나위 없이 송구스럽고 감사한 마음을 전한다. 또한 가까이서 서로간의 학문적 공감대를 쌓아갈 수 있도록 힘을 실어준 이옥희, 김지현, 임세경 그리고 여러 후배들에게도 이 책을 빌어 감사한 마음을 전하고자 한다. 마지막으로 어려운 출판 여건 속에서도 기꺼이 책을 내주신 도서출판 민속원의 홍기원 사장님과 심혈을 기울여 책을 만들어주신 관계 직원 여러분 그리고 이 책이 나오도록 중간에 애써주신 우리문화사 최주호 사장님께도 감사드린다.

2005년 9월
서해숙

‖ 차례 ‖

제 1 장
한국 성씨신화의 이해

서론 ■

I. 문제의 제기

설화는 집단의 전승의식을 표출하는 구비문학의 한 양식이다. 민중이라는 창작의 주체와 시간의 흐름이라는 역사성 속에서 전승의 연쇄를 이루고 있으므로 과거와 현재의 관점에서 재해석될 수 있는 것이 설화이다. 문학이 언어를 통해 개인이나 집단의 의식을 예술적으로 표현한 것이라면, 설화는 이야기 형식을 빌어 어떤 내용을 표현한 것으로, 오랜 시간에 걸쳐 구비전승된다. 따라서 설화에는 전승집단의 지역적 혹은 국가적 정서가 집약적으로 표현되어 있고, 역사의 지속성이라는 무게가 부가되어 인식되므로 그 표현을 통해 한 집단의 역사성과 전승의식을 재인식할 수 있다.

설화 가운데 특히 신화는 이러한 전승의식과 역사성을 확연하게 드러낸다. 신화를 일어나지 않은 비역사적 사실에 대한 이야기로만 처리할 수 없는 것은 적어도 그것은 신화적 사실로서의 현존성과 허구적 구성물로서의 설화적 실재성을 아울러 지니기 때문에[1] 신화에서 나타나는 규범성과 의미 그리고 가치를 파악할 수 있는 것이다.

---

1) 정진홍, 『종교학서설』(서울 : 전망사, 1990), 114쪽.

일반적으로 말해서 신화란 신에 관한 또는 신성에 대한 이야기 전체를 지칭하는 낱말이다. 하지만 명칭에 대한 축자적인 의미를 넘어서 본질적인 이해를 의도한다면 신화란 기원을 설명하는 것으로 믿어지는 이야기다. 특히 신화는 앎의 총체라고 할 수 있는 존재, 인식, 가치 등에 대해서 그 기원적인 역사를 설명하므로,[2] 신화는 개인뿐만 아니라 사회와 문화적으로 중요한 기능을 수행한다. 가장 중요한 것은 공동체를 통합하는 기능이다.

건국신화는 한 나라 왕권의 정통성을 세우고 국가의 권위를 초월적인 존재로 격상시키는 다분히 정치적인 의도를 갖는다. 이러한 의도는 단지 규모와 범위만 축소될 뿐, 성씨신화에도 그대로 드러난다. 신화를 통해 가문이나 씨족에 소속된 사람들은 스스로 시조의 연원을 찾고 나아가 이를 통해 그 후손임을 자부하게 된다. 아울러 그러한 의식이 그 가문이나 씨족을 결속하는 원동력으로 작용한다.

신화는 신성성이 인정되는 집단의 범위에 따라 건국신화, 시조신화, 부락신화, 기타신화 등으로 분류하고서, 성씨의 범위에서 신성성이 인정되는 시조에 관한 신화를 시조신화라 규정하는가 하면,[3] 국조신화, 무속신화 그리고 씨조신화, 촌락신화 네 가지로 분류하기도 한다.[4] 우리나라 시조신화는 가계 내지 계보의 신화임을 일러주는 것으로, 제주도 삼성신화나 신라의 육성신화 등은 이 땅의 가장 오래된 시조전승의 모습을 보여주다가 후대에 이르러서는 각기 가문의 시조로 정착되어 전승되고 있다. 그리고 이러한 신화들이 별개로만 존립하고 있는 것이 아니라 시조신화의 원형 위에서 국조신화가 형성되었음을 시사하고 있다.

그동안 성씨를 중심으로 한 시조신화의 연구는 미흡한 편이다.[5] 성씨신

2) 나경수, 「신화의 개념에 대한 攷」, 『한국민속학』 제26집(민속학회, 1994), 144~159쪽.
3) 장덕순 외, 『구비문학개설』(서울 : 일조각, 1992), 33쪽.
4) 고대 민족문화연구소, 『한국민속대관』 6(서울 : 고대 민족문화연구소 출판부, 1995), 43쪽.
5) 성씨를 대상으로 한 연구는 사학계에서도 미비하다. 이는 성씨의 본질을 자명한 것으로 인식하여, 성씨는 연구의 대상이라기 보다는 전제로 취급되는 경향 때문이라고 지적하고 있다(이종서, 「나말여초 성씨 사용의 확대와 그 배경」(서울대 석사학위논문, 1996)).

화는 건국신화나 무속신화에 부분적으로 언급되거나 몇 개의 성씨신화를 야래자설화夜來者說話 유형 속에 다룬 것이 전부였다. 그러다 김광순을 필두로 허경회, 성기열, 장장식, 이수봉, 이영수 등에 의해서 본격적이고 구체적인 연구가 시도되었다.

김광순[6]은 시조신화를 건국시조신화와 성씨시조신화로 나누어 인물, 배경, 사건, 시간, 주제 등을 간략하게 표로 정리하여 살펴보면서 양자의 신화 속에서 드러난 세계관을 분석하였다. 즉 건국시조신화는 대우주관에 입각하여 그 시조를 천신天神에 두고 있으나, 성씨시조신화는 소우주관에 입각하여 시조를 수신水神에 두고 있다. 이러한 차이는 성씨시조신화가 이미 국가적 체제 내에서 창작되었기 때문으로, 건국시조신화와 성씨시조신화는 서로 별개의 성격을 지닌 신화로 규정하였던 것이다.

성씨신화에 관한 논의를 체계적으로 발전시킨 허경회[7]는 한국의 씨족설화를 건국왕조설화, 건국득성왕조설화建國得姓王祖說話, 득성왕조설화得姓王祖說話, 씨가설화氏家說話로 분류한 뒤, 씨가설화氏家說話는 다시 씨조의 유래를 밝히는 씨조설화와 씨족의 일원을 대상으로 하는 가문설화로 나누었고, 씨조설화에서 성씨신화의 세밀한 화소분석을 통해 그 신화적 의미와 상징을 추출하였다.

그리고 논자에 따라 관점의 차이가 발견되지만, 특정 성씨를 대상으로 그에 대한 상세한 의미 분석을 통해 문학적 의의를 규명한 연구들이 발표되었다.[8] 장장식은 곽씨시조설화를 중심으로 전승양상을 살펴본 후 각 편에 등장하는 새는 조류숭배관념인 천조사상天鳥思想 내지 신조사상神鳥思想을 반영한 것이며, 곽씨시조설화는 생명의 기원과 하늘새의 임무에 관한 신

---

6) 김광순, 『한국 구비전승의 문학』(서울 : 형설출판사, 1988).
7) 허경회, 『한국씨족설화연구』(광주 : 전남대출판부, 1990).
8) 성기열, 『한국설화의 연구』(인천 : 인하대출판부, 1988).
　장장식, 「곽씨 시조설화의 형성과 신화성」, 『한국민속학보』 제9호(한국민속학회, 1998).
　이수봉, 「청주곽씨 가문신화의 변증고」, 『설화문학연구』 下(서울 : 단국대 출판부, 1998).
　이영수, 「하음봉씨 성씨 시조설화 연구」, 『한국학연구』 제10집(인하대학교 한국학연구소, 1999).

화적 사건과 상징을 수용한 설화라고 규정하였다.

이수봉은 청주곽씨를 논의의 대상으로 하여 성씨의 시조가 가문의 시조이기 때문에 그 시조가 군주나 가문의 씨조氏祖가 될 수 있다고 보고서 국조신화(단군)와 건국신화(고구려, 신라, 가야 등)로 구별하고 여타의 씨조신화는 모두 가문신화로 통일하였다. 그리고 건국신화는 천손계이고 씨조신화는 수신계라는 김광순의 주장과는 달리 씨조신화에도 천손계 신화가 분명히 있었다는 것을 재고해야 한다고 하였다. 그 외 문헌자료와 구전자료를 토대로 한국의 성씨 시조의 전반적인 전승양상과 그 의미를 종합적으로 살펴본 연구9)도 성씨신화에 대한 심도 있는 접근이라 할만하다.

성씨신화10)는 성씨 시조에 관한 신화로, 성씨 시조가 탄생하고 그로 인해 성씨가 부여되는 일련의 이야기 구조를 갖는다. 성씨신화의 전승자는 그 성씨를 지닌 특정의 씨족집단이다. 씨족들은 시조신화를 통해 씨족의 신화적 연원을 밝히고 있고, 나아가 이를 통해 자기 조상을 신격화하고 조상에 대한 신성성과 성씨에 대한 당위성을 표출하기 때문에 성씨신화는 신화적 질서를 충분히 갖추고 있다. 이러한 성씨신화는 특정 성씨의 범위에서 신성시되는 신화이며, 오늘날 성씨라는 제한된 혈연적 지속성 위에 존재한다. 또한 성씨신화는 국가적인 범위보다는 규모가 작은 성씨 단위의 씨족집단에서 향유하고 있는 신화이지만, 건국신화 못지 않은 규범과 의미 그리고 가치를 충분히 찾을 수 있다.

따라서 본 연구는 기존의 연구를 토대로 현재적 관점에서 성씨신화에 대한 폭넓은 신화적 전승의 의미와 함께 신화적 사실을 파악할 것이다. 그리

---

9) 윤인근, 「한국씨족설화연구」(한국교원대 석사학위논문, 1993).
　　조영주, 「한국 성씨기원설화 연구」(경희대 교육대학원 석사학위논문, 1998).
10) 지금까지 성씨신화와 유사하게 사용한 명칭으로 氏祖說話, 始祖說話, 家門神話 등을 들 수 있다. 氏祖說話는 성씨 시조 외에 氏族祖의 다른 행적에 관한 이야기들을 포함하고 있으며, 始祖說話는 건국시조신화와 혼돈될 우려가 있다. 그리고 家門神話는 가문에 해당하는 모든 조상들을 포함하며, 집안이라는 협의적 개념으로 받아들일 우려가 있다. 따라서 본 연구에서는 성씨의 시조로 그 범위를 한정하고 시조 출현 양상과 간략한 행적에 이어 성씨 시조로 좌정하는 일련의 이야기를 '성씨신화'라는 용어로 통칭하고자 한다.

고 성씨신화의 총체적 구성단위를 관계의 집단이라고 하는 맥락 속에서 재구성하여, 구성단위의 상관관계에 의하여 투시되는 문화사적 수용 양상과 그 인식을 종합적으로 추출하려는 관점에서 시작하였다.

2. 연구방법

설화는 구전되는 이야기이므로 유동적이다. 구전되기 때문에 설화는 전승과정에서 끊임없이 변이를 거듭한다. 사록史錄, 전傳, 실기實記, 소설小說 등은 문자로 고정되어 있어 더 이상 변화를 갖지 못하나, 설화는 유동의 과정이 중시되며, 각기 그것대로 가치를 가지게 된다. 구전설화의 유동의 한 양태로 설화가 문헌화 되었을 때는 그것이 비록 하나의 화석의 형태로 남는다 하더라도 그것을 유동하는 설화의 한 각 편으로 간주할 수 있다.[11]

성씨신화 역시 유동하는 설화문학으로 존재하듯이, 오늘날에까지 지속적으로 전승되는 성씨신화를 논의함에 있어서는 신화 장르에 대한 동태적인 시각이 긴요하다. 실제 성씨신화에는 전설, 민담으로의 변이 가능성이 내재되어 있어, 이러한 장르적 요소의 혼재와 변이양상을 중시하고서 구체적으로 살펴본다면 성씨신화에 대한 본질적인 이해가 가능할 것이다.

그러므로 성씨신화에 관한 연구는 단선적인 시각에서 벗어나 공시적이고도 통시적인 시각에서 조망하는 것이 무엇보다 중요하다고 생각된다. 뿐만 아니라 근원적으로 성씨의 시원을 설명하는 메타포이면서, 동시에 시대에 따라 문화적 전통을 고스란히 수용하고 있으므로, 신화가 갖는 문학적인 의미 외에 오늘날 이러한 신화가 전승될 수 있었던 원동력을 풀이할 수 있는 문화적 이해가 동반되어야 한다.

본 연구는 이러한 시각에서 성씨신화의 문학적 전승체계를 장르론에 입

---

11) 조희웅, 『설화학강요』(서울 : 새문사, 1993), 58쪽.

각하여 종합적으로 살펴보고, 나아가 전승론에 입각하여 성씨신화에 드러나는 시대인식과 역사문화적 의식을 고구함으로써 성씨신화에 대한 총체적 이해에 접근하고자 한다.

이에 따라 우선적으로 성씨신화에 대한 서사구조 분석을 통해 각각의 신화가 지향하는 의미와 상징을 파악할 것이다. 성씨신화는 시조의 탄생이 핵심을 이루고 있으므로 시조의 출현 과정에 따라 크게 상생담箱生譚과 이류교혼담異類交婚譚으로 분류하였다. 상생담은 금궤, 석함, 궤, 금합과 같은 상자를 매개로 하여 성씨 시조가 탄생하는 것으로, 경주김씨, 남평문씨, 하음봉씨, 파평윤씨, 달성배씨 시조신화가 이에 해당한다. 이류교혼담은 시조의 탄생이 인간과 인간이 아닌 이류 사이에 감응이나 통교에 의한 것으로, 이에 해당하는 성씨신화로 창녕조씨, 충주어씨, 평강채씨 시조신화 등을 들었다. 이상의 성씨신화 각 편에 대한 구조분석을 통해서 신화적 상징과 의미를 파악하고 나아가 각각 그에 따른 동질성과 변별성을 살펴봄으로써 성씨신화 전반에 흐르는 서사문법을 찾을 것이다.

이러한 서사구조의 분석과 종합은 성씨신화의 형성과 전승양상을 밝히는 토대가 될 것이다. 성씨신화는 성씨 범위라는 제한된 전제 아래 씨족집단의 근원을 찾고 있는 신화이며, 씨족신화나 건국신화에서처럼 존재론적 문제의식을 담고 있는 만큼, 역사적인 시간 흐름 속에서 씨족신화와 건국신화와의 상호관련성과 유추를 통해 그 계통발생 과정을 살펴볼 것이다.

그리고 성씨신화가 전승집단을 떠나게 되면 인간의 합리적이고 일상적인 인식이 작용하여 전설이나 민담의 출구가 되고 있다는 점에서 그 변모양상에 주목하였다. 그래서 자성自姓에 의한 전설소가 차용되어 성씨 시조에 대한 사실성이 강화되고 있는 구전자료를 통해 그 전승양상을 살펴보고, 나아가 타성他姓에 의해 성씨신화가 구비전승 되면서 지속적으로 변이형을 생성하고 있는 점도 검토하고자 한다.

특히 성씨신화가 전승의 지속성을 마련하고 있으며, 전승집단에게 구심체로 기능하고 있다는 것은 전승의 원동력이 되는 성씨제도, 족보와의 긴밀한 상관성을 제시할 수 있다. 따라서 역사적인 시각에서 조망하여 성씨신화가 신화적 원형을 보유하면서도 고정된 형태로 전승되기보다는 역사 무대에서 어떻게 문화적 양태를 수용하면서 변화를 거듭하였는지를, 전승의 주체인 성씨집단은 어떻게 성씨신화에 끊임없는 신화적 상징과 의미를 부여하면서 신화로서 존속을 가능하게 했는지 등을 구체적으로 살펴보고자 한다.

3. 연구대상의 범주론적 전제

성씨신화는 시조의 연원을 고대로 소급하거나, 역사시대의 구체적인 시간관념에 의거하여 시조의 연원을 찾고 있는 씨족단위의 신화이다. 그래서 건국신화와 성씨신화를 비교해 보면, 건국신화는 성씨신화보다 차원 높은 신성미神聖美를 지닌 신화로써 신성성과 진실성이 국가나 민족 전체를 상대로 하고 있으나, 성씨신화는 그들 씨족 자체만이 신화의 전승자에 해당하여 天孫의 지배 하에서만 씨족의 신화가 존재할 수 있다고 해서 성씨신화가 건국시조신화의 아류임을 지적하였다.[12]

이러한 관점은 성씨 시조와 건국 시조를 구분함에 따른 것인데, 과연 건국 시조와 성씨 시조를 명확히 구분 지을 수 있는가의 문제에 접근하게 된다. 즉 성씨 시조이면서 건국시조가 된다는 점과, 성씨 시조이지만 건국 시조가 아닌 한 지역의 가문 시조로 정착하는 등 그 변화 양상이 다양하기 때문이다.

성씨 시조는 혈연을 중심으로 하는 씨족단위의 시조를 말한다. 이러한 씨족단위가 정치적으로 힘을 얻어 나라를 세우게 되면 건국 시조가 된다. 신라의 육성 시조가 서로 나라 세울 일을 의논하여 박혁거세를 왕으로 추대하는 일련의 과정은 박씨 씨속집난의 신화기 신라 건국신화가 되었음을

---

12) 김광순, 『한국 구비전승의 문학』(서울 : 형설출판사, 1988), 29~30쪽.

의미한다.[13] 이는 성씨신화가 씨족신화와 건국신화의 순차적 과정과 혼재를 거쳐 오늘날 구체화된 것이라 할 수 있다. 즉 박혁거세신화는 부족 단위의 신화였다가 건국신화로 발전하였고, 오늘날에는 시조신화로 정착되어 전승의 지속성을 띠고 있는데서 비롯된 생각이다. 이에 반해 김알지신화는 김알지 후손인 미추왕이 왕으로 추대됨으로써 비로소 왕조신화에 편입되었으나, 오늘날에는 경주김씨 시조신화로 정착, 전승되고 있다. 그리고 신라 육성신화 역시 오늘날에는 이씨, 최씨, 설씨, 배씨, 정씨, 손씨의 성씨 시조로 정착, 전승되고 있다.

그렇다면 이러한 예를 통해 고대의 씨족단위의 시조신화가 국가적으로 확대되면 건국신화가 될 수 있음을 간접적으로 시사하고 있고, 비록 건국신화가 되지 못했다 하더라도 씨족단위에 의해 신화적 문맥을 현재까지 지속하게 되면 성씨신화로서의 전승이 가능한 것이다. 따라서 성씨신화는 건국신화적 자질을 어느 정도 갖추고 있는 신화로, 후대의 역사의식의 개입으로 변이를 거듭하였으리라는 가능성을 추론할 수 있다.

한편, 성씨신화가 소규모 씨족단위로 전승된다는 점이 오히려 건국신화보다 쉽게 망각될 수 있다. 건국신화는 한 나라의 건국과 함께 시작되었다가 그 나라가 망할 때까지 존속하기 때문에 오늘날 역사 문헌에 남아 있지만, 성씨신화는 씨족의 흥망성쇠에 따라서 문헌에 정착되기도 전에 쉽게 잊혀질 수 있기 때문이다.

다행스럽게 일부 성씨신화는 씨족집단의 존망에 따라 씨족의 범주 안에서 신성시되고 중간의 가계기록 등의 제도적 장치가 뒷받침되어 신성성의 관념은 오늘날에도 지속적으로 유지되고 있다. 이러한 점은 성씨신화를 통해 역사시대에 적합한 신화적 질서를 찾을 수 있다는 점에서 그 중요성이 인지된다. 또한 성씨신화를 통해 신화는 결코 고대의 상고시기에만 존재하는 것이 아니라는 점이다. 따라서 성씨신화를 통해 각기 다른 역사시기마다

---

13) 『三國遺事』卷 第一, 紀異 第一, 박혁거세.

시대적 사실에 부응하는 역사와 문화를 수용하면서 신화로 전승되었을 것으로 미루어 짐작할 수 있다.

그동안 신화 연구는 주로 문헌에 실린 국조신화에 치중하였다가 점차 무속신화 및 기타 구비신화로 관심을 넓혀 왔으나, 신화의 개념을 지나치게 제한한 탓에 아직까지 영성한 편이라 할 수 있다. 따라서 우리나라 신화에 대한 충실한 이해를 위해서는 시대와 문화에 따라 복잡하게 혼재하고 있는 신화적 전승들에 다소 유연하게 접근할 필요가 있다.[14] 이는 고대의 문헌 자료에 기록된 신화 외에 근래의 기록된 신화자료를 가지고서도 신화적 시각에서 신화적 전승에 대한 유연한 접근이 가능하고, 또 그렇게 해야만 보다 풍부한 신화 연구와 그에 따른 조망이 가능하다는 것이다.

'이야기' 전승의 '설화'라든지 '문학'이라는 개념도 실제로는 완전히 갖추어진 유형으로 존재하는 것이 아니라 그런 개념 아래 여러 가지로 다른 특수성을 지닌 개별적 개념이 포함된다.[15] 성씨신화는 성씨 시조가 탄생하고 그로 인해 성씨가 부여되는 이야기로 건국신화보다 개별적인 개념을 포함한다.

오늘날 남겨진 신화 자료를 토대로 살펴보면 건국신화는 건국 시조를 통해 국가의 형성과정을 설명하는 신화이기에 국조신화라 할 수 있다. 그렇지만 성씨신화는 씨족이라는 혈연적 범주 안에서 시조의 탄생을 통해 씨족의 기원을 설명하는 신화이므로 씨조신화라 규정할 수 있다. 따라서 국가라는 범주 속에서는 씨족이 포함되므로 당연히 건국신화의 하위 개념으로 성씨신화가 포괄되므로, 성씨신화는 건국신화와의 긴밀한 상호관련성을 미루어 짐작할 수 있다.

단군신화, 주몽신화, 박혁거세신화, 석탈해신화, 김수로신화, 제주 삼성신화 등의 건국신화는 건국에 초점을 두고 시조의 탄생에서부터 혼인, 이적, 죽음 등에 이르기까지 영웅일대기적 과정이 순차적으로 기술되어 있고, 죽

---

14) 천혜숙 외, 『한국구비문학의 이해』(서울 : 월인, 2000), 50쪽.
15) 이상일 외, 『민담학개론』(서울 : 일조각, 1997), 67쪽.

어서도 산신이 되거나 시조신격으로 숭앙되고 있다. 물론 주몽신화, 박혁거세신화, 석탈해신화, 제주 삼성신화는 성씨의 기원을 부분적으로 설명하고 있어 성씨신화이기도 하다. 그러나 건국신화는 고대 영웅일대기적 면모를 충분히 갖추고 있어 본 연구에서 다루고자 하는 성씨신화와는 변별성을 띠고 있기 때문에, 상세한 논의를 보류하고 각 해당분야에서 위 신화가 차지하는 신화적 의미와 기능을 성씨신화의 상호 연관 속에서 충분히 논의하려고 한다.

건국신화와는 달리 성씨신화는 이야기 전개가 간략하다. 시조가 탄생하고 그로 인해 성씨가 부여되는 것이 이야기의 전부이다. 시조의 탄생이 신화 전체의 핵심을 이루고 있는 만큼 그에 따른 성씨신화의 분류가 가능하다. 그리고 이러한 분류에 따른 구조분석은 성씨신화에 대한 논리적 모델을 제시하여 실제적인 차원에서 역사문화와 어떻게 관련 지어 인식할 수 있는가의 문제와도 자연스럽게 연결지을 수 있다.

본 연구에서 다루려는 경주김씨, 남평문씨, 하음봉씨, 파평윤씨, 달성배씨, 창녕조씨, 충주어씨, 평강채씨 시조신화 등이 모두 이러한 전개양상을 갖는다. 그리고 이러한 신화는 해당 성씨집단에서 족보와 같은 가계기록을 통해 그 신화적 기능과 의미가 지속되고 있어 다각적인 시각에서 접근할 수 있다.

오늘날 무수히 많은 성씨가 존재한다. 그러나 모든 성씨가 시조신화를 가지고 있는 것은 아니다. 물론 모든 성씨가 각각 신화를 가지고 있었을 가능성을 배제할 수 없으나, 오늘날 남겨진 성씨신화 자료는 그리 많지 않다. 실제 남아있는 자료는 각기 내용 전개가 다양하며 대부분 구전을 통해 전승되고 있다.[16]

---

16) 벽산홍씨시조(『대계』 8-4, 704~710쪽), 연화암전설(강릉김씨 시조)(『대계』 강릉시, 205~206쪽), 광주이씨 시조 얘기(김광순, 『경북 민담』(서울 : 형설출판사, 1978), 185~186쪽), 압해정씨의 시조(『대계』 신안군, 400~402쪽), 청해이씨의 시조(『한국의 전설』 제2권(서 : 한국문화도서출판사, 1972), 440~441쪽), 추씨의 시조(『한국의 전설』 제7권, 350~351쪽), 영광전씨의 시조(『한국의 전설』 제9권, 226~231쪽), 이씨의 시조(『한국의 전설』 제8권, 272~273쪽), 청

신화를 연구함에 있어 구전자료에 대한 유연한 신화적 접근이 필요하지만, 시조에 관한 것이라 하여 무조건 신화적 범주에 포함하게 되면 오히려 신화, 전설, 민담의 경계가 모호해지면서 성씨신화의 전반적인 전승양상과 의의를 추출하기가 어렵다.

따라서 성씨신화는 성씨집단 내에서는 신화이지만, 그 집단을 벗어나면 얼마든지 전설이나 민담으로 변이되는 점을 염두에 두고서, 본 연구에서는 가급적 가계기록의 문헌자료를 적극 활용하여 신화적 의미를 파악하고자 하였다. 해당 성씨집단에서 발간하는 족보는 시조에 대한 신성성과 당위성을 근원적으로 해석하고 있으며, 족보를 기록하는 해당 성씨집단만큼 철저한 신화전승자는 없기 때문이다. 그리고 구전자료 가운데 시조의 탄생이 아닌 영웅적인 모험담에 분류될 수 있는 이야기는 가급적 본 논의에서 제외하였다.

이에 본 연구를 위해 활용한 자료는 『삼국사기』, 『삼국유사』, 『제왕운기』, 『동국이상국집』, 『고려사』, 『세종실록지리지』, 『신증동국여지승람』, 『규원사화』 등과 해당 성씨 족보에 실린 신화를 우선적으로 선택하였고, 성씨에 관한 각 해당 족보를 한 눈에 파악할 수 있는 『성씨의 고향』, 『한국인의 족보』, 『한국성씨대관』, 『만성대동보』 등도 참고하였다. 그 외에 성씨 관련한 구전자료인 『한국민족설화 연구』, 『한국민속종합조사보고서』, 『한국구비문학대계』, 『한국구전설화』 등과 그 외 관련 설화자료집, 각 시군에서 발간한 설화집에 수록된 성씨관련 설화들도 다각적인 시각에서 검토하여 선택·수용하였다.

송심씨의 시조(『한국의 전설』 제1권, 152~153쪽), 남양홍씨 시조의 탄생(『내계』 2-4, 812~86쪽), 류(柳)씨의 시조(『대계』 1-1 273~274쪽), 길(吉)씨 성의 유래(『대계』 경북 성주군, 37쪽), 장곡운씨(雲氏)의 유래(『대계』 강화군, 442~443쪽), 처녀가 잉태한 곽씨의 유래(『대계』 예천군, 538~540쪽), 곽씨 성의 유래(『대계』 신안군, 596~604쪽) 등 다수.

성씨신화의 서사구조 ■

I. 상생담의 서사구조

상생담箱生譚은 금궤, 석함, 궤, 금합 같은 상자를 매개로 하여 시조가 탄생하는 성씨신화를 분류하여 이른 말이다. 상생담의 상생모티브는 우리나라 시조신의 탄생신화 중 가장 많은 형태를 차지하고 있는 난생담卵生譚, 즉 주몽신화, 석탈해신화, 박혁거세신화, 수로신화에서 나타나는 난생모티브와 대비되는 개념으로 해석될 수 있다. 다시 말해 상생담은 성씨 시조가 태어나기까지 부모의 존재에 대한 구체적인 언급 없이 하늘과 땅에서 일어나는 비일상적인 예조만이 강조된 뒤, 상자와 같은 신체를 통해 신이한 아이를 이 세상에 보내는 것으로 시조의 탄생을 이야기하고 있다. 난생신화의 주인공들이 모두 천신하강적天神下降的 성격을 지녔고, 태양계임을 암시하듯,[1] 상생담에서도 예조를 통해 천신적인 요소를 강조하고 있다.

상생담에 해당하는 성씨신화로는 김알지신화인 경주김씨 시조신화, 남평문씨 시조신화, 하음봉씨 시소신화, 파평윤씨 시조신화, 달성배씨 시조신화 5편을 들 수 있다.[2] 이러한 신화의 공통점은 금궤, 석함, 궤, 금합이라는 구

---

1) 조희웅, 『설화학강요』(서울 : 새문사, 1993), 115쪽.

체적인 신체를 통해서 생명의 탄생이 이루어지며 그로 인해 득성得姓하여 성씨 시조가 되는 것으로 기이한 탄생과정이 이야기의 핵심을 이루고 있다. 따라서 본 장에서는 나열한 5편 성씨신화를 중심으로 각각의 신화에 대한 서사구조의 분석을 통해 그 상징하는 의미를 파악하고, 나아가 위의 신화들의 구조와 기능에서 드러나는 공통된 서사문법을 찾고자 한다.

1) 상생담의 구조분석

(1) 경주김씨 시조신화

오늘날 경주김씨 시조는 김알지이며, 김알지에서 경주김씨가 비롯된다. 역사적으로 살펴보면, 김알지는 탈해의 태자로 책봉되기까지 했으나 스스로 태자의 자리를 사양한 까닭에 직접 왕위에 오르지는 못했다. 그 뒤 김알지의 6대손인 미추이사금에 이르러서 처음으로 신라 13대 왕이 된다. 후손이 왕위에 오름으로 인해 마침내 김씨는 신라의 王姓으로 자리매김한다. 그리하여 신라 경순왕이 고려에 자리를 내어줄 때까지 김알지 후손은 신라 56왕 중에서 38왕을 내어, 김씨는 삼한의 대표적인 성씨가 된다.[3]

김알지신화는 박혁거세신화와 석탈해신화와 함께 신라의 대표적인 신화이다. 그동안 김알지신화는 박혁거세신화처럼 건국신화로 거론하고 있지만, 김알지는 나라를 세운 이도 아니며 더구나 왕위에 오른 이 또한 아니다. 『삼국사기』에 탈해이사금 9년 3월에 시림始林 숲 사이의 금궤에서 김알지를 얻고 시림始林을 고쳐서 계림鷄林이라 이름하고 이로써 국호를 삼았다고 기록하고 있는 점으로 보아 국조신화로 내세울 만 하다. 그러나 분명하게 김

---

2) 김광순은 성씨신화를 水神봉兒型과 神異感婚型 두 가지로 유형분류한 뒤, 남평문씨, 배씨, 파평윤씨를 水神봉兒型이라 하고 평강채씨, 창녕조씨, 예천권씨, 충주어씨는 신이감혼형이라 하였다. 수신정아형은 신이감혼형보다 비현실적이며 차원을 더 높여 부계와 모계가 공히 水神으로, 상서로운 구름이 일고 용이 楡이나 石函 또는 궤를 봉정하게 되는데, 그 속에서 龍子가 나와 문무에 비범한 재주를 갖고 높은 벼슬을 하다가 성씨 시조가 되는 형으로 규정하고 있다(김광순, 『한국 구비전승의 문학』(서울 : 형설출판사, 1988), 21~29쪽).
3) 중앙일보사 편, 『성씨의 고향』(서울 : 중앙일보사, 1989), 164쪽.

알지신화의 성격을 규명한다면 박씨, 석씨에 이어 신라의 김씨 왕조를 이룬 김씨 시조신화에 해당되며,[4] 오늘날에는 본관에 의해 성씨를 구별함에 따라 제한적인 시각에서 경주김씨 시조신화로 자리매김되고 있다. 따라서 김 알지신화는 구체적으로 '경주김씨 시조신화'라 명명할 수 있다.

경주김씨 시조신화는 박혁거세, 석탈해신화와는 달리 탄생에 대해서만 간략하게 기록되어 전하고 있다. 『삼국유사』에 이에 대한 자세한 기록이 전하고,[5] 『삼국사기』는 『삼국유사』에 비해 기록이 축소되어 있으나[6] 그 내용에 있어서는 『삼국유사』와 별 차이가 없다. 그리고 『세종실록지리지』, 『삼국사절요』[7]의 기록 역시 김부식의 기록을 간략하게 인용하고 있어 그 내용은 대동소이하다.[8] 그러나 『신증동국여지승람』에는 위의 내용을 기록하면서도 '숲 속에 쌓은 돌이 있는데 높이가 3척이나 된다. 속설에 전하기를 알지의 태를 풀 때에 가위를 놓았던 돌로서 가위의 흔적이 있다 한다'는[9] 내용이 마지막에 첨부되어 전한다.

---

4) 『삼국유사』의 기록을 살펴보면, "지금 세상에서 미추왕의 능을 始祖堂이라고도 한다. 이것은 대개 김씨로서 처음 왕위에 오른 때문이며, 후대의 모든 김씨왕들이 미추를 시조라 하는 것은 당연한 일이다"라고 기록하고 있다. 이는 왕위에 오른 미추왕을 실제상의 시조로 인식하는 것으로, 미추왕의 까마득히 먼 조상인 김알지는 명목상의 시조로 인식하고 있는 것으로 해석된다.

5) 永平三年庚申[一 : 中元六年, 誤矣. 中元盡二年而已.], 八月四日, 瓠公夜行月城西里, 見大光明於始林中[一作鳩林], 有紫雲從天垂地, 雲中有黃金櫃, 掛於樹枝, 光自櫃出, 亦有白鷄鳴於樹下. 以狀聞於王, 駕幸其林, 開櫃有童男, 臥而卽起, 如赫居世之故事故, 因其言, 以閼智名之. 閼智卽鄕言小兒之稱也. 抱載還闕, 鳥獸相隨, 喜躍蹌蹌. 土(王)擇吉日, 冊位大子. 後讓故於婆娑, 不卽王位. 因金櫃而出, 乃姓金氏, 閼智生熱漢, 漢生阿都, 都生首留, 留生郁部, 部生俱道[一作仇刀], 道生未鄒, 鄒卽王位, 新羅金氏自閼智始『三國遺事』卷 第一, 紀異 第一, 金閼智脫解王代).

6) 九年春三月, 王夜聞金城西始林樹間, 有鷄鳴聲. 遲明遣瓠公視之, 有金色小櫝, 掛樹枝, 白鷄鳴於其下. 瓠公還告. 王使人取櫝開之, 有小男兒在其中, 姿容奇偉. 上喜謂左右曰 此豈非天遺我以令胤乎 乃收養之. 及長聰明多智略, 乃名閼智. 以其出於金櫝, 姓金氏. 改始林名鷄林, 因以爲國號(『三國史記』卷 第一, 新羅本紀 第一).

7) 『삼국사절요』에 권근의 史評이 수록되어 있는데, 권근은 여기에서 김알지의 탄생은 왕을 현혹시키기 위한 의도적인 속임수에 불과하다고 하였다(王乃惑於金櫝白鷄而神之 黃以爲子.且更國號 遂使其異姓曖昧之後裔得有其國家, 『三國史節要』卷 第二).

8) 『世宗實錄地理志』경상도 경주부.

9) 『國譯新增東國輿地勝覽』3(서울 : 민족문화추진위원회, 1982), 236쪽.

이러한 문헌자료에 힘입어 김알지신화인 경주김씨 시조신화는 오늘날에도 그 영속성을 갖는다. 아래의 기록이 이를 증명하고 있다.

신라의 역사가 있느냐 없느냐 하는 것은 세상 사람이 역사를 읽지 않음에 있는 것이다. 신라가 박석김(朴昔金) 삼성(三姓)이 나라를 세운 지 천년이 되었고 계림은 즉, 알지(閼智)가 탄생한 땅이니 지금의 영남지방인 경주부에 속하여 있으며 세상에서 김(金)으로 씨(氏)를 삼은 사람은 모두 다 알지로써 시조를 삼으니,[10]

경주김씨의 기원은 대보공(大輔公) 김알지에서 시작한다. 김알지는 서기 65년 신라 탈해왕 9년 서쪽 시림(계림)의 나무 끝에 걸려 있던 금궤에서 태어났다. 탈해왕은 이를 기뻐하여 성을 김(金)으로 하사했는데, 이에서 경주김씨가 시작되었다고 한다.[11]

위의 기록은 김알지신화를 신라 왕조신화로 규명하기보다는 특정 씨족집단인 김씨의 영속성을 강조하는 근거로 삼고 있다. 김씨가 김알지에서 비롯되었으며, 오늘날 김씨 성을 가진 무수한 사람들은 그들의 구체적인 연원을 금궤에서 탄생했다는 신이한 출생에 집중시키고 있는 것이다. 또한 앞서 문헌기록은 "금궤에서 나왔다 하여 성을 김(金)이라 한다"고 하여 주체적으로 성씨를 부여하고 있으나, 위의 기록은 김씨 성이 탈해왕에 의하여 사성된 것으로, 왕이 성을 하사하였다는 점이 강조되고 있다.

우선, 경주김씨 시조신화를 비교적 자세히 전하는 『삼국유사』와 『신증동국여지승람』의 기록을 중심으로 최소의 서사단위로 분절하면 다음과 같다.

---

10) 『慶州金氏太師公派大同譜』(서울 : 학문사, 1999), 15쪽.
11) 경주김씨는 신라의 마지막 왕인 경순왕의 셋째 아들 金鳴種과 넷째 아들 金殷說을 각각 1세조로 하고 있다(『성씨의 고향』(서울 : 중앙일보사, 1989), 164쪽).

ⓐ 호공이 밤에 걸어가는데 크고 밝은 빛이 시림(始林) 속에 비치는 것이 보이다.

ⓑ 자줏빛 구름이 하늘에서 땅으로 뻗어 있다.

ⓒ 구름 속에 황금궤가 나무가지에 걸려 있고, 그 빛이 궤 속에서 나오다.

ⓓ 흰닭이 나무 밑에서 울고 있다.

ⓔ 호공이 왕에게 아뢰고, 왕이 숲에 가서 궤를 열어보니 남동(童男)이 일어나다.

ⓕ 아이를 안고 대궐로 돌아오니 새와 짐승이 따르면서 기뻐하고 춤을 추다

ⓖ 금궤에서 나왔다 하여 성을 김씨(金氏)라 하다.

ⓗ 시림를 계림이라 고쳐 국호로 삼다.

ⓘ 알지의 태를 풀 때 가위를 놓아두던 흔적이 남은 돌이 전하다.

경주김씨 시조신화는 이와 같이 9개의 서사단위로 분절되는데, 그 전개 과정은 크게 ㉮ 예시부 → ㉯ 본담부 → ㉰ 증시부로 나눌 수 있다. 즉 김알 지가 탄생하기 전의 여러 징조를 보여주는 ⓐ, ⓑ은 예시부에 해당하며, 김 알지의 탄생에 관한 부분은 ⓒ~ⓕ으로 본담부, 그리고 김알지의 탄생으로 인해 새로운 성씨 집단의 출현을 예고하고 그에 관한 증거물이 제시되는 ⓖ, ⓗ, ⓘ은 증시부라 할 수 있다. 이러한 전개과정은 순차적으로 다음과 같이 요약된다.

㉮ 예시부 : 대광명(大光明), 자운(紫雲)

㉯ 본담부 : 금궤 → 백계(白鷄) → 득아(得兒) → 양육

㉰ 증시부 : 득성(得姓) → 개국호(改國號) → 돌

예시부에서는 대광명, 자운과 같은 김알지의 출현을 예고하는 기이한 징 조가 이야기 된다. 이러한 징조를 목격하는 사람은 다름 아닌 호공이다. 호 공은 동일한 인물인지 알 수 없으나 석탈해신화에서도 등장하는 인물이다. 고위 관리이면서 왕의 측근인 호공이 밤에 월성 서쪽 마을을 가다가 시림 속에서 크고 밝은 빛이 비치는 것을 보았다. 그리고 시림 속에서는 자줏빛

구름이 하늘에서 땅으로 뻗어 있다.

호공은 일상적인 낮 시간이 아닌 사람들이 활동하지 않는 특별한 시간인 밤에 특별한 공간인 시림에서 기이한 징조를 목격하게 된다. 이제 호공은 특별한 시공에서 특별한 상황을 목격함으로써 앞으로 닥칠 상황의 대행자로서 위치 지워진다. 특별한 공간인 시림을 '사량리 사람들이 조상신을 맞이하며 제를 올리는 성소'[12]로 보기도 하는데, 기이한 징조를 보이는 그곳은 이제 예전의 시림이 아닌 태초의 공간으로 환원하면서 비일상적 공간, 성스러운 공간으로 신화적 의미를 획득하게 된다.

이러한 신화적 공간에 크고 밝은 빛 그리고 자줏빛 구름이 드리워진다. 시림에서의 대광명은 박혁거세신화에 나오는 광명이세光明理世와 유사한 이념적 징표를 갖는다. 그리고 서사단락 ㉡에서 "자줏빛 구름이 하늘에서 땅으로 뻗어 있다"는 것은 수로신화에서 서술하고 있는 "하늘에서 땅에 드리운 자운紫繩"[13]이나 혁거세신화에서 사제자의 신성체험으로 나타나는 "하늘로부터 전광 같은 빛이 땅에 드리웠다"[14]는 것과 동일한 신화적 표징表徵이다. 이러한 신화적 표징은 자연 천강신화의 상징적인 구도로 받아들여진다.[15]

하늘과 땅에 드리워지는 빛과 구름은 궤 속에 있는 아이의 신성함을 표현하는 징표라면, 여기에서 하늘과 땅은 이 아이가 세상에 놓여지게 되는 원동력이다. 곧 인간 생명의 근원을 하늘에 두는 가운데 하늘과 땅이 합일을 이루어 이 세상 사람들에게 아이를 바치고 있는 것이다. 이러한 이념적 징표로 인해 신화적 공간인 시림에 새로운 질서가 확립되는 전이단계를 이루게 된다.

이러한 예시부는 말 그대로 본담부의 예시이다. 대광명과 자운은 곧 황

---

12) 윤철중, 『한국의 시조신화』(서울 : 보고사, 1996), 339쪽.
13) 唯紫繩自天垂而着地『三國遺事』卷 第二, 紀異 第二, 駕洛國記).
14) 異氣如電光垂地(『三國遺事』卷第一, 紀異 第一, 新羅始祖赫居世王).
15) 김열규, 『한국민속과 문학연구』(서울 : 일조각, 1971), 64쪽.
　　　임재해, 『민족신화와 건국영웅들』(서울 : 천재교육, 1995), 266~267쪽.
　　　윤철중, 앞의 책(1996), 343쪽.

금궤의 출현으로 이어진다. 구름 속에 드러난 황금궤는 나무가지에 걸려 있고, 나무 아래에서는 흰닭이 울고 있다. 흰닭의 울음소리는 새로운 역사가 시작되는 순간을 알리는 것이고,[16] 새벽빛을 불러일으키는 홰치는 닭, 생명의 탄생을 알리면서 홰치는 닭이 적어도 생명력과 빛의 상징일 수 있음에 대해 의심할 여지가 없다.[17] 분명 황금궤의 출현을 알리는 흰닭은 신성동물로, 새로운 생명의 탄생과 그 탄생으로 인해 새로운 세상이 도래할 것을 예견하는 신화적 상징을 내포한다.

박혁거세의 백마나 알영의 계룡처럼 경주김씨 시조신화의 흰닭은 신라 경주김씨 왕실의 표징이 된다. 이는 시림을 고쳐서 계림이라 이름하고 이로써 국호를 삼게 되는 점을 보아도 알 수 있다. 흰닭의 신호는 이제 새로운 질서가 확립되는 새로운 세계, 곧 그 이전과는 변별되는 새로운 나라를 의미하며 성역화 됨을 의미한다. 이제 시림은 황금궤의 출현으로 인해 더 이상 시림으로 인식되지 않는다. 따라서 계림으로 국호를 삼는 것은 이전의 상황과 변별됨을 암시한다.

그동안 황금궤에 대한 의미는 다양한 시각에서 조명되었다. 김광일은 바닷물과 궤는 Rank의 분석으로 보면 산도産道와 자궁子宮을 상징하므로 황금궤는 모의 양수막羊水膜이나 자궁을 상징하는 것이라 하였다.[18] 그리고 임재해는 황금궤는 하늘로부터 주어진 신성한 것이며, 황금궤 속에 든 아이는 아직 하늘의 탯줄에 연결되어 있는 갓난아이라 하여 천손강림과 난생의 요소로 해석하였는데,[19] 이는 천손의 강림과정을 인간의 출생과정과 같은 맥락에서 형상화한 것이라 할 수 있다.

또한 이병도는 황금궤를 들어 동부여의 금와전설 및 가락 시조의 금난전설金卵傳說과 비슷한 것으로 보았으며,[20] 허경회는 황금궤의 황금빛은 고귀

16) 임재해, 위의 책, 265쪽.
17) 김열규, 『한국의 신화』(서울 : 일조각, 1976), 88쪽.
18) 김광일, 「한국신화의 정신분석학적 연구」, 『한국문화인류학』 창간호(한국문화인류학회, 1968), 35쪽.
19) 임재해, 앞의 책(1995), 266쪽.

함, 즉 왕을 상징하는 요소라고 할 수 있고, 궤는 인생의 생과 사, 그리고 재생의 한 상징물로 표현되고 있다고 하였다.[21] 장주근은 황금궤를 조상신적 성격을 뒷받침해 줄 수 있는 오랜 기록 자료의 하나로 보았다. 곧 계림은 후기 궁중 내 제의처였고, 그 시간은 지금과 같이 야반夜半 계명시鷄鳴時였고, 형태상으로도 같은 수목숭배형이다. 이 점에서는 현금現今 부락제와 같은 공동적 국가적 제의지만 그 금궤 속 신조祖神 관념은 현재의 시조단지와 같은 개별적 가정적 제의로써 경주김씨 왕가의 개별제의가 여기 복합 반영되어 있다는 것이다.[22]

장주근이 황금궤를 시조단지로 보고 이를 조령숭배의 관념으로 해석한 것은 무엇보다 설득력을 갖는다. 황금궤에서 출현한 아이는 오늘날 씨족집단의 성씨 시조로 좌정해 있다. 그리고 이에 연원한 자손들은 시조에 대한 제의를 지속적으로 수행하고 있으며, 후손들은 신화를 통해 역사적인 혈맥을 찾고 있다. 따라서 집안에서 모시는 조령숭배 관념이 씨족 단위의 조령숭배 관념으로 확대되어, 제의적 상관물인 금궤에서 시조가 태어났다는 경주김씨 시조신화가 파생된 것으로 해석할 수 있다.

금궤에서 아이가 출현하는 내용은 후술한 다른 성씨신화에서도 찾아지는 모티브이다. 가정보다는 큰 규모의 시조에 대한 제의를 수행하면서 그에 따른 신화는 씨족집단의 정신적인 구심점으로 작용하면서 유지되고 있다. 경주김씨 시조신화를 국가적인 신화로 해석하는 점 외에도 씨족집단적인 신화로 인식하면 황금궤의 출현은 조상숭배의 구체적인 신체神體의 의미로 해석할 수 있을 것이다.

이러한 신화적 의미를 갖는 황금궤가 출현하자 호공은 왕에게 이 사실을 알린다. 이제 호공은 대행자로서의 역할을 왕에게 넘기게 된다. 왕 역시 호

---

20) 이병도 譯註, 『삼국사기』(서울 : 을유문화사, 1983), 33쪽.
21) 허경회, 『한국씨족설화연구』(광주 : 전남대 출판부, 1990), 140쪽.
22) 장주근, 「신화학에서 본 한국문화의 기원」, 『한국문화인류학』 창간호(한국문화인류학회, 1968), 18쪽.
　　장주근, 『풀어쓴 한국의 신화』(서울 : 집문당, 1998), 265쪽.

공처럼 하늘[天]의 뜻을 받드는 대행자라 할 것이다. 그리하여 왕이 직접 숲에 가서 황금궤를 열어보니 동남이 누워있다 일어난다. 이는 황금궤 안의 동남이 마치 왕을 기다리기라도 하듯이 맞이하는 자세이다. 왕의 입장에서 보면 시림 속에 등장한 황금궤의 출현은 하늘이 왕을 도와 새로운 세계, 질서의 세계를 확립할 인재를 왕에게 보낸 것이 된다.[23)]

이에 왕은 하늘이 나에게 아들을 준 것이라 하며 기뻐하였다. 그리하여 왕이 아이를 안고 대궐로 돌아오니 새와 짐승이 서로 따르면서 기뻐하며 뛰놀고 춤을 추었다. 이는 신동神童임을 증명하는 징조들로 앞으로 도래할 세계의 밝은 이미지를 암시하고 있다. 여기에서 하늘이 준 아이를 왕이 양육하는 것은 박혁거세신화와 같은 건국신화와는 다른 차원의 세계를 지향한다. 박혁거세신화에서 언급되지 않은 왕이 경주김씨 시조신화에서 언급됨으로 인해 자연 건국이라는 국가적인 대의보다 특정 씨족집단과 왕과의 결속과 연합을 의미하게 된다. 또한 아이에게 있어서 왕은 자기를 세상에 끌어내 준 산파이자 자신을 양육해 주는 어머니와 같은 존재이다. 건국 시조와는 달리 성씨 시조는 대행자이면서 양육자인 왕을 통해 권위가 부여된다는 점에서 성씨신화로서의 제한적 자질을 한층 강화시키고 있다.

왕은 아이에게 금궤에서 나왔다 하여 성을 김金이라 붙여주는데, 이는 혁거세가 알에서 낳았고 그 알의 모양이 박[匏]과 같아 향인들이 박을 알이라고도 하였기 때문에 성을 박朴이라 한 것과는 달리, 금이라는 광물의 특성과 금이 상징하는 의미를 바탕으로 성을 지었다는 점에서 차이가 있다. 그만큼 김알지 탄생이 신성하다는 반증이며, 득성得姓은 곧 새로운 성씨의 씨족집단이 도래하였음을 의미한다. 이제 왕은 하늘의 뜻을 받드는 대행자, 양육자 외에 권위부여자로 기능하고 있는 것이다.

---

23) 김열규는 숲 속에 궤짝에 담겨진 유아가 혼자 있는 것은 버려진 상태를 암시하는 것으로, 어디 피안의 세계, 초월적인 세계에서 피안의 세계, 지상의 세계에 버려진 상태로 보내진 유아가 알지라 하였다(김열규, 『신화/설화』(서울 : 한국일보사, 1975), 89쪽). 그러나 본고에서는 앞서 언급한 알지의 탄생을 알리는 징조와 연결하여 단지 棄兒 상태로 보기보다는 천지가 왕에게 아이를 보낸 것으로 이해하고자 한다.

이처럼 금궤는 신화적 의미 외에 득성을 위한 요소로써, 이중적 기능을 가진 신화소이다. 금은 실상 상上, 신神, 신성神聖, 천장君長의 뜻인 금, 검, 감, 곰을 흔히 김자金字로 차음하여 왕실의 씨성으로 삼은 것인데, 이를 신라 후세의 부회일 것으로 해석하기도 한다.[24] 금이 갖는 신성성이 곧 김씨 씨족의 상징이 되는 것은 자명하다.

한편, ㉧의 단락은 『신증동국여지승람』에만 기록되어 전하는 것으로 후대의 문헌 정착과정에서 첨부되었다 할지라도, 이는 경주김씨 시조신화의 신화적 의미가 지속됨을 의미한다. 알지의 태를 풀 때 가위를 놓아두던 흔적이 남아 있다는 돌은 "김알지 씨족 이래의 부락 성소로, 김알지의 출생제의가 치루어진 제단으로 풀이되며, 김알지의 해탈解脫에 관련된 이 이야기는 신성출현으로 인식된 김알지의 출생에 따르는 속신의 민간전승으로"[25] 볼 수 있다.

아무튼 이러한 이야기가 첨부되는 것은 증거물이 구체적으로 제시되는 구전설화로서의 전설적인 성격을 어느 정도 부각시킴과 동시에 신화적 진실성을 뒷받침하고 있음을 지적할 수 있다.[26] 결국 경주김씨 시조신화는 이러한 신화를 정신적 기반으로 삼고서 오늘날에도 성씨신화로써 자리매김하고 있는 것이다.

(2) 남평문씨 시조신화

남평문씨 시조는 문다성으로, 문다성의 탄생에 관한 내용이 남평문씨 시조신화이다. 문씨가 역사에 나오기는 고려 현종 때부터라 하는데, 문다성은 신라 20대 자비왕 때 지금의 전남 나주시 남평읍 풍림리에서 태어나 신라 시대에 벼슬을 살았다고 기록하고 있다.[27]

---

24) 이병도 譯註, 앞의 책(1983), 33쪽.
25) 윤철중, 앞의 책(1996), 339쪽.
26) 계림은 신라 김씨 왕가 시조 김알지의 탄생지로서, 현재 사적 19호로 지정 보존되고 있다.
27) 문씨는 남평문씨 외에 감천문씨와 정선문씨가 있다. 감천문씨는 원래 김알지 후손인 경주김씨였으나 중국에서 文名을 날림으로써 文姓을 賜姓받고 문씨로 改姓하였으며, 정선문씨는

그동안 남평문씨 시조신화는 소략적이기는 하나 가장 활발하게 논의된 신화이며,[28] 여러 문헌에 산재되어 전한다. 주로 족보와 성씨 관련 자료에 남평문씨 시조의 탄생에 관한 내용이 자세히 수록되어 있으나, 이와 관련한 구전자료는 아직까지 찾을 수 없다.

시조의 경이로운 탄생을 다른 어느 성씨에 비해 활발하게 기록하고 있는 점은[29] 우선 지역 출신이고 토성土姓이기 때문에 그러한 것으로 해석된다. 후대의 기록인『세종실록지리지』에 남평현의 토성으로 문씨를 비롯한 여섯 개의 성씨를 지역적 토대 위에 발현한 성씨로 기록하고 있는 것을 보아도 알 수 있다. 그리고 다른 성씨들은 대체로 신라 왕족에 근원을 두거나 중국에서 건너온 것이라 하거나 중국 왕이 사성한 것으로 이야기한다. 그런데 남평문씨 시조는 오히려 남평이라는 특정 지역에서 신이하게 태어났음을 자세하게 이야기하고 있어, 신화적 문맥 외에 역사적, 지역적 카테고리 속에서 이러한 맥락을 해석할 수 있다.

문다성이 태어난 시기는 신라 자비왕 때인데, 이 당시의 남평 이름은 미동부리로 백제 땅이었다. 당시 백제 개루왕은 고구려의 공격을 받아 신라의 도움을 받은 일이 있으나 문다성이 활동했음직한 500년대에는 신라와 백제 사이의 싸움이 잦았다. 그런데 남평에서 태어나 신라의 벼슬을 살았다는 것은 다소 무리가 있다. 더구나 이 고을 이름이 남평이 된 것은 고려 때인데 문다성이 남평 개국백開國伯의 관작을 받았다고 적고 있는 점 역시 합리성이 부족하다.[30]

원래 소씨였는데, 이 역시 감천문씨와 같이 중국에 들어가 文名을 날림으로써 文姓을 사성 받은 것이라 한다(『한국성씨대관』(서울 : 창조사, 1971), 649쪽).

28) 허경회, 앞의 책(1990), 149~151쪽.
  김광순, 「광주이씨 시조애기」, 앞의 책(1978), 61쪽.
  천혜숙,『전설의 신화적 성격에 관한 연구』(계명대학교 박사학위논문, 1987), 60쪽.
  표인주,『남도설화문학연구』(서울 : 민속원, 2000), 58~61쪽.
29) 이러한 점은 후술할 파평윤씨 시조신화나, 하음봉씨 시조신화 등의 신화에서도 드러나지만, 남평문씨 시조신화는『남평문씨대동보』를 비롯하여『한국인의 족보』(서울 : 일신각, 1977), 456쪽,『한국성씨대관』(서울 : 창조사, 1971), 649쪽 등에 일관되게 기록되어 전한다.
30)『성씨의 고향』(서울 : 중앙일보사, 1989), 695쪽.

이처럼 문다성의 기록은 역사적인 관점에서 바라보면 불합리한 기록인 것은 분명하나, 그럼에도 불구하고 신라의 관작을 받았다는 내용을 부기하고 있는 것은 신화를 통해 역사적 사실화를 꾀하고 있음을 알 수 있다. 결국 문씨 씨족집단에게는 이러한 기록이 신화적 차원의 조상에 대한 신성성과 정통성 그리고 성씨에 대한 우월성의 표출로 기능하게 된다.

남평문씨 시조신화를 언급한 자료들은 우선 『남평문씨족보』를 들 수 있는데, 헌종 12년인 1846년에 간행한 『남평문씨족보』에 시조에 관한 다음과 같은 이야기가 상세히 적혀 있다.

세승(世乘)에 이르기를 시조는 남평군에 있는 큰 연못 바위 위의 석함 가운데에 강림하셨다고 한다. 이 때에 상서로운 자색 기운이 나타나자 신라 왕이 그것을 살펴보고 기이한 징조라 여겨서 그곳의 수령에게 거두어 기르도록 하고 문씨 성을 내렸다[함의 면에 붉은 글씨로 '문(文)'이라고 쓰여 있었던 까닭이다]. 이로써 남평문씨가 시작되었다(「삼우당실기」에 보인다).

성원(姓苑)에서는 세상에 전하기를 남평군 동쪽에 커다란 연못이 있는데 그 연못가에 바위가 갑자기 10장(丈)이나 일어섰다고 한다. 어느 날 군주가 강 위에서 노닐다가 홀연히 자운이 바위 위로 모여드는 것을 보았다. 그 가운데 어린아이의 은은한 울음소리를 듣고서 군주는 이것을 기이하게 여겼다. 즉시 군주는 사람들을 시켜 배를 대어 바위 위를 올라가 보니 석함이 철끈으로 묶여 있었다. 내려서 열어보니 그 안의 어린아이는 옥같이 흰 피부에 겹눈동자, 그리고 용의 코를 가진 특이한 모습이었다. 거두어 기르고 인하여 문으로 성을 내리고 다성으로 이름을 삼고 명원으로 자를 썼다.[31]

31) 世乘云 始祖降于南平郡大澤之巖上石函中 時有紫氣之祥 新羅王望之以爲異兆 使縣主收養之 賜姓文氏(函面有丹書文字故) 是爲南平文氏之始 (見三憂堂實記) 姓苑云 世傳 南平郡東有大澤 澤畔巖有斗起十丈 郡主一日游於江上 忽有紫雲融聚於巖上 其中有嬰兒之聲隱隱 而來郡主心異之 即令搆架使人登視之 有石函以鐵索繫之 而兜下開視之中有小兒肌膚玉雪重瞳龍鼻容貌奇異 收養之 因以文賜姓多省爲名明遠爲字(『南平文氏族譜』, 文氏封

위 기록과 연결선상에서 1995년에 발행한『남평문씨족보』를 살펴보면 이 역시 시조에 관한 신화가 상세히 실려 있다.[32] 두 족보는 150여 년의 시간 차이를 보이지만, 시조에 대한 기록은 변함없이 지속적으로 전승되고 있음을 확인할 수 있다. 족보 외에 남평문씨 시조신화를 언급한 자료들은 우선『한국인의 족보』를 들 수 있는데, 거기에는 왕과 현주 두 사람이 등장하여 남평문씨 시조의 신이한 탄생을 목격하며 아이의 용모에 대해서는 '엄한 아이'라고 간략히 기록되어 있다. 그러나『한국성씨대관』에는 군주가 석함을 확인하고 있으며, 아이의 용모에 대해서 '피부가 옥설같이 맑고 용모가 아름다운' 것으로 묘사되고 있어 약간의 기록의 차이점을 발견할 수 있다. 이 가운데 비교적 자세히 기록되어 전하며 신화적 내용에 충실한『한국인의 족보』를 토대로[33] 최소의 서사단위로 분절하면 다음과 같다.

　　㉠ 전남 나주 남평면[34] 동쪽 장자지(長者池)에 큰 바위가 있다.

　　㉡ 장자지에서 자색의 서기가 있어 왕이 현주를 시켜 살피게 하다.

　　㉢ 바위 위에 오운(五雲)이 감돌면서 아이의 울음소리가 들려오다.

貫事蹟, 헌종 12년, 1846).

32) 世說湖之南有南平郡 郡之東有大澤 澤畔有巖屹立千丈 君主一日遊於其下有五雲融聚於巖上忽聞嬰兒之聲隱隱而來君心異之卽令構架使人登視之有石函以鐵索繫之而堯下開函視之中有小兒肥膚玉雪容貌奇異遂養之年甫五歲文思自然通達武略迢邁聰明穎悟達於事物之理故因以文爲姓多省爲名(『南平文氏大同譜』, 南平文氏始源記, 1995).

33) 전남 나주군 남평면 동쪽에 長者池라는 못이 있고 그 못가에는 큰 바위가 솟아 있다. 하루는 그 못에서 紫色의 瑞氣가 있어 왕이 그곳 縣主를 시켜 살피게 했더니 못가에 있는 큰 바위 위에 갑자기 五雲이 감돌면서 문득 갓난아이의 울음소리가 우렁차게 들리어 왔다. 신기하게 여긴 縣主는 사다리를 가져오게 하여 바위 위를 올라가 보니, 石函이 놓여져 있고 그 속에는 용모가 엄한 갓난아이가 들어 있었다. 왕은, 자고로 이같이 용모가 엄한 아이는 커서 장군이 된다는 말이 있으니 이 아이는 반드시 하늘이 나를 돕기 위해 내리신 것이라 기뻐하여, 石函面에 붉은 색으로 '文'이라 씌어 있었으므로 姓을 文氏로 정하고 궁중에서 양육하였다. 이 아이는 나이 불과 다섯에 文武에 빼어날뿐더러 사물의 이치를 스스로 깨닫는지라 이름을 多省이리 지어 주었다는 것이다. 지금도 그곳에 長者池가 있고 그 곁에 높이 6미터쯤 되는 바위가 있는데 그 바위 위에는 후손들이 '文巖'이라는 비석을 세워 문씨 시조의 탄강처로 기념하고 있다. 이 長子池는 아무리 가물어도 마르는 일이 없다고 하며 못 가에는 문다성을 모신 長淵書院이 있다(『한국인의 족보』(서울 : 일신각, 1977), 456쪽).

34) 남평면은 1995년 3월 1일에 남평읍으로 승격되었다.

ⓛ 바위 위 석함 속에 용모가 엄한 아이가 들어 있다.

ⓜ 왕은 하늘이 나를 돕기 위해 내린 것이라 기뻐하며 궁중에서 양육하다.

ⓑ 다섯 달이 되니 문무가 빼어나 사물의 이치를 깨달아 '다성(多省)'이라 이름 짓다.

ⓢ 석함 면에 '문'이라 씌여 있어 성(姓)을 문(文)씨로 정하다.

ⓞ 가물어도 마르지 않은 장자지와 바위가 남아 있다.

ⓩ 후손들이 세운 문암(文巖)과 문다성을 모신 장연서원이 있다.

이상, 경주김씨 시조신화와 유사한 서사구조를 보여주는 남평문씨 시조 신화는 9개의 서사단락으로 나누어지는데, 그 전개과정은 크게 예시부, 본 담부, 증시부로 나눌 수 있다. 이 신화에서도 시조의 탄생과정이 이야기 전 개의 핵심을 이루고 있다. 시조가 탄생하기 전의 징조를 보여주는 ㉠~㉢ 은 ㉮ 예시부에 해당하며, 징조에 이어서 아이가 탄생하고 왕에 의해 양육 되는 ㉣~㉧이 ㉯ 본담부, 그리고 남평문씨 시조의 탄생으로 새로운 성씨 집단의 출현을 예고하는 득성과 그에 관한 증거물이 제시되는 ㉨~㉩이 ㉰ 증시부에 해당된다. 이러한 전개과정은 다음과 같이 구체적으로 요약할 수 있다.

㉮ 예시부 : 서기(瑞氣), 오운(五雲)

㉯ 본담부 : 석함 → 득아(得兒) → 양육

㉰ 증시부 : 득성(得姓) → 장자지(長者池), 바위 → 문암(文巖), 장연서원(長淵書院)

이야기 서두에 전남 나주시 남평읍 동쪽의 장자지라는 연못에 큰 바위가 있다고 하여 구체적인 지명과 장소가 언급된다. 이는 장차 남평문씨 시조가 태어날 장소로 암시된다. 장자지에 자색의 서기가 있어 왕이 현주를 시켜 살피게 했다. 그랬더니 바위 위에 오운五雲이 감돌면서 아이의 울음소리가 들려왔다.

연못과 바위의 신화소는 "박혁거세신화와 김수로신화에서 논의된 계욕禊浴과 암석岩石에 대한 기자의례와 관련 있는"[35] 것으로 보거나 "못은 물의 상징이고, 바위는 땅의 상징으로서 음양이 상합相合하는 현상으로 수신水神과 지신地神의 결합으로 이루어진 씨조氏祖임을 뜻한다"고 해석하기도 한다.[36] 한편 "장자못은 지상신의 혈통을, 오운五雲은 천상신의 혈통을 밝혀주는 것이며, 바위는 지상신과 천상신의 매개물로 보고서"[37] 천상신과 지상신의 결합에 의해 남평문씨 시조가 탄생된 것으로 해석하기도 한다.

여기에서 장자지, 바위, 구름의 신화소를 통해 남평문씨 시조신화가 장자못전설과 유사한 모티브를 지닌 것으로 파악하고서, 천신계의 신적 질서에 화합하는 것으로 결론짓는 천혜숙의 의견을 적어보면 다음과 같다.

(남평문씨 시조신화에서의) 장자못과 바위가 시조신의 탄강지로 나타나는 이러한 양상은 장자못전설의 신화적 원형성을 입증해 주는 사실이 된다. 신혼상징으로 나타나지 않고 옥함 속에 든 아기 신격의 출현인 점에서 후대적인 변이가 확인되지만, 원래부터 있어오던 지신계 신화의 잔영으로 추정해 볼 수 있다. 천신계의 신적 질서가 연역적으로 인세를 지배하게 되면서 지신계 신화는 어떻게든 모습을 바꾸지 않을 수 없었고, 그 변모는 천신계의 신적 질서와 화합하거나 아니면 반체제로 잠정화하여 버리든가 하는 양상으로 드러나게 된다. 위의 남평문씨 시조신화는 천신계의 신적 질서에 화합된 경우이다. 그래서 왕에 의해 발견되고 그 왕권을 위해 입공(立功)하는 영웅담의 형태를 취하게 된다.[38]

곧 장자못과 오운은 수신적水神的인 의미와 천신적인 의미를 가진 신화소로, 각각의 상징적인 의미를 파악하기보다는 상호 결합되어 천신계에 화합하는 창조적 관계로 승화시키고 있는 것이다.

---

35) 허경회, 앞의 책(1990), 151쪽.
36) 허경회, 위의 책, 150쪽.
37) 표인주, 앞의 책(2000), 59쪽.
38) 천혜숙, 「전설의 신화적 성격에 관한 연구」, 앞의 책(1987), 60쪽.

아이가 태어난 곳인 바위에 자색의 서기가 있고 오운이 감도는 것은 비일상적인 징조이다. 곧 장차 태어날 아이의 비범성과 영웅적인 면모를 신이한 징조를 통해 강조하고 있는 것이다. 바위 역시 이제는 그 이전의 바위와 다른, 영웅이 태어나는 특별한 의미를 지닌 바위로 존재하게 된다.

이러한 징조를 발견한 이는 왕이다. 그래서 왕이 현주에게 자세히 살피도록 하였다. 경주김씨 시조신화에서는 호공이 기이한 징조를 목격하고 이를 왕에게 아뢴다. 그러나 남평문씨 시조신화에서는 현주는 단지 지시를 따르는 수동적인 인물임에 반해, 왕은 새로운 세계가 도래하는 상황을 직감하는 혜안을 가진 인물로 그려진다. 그래서 왕은 새로운 인물의 탄생을 추구하는 듯 적극적이다.

예시부에 이어 본담부에서는 석함 출현과 득아 그리고 양육을 이야기하고 있다. 여러 가지 징조에 이어 바위 위 석함 속에는 용모가 엄한 아이가 들어 있다. 자색의 서기와 오운은 결국 석함의 출현을 예고한 것이다. 석함은 경주김씨 시조신화에서의 금궤, 그리고 석탈해신화의 목궤, 삼성신화의 목함[39]과 같은 류의 것으로 해석된다.

이처럼 아이가 태어나는 것은 인간이 절대적으로 관여하지 않은 채 천지의 조화에 의해 아이가 이 세상에 바쳐지는 것이고, 이로 인해 새로운 세계가 도래함을 의미한다. 아이가 태어나자 왕은 하늘이 나를 돕기 위해 아이를 내린 것으로 기뻐하는데, 이는 천지의 화합에 대한 인간적인 믿음인 것이다.

왕은 아이를 거두어 궁중에서 양육한다. 아이가 다섯 살이 되니 문무가 빼어나 사물의 이치를 깨달아 '다성多省'이라는 이름을 얻는다. 시조 이름을 짓게 된 경위를 통해 시조의 비범함과 영특함을 단적으로 설명하는 대목이다. 남평문씨 시조신화는 혼인, 이적, 죽음 등은 생략되어 있어 성씨신화의 자질적 한계로 받아들여지지만, 시조의 특출함을 보여주는 이 서사단위는

---

39) 『高麗史』 57권 지리 2, 나주목 탐라현.

영웅일대기적 삶의 모습을 축소해 놓은 듯 하다.

이미 문다성은 역사적 인물로 그려지기 때문에 탄생에 이어 혼인, 이적, 죽음 등에 관하여 더 이상 신화적 의미를 부여하기에는 한계가 있다. 탄생에 관한 신이한 모습은 문다성의 신이함과 영웅적인 면모를 보여주기 위한 해석의 차원을 넘어서, 그의 탄생으로 인해 새로운 성씨집단이 형성되고 그로 인해 그 후손들은 다른 씨족집단과 변별되는 인식을 갖기 때문에 탄생에 집중되어 기록된 것으로 해석할 수 있다.

본담부에 이어 증시부에서는 성씨 시조와 관련된 증거물들을 나열하고 있다. 우선 성씨의 유래를 밝히고 있는데, 석함 면에 '문文'이라는 글씨가 적혀 있어 이를 근거로 성으로 삼았다는 것이다. 그리고 오늘날 이러한 시조신화에 연원을 두고 있는 남평문씨 후손들이 무엇보다 가장 큰 증거물이 된다.

김알지신화에서는 알지가 금궤에서 나왔다 하여 성을 김金으로 삼고 있음에 반해, 남평문씨는 석함 면에 글씨가 씌여져 있는 것에 의거하여 성씨를 삼고 있어 성씨 유래를 절대적이고 단정적으로 제시하고 있다. 이는 어떤 형상에 의해 성씨를 삼았다는 것과는 달리 하늘이 제시해주는 것에 따라 성씨로 삼고 있다. 특히 석함에 새겨져 있는 글씨는 절대불변의 성향을 의미하기도 한다. 이는 새롭게 형성된 문씨 씨족집단의 불변성을 의미하는 것으로 확대 해석할 수 있다.

그리고 성씨부여 외에 오늘날에도 마르지 않은 장자지[40]와 바위가 그대로 남아있다는 것은 성씨신화의 사실성을 증명하기 위한 장치로 기능하면서, 남평문씨 씨족집단의 영원불멸성을 또 한번 강조하고 있는 것이다. 또한 증시부에서는 후손들이 세운 문암과 장연서원이 보존되어 있음을 덧붙이고 있다.

문암은 나주시 남평읍 풍림리 사자산 아래에 위치해 있으며, 『남평문씨

---

[40] 『南平文氏大同譜』에서는 장자지를 '獅子山 文巖 右便 位置'라 정확히 기록하고 있으며, 이에 따른 사진자료를 첨부하고 있다.

대동보』에는 문암을 일러 '시조께서 탄강하신 문암바위'라 기록하고 있다. 또한 문암 주위로 문암을 보호하는 현대식의 '문암각'이 세워져 있다. 앞서 경주김씨 시조신화에서 알지가 태어난 계림과 알지의 태를 풀 때에 가위를 놓았던 돌이 오늘날 성소로 거듭나고 있듯이, 남평문씨 시조신화 역시 장자지와 바위는 오늘날 후손들에게 성소로 거듭나고 있는 것이다.

특히 오늘날 남평문씨 시조인 문다성을 모시는 장연서원에서 후손들이 정기적으로 의례를 거행하고 있는 것은 남평문씨 시조신화가 제전의 구술 상관물임을 말해준다. "의례의 집전은 곧 신화의 연출이고, 우리는 의례를 통해서만 신화적인 삶을 체험할 수 있듯이"[41] 후손들의 정기적인 의례로 인해 그 씨족집단은 신화적인 삶을 체험하고 있는 것이다. 그리하여 "신은 인간에게로 오고 인간이 신에게로 가는 중간지점에 신화의 장이 있다. 신화의 장에서 신과 인간은 만나 원일성을 회복한다. 원일성을 회복하는 행위는 제의이며, 신과 인간이 만나는 중간지점은 곧 제의의 장이기도 하다."[42] 곧 장연서원은 제의의 장으로써 의례를 통해 원일성을 회복하고 있으며 나아가 조상숭배의 발현으로 굳어지고 있다. 결국 이러한 증거물은 남평문씨 시조신화의 진실성과 신성성을 확보하는 구심력이 되어, 후손들에게 다른 씨족집단과는 변별되는 자긍심으로 기능하고 있는 것이다.

(3) 하음봉씨 시조신화

하음봉씨는 경기도 강화군의 하음河陰을 본관으로 하는 토성土姓이다.[43] 시조는 봉우奉佑로, 봉우의 탄생에 관한 이야기가 하음봉씨 시조신화이다. 봉우는 1106년인 고려 예종 1년 때 태어난 사람으로 정확히 기록하고 있어, 다른 성씨 시조에 비해 그 역사가 짧은 편이다. 오늘날 봉우의 묘소가 강화

---

41) Joseph campbell, 이윤기 옮김, 『신화의 힘』(서울 : 고려원, 1996), 342쪽.
42) 황패강, 「민속과 신화」, 『한국민속학』 제8집(민속학회, 1975), 108쪽.
43) 봉씨는 인구 약 6천 명으로 성별 인구 순위는 제102위가 되며 본관은 河陰(강화지방) 單本이다. 문헌에는 하음 외에도 10여 본이 나타나 있지만, 그것은 하음봉씨의 분파세거지를 가리켜 주는데 지나지 않는다(『한국성씨대관』(서울 : 창조사, 1971), 978쪽).

군 하점면 장정리 석상각 뒤편에 있으며,[44] 봉우가 태어난 곳인 봉가지奉哥池가 강화도에 있었던 기록으로 보아 당시 봉씨 씨족집단은 강화도에서 커다란 세력을 형성하였음을 미루어 짐작할 수 있다.

또한 봉우의 6대손인 봉천우奉天祐에 의하여 시조에 대한 여러 가지 사은물謝恩物을 축조하였는데, 주로 경기도 강화군 하점면 장전리 장곡마을 일대에 산재해 있다. 하늘에 제사 올리던 제단이었다가 조선시대에 봉황대로 사용하였던 봉천대, 봉천사, 석상각 등이 오늘날에까지 현존하고 있으며, 이 유물과 유적에 대한 유래를 설명하는 설화가 전승되고 있다.[45] 이러한 흔적을 통해서도 하음봉씨가 강화도 일대의 토착세력이었으며, 막강한 세력집단을 형성하였던 것으로 파악된다.

그동안 하음봉씨 시조신화는 문헌자료를 토대로 신화 내용을 간략하게 살펴보거나,[46] 현장답사를 통해 설화를 고찰하기도 하였다.[47] 그리고 현지에서 채록된 설화와 그와 관련한 유물·유적을 토대로 석탈해신화와 비교 검토하여 "상고시대의 이 지역 소부족국가의 건국신화로 출발하였던 것이 연륜과 함께 퇴색되어 전승되어 온 것으로"[48] 고찰하거나 탄생모티브로 본 봉씨설화를 혁거세신화, 김알지신화와 같은 맥락에서 논의를 전개하기도 하였다.[49]

하음봉씨 시조신화는 문헌을 통해 전승되는 자료 이외에 강화도 일대에서 채록한 구전자료들이 전한다. 구전자료는 봉씨 시조의 탄생과 그 증거물에 관한 이야기들로,[50] 문헌설화에 비해 시조의 탄생과 득성 과정에서 그

---

44) 『성씨의 고향』(서울 : 중앙일보사, 1989), 891~892쪽.
45) 성기열, 『한국설화의 연구』(인천 : 인하대출판부, 1988), 33쪽.
46) 허경회, 앞의 책(1990), 154~155쪽.
47) 최운식, 『전설의 고향을 찾아서』(서울 : 민속원, 1997), 198~203쪽.
48) 성기열, 앞의 책(1988), 32~46쪽.
49) 이영수, 「하음봉씨 성씨 시조설화 연구」, 『한국학연구』 제10집(인하대학교 한국학연구소, 1999), 95~116쪽.
50) 「봉씨시조전설」, 『한국구비문학대계』 경기편, 870~872쪽.
　　「봉천사·봉은사·석상각·봉가지전설」, 위의 책, 98~101쪽.
　　최운식, 앞의 책(1997), 195쪽.

신성성이 약화된 채 전승되고 있다. 이는 하음봉씨 시조신화가 오래전에 형성되었으나 구전과정에서 부분적으로 망각되어 오히려 전설적인 특성이 강조된 것으로 이해된다. 즉 봉씨 성을 임금이 아닌 고을 원님이 사성한 것으로 이야기되거나, 아이를 얻게 되는 과정에서 노파가 아닌 '과부', '어느 누군가'라 하거나, 연못이 아닌 '빨래터'라는 표현으로 구전되는 것을 통해서 확인할 수 있다. 이는 구전되는 과정에서 내용상의 변이뿐만 아니라 흥미 위주로 전승되고 있음을 말해준다.

이에 비해 문헌자료에는 봉씨 시조의 탄생에 초점을 두고서 기록되어 전한다. 『하음봉씨대동보』[51]나 『시조하음백봉우유적비始祖河陰伯奉佑遺蹟碑』[52] 그리고 『성씨의 고향』[53]의 기록은 거의 흡사하나 세세한 부분 즉, 노파가 석함을 발견한 곳이 우물이라 기록하고 있는 것과는 달리 연못, 대택大澤이라 기록하고 있으며, 『한국인의 족보』에서는[54] '해안'이라 기록하고 있다.

---

51) 하음봉씨 시조 河陰伯은 고려 예종 원년 서기 1106년 丙戌 三月 七日 世上에 誕降하였다. 역사에 의하면 예종 원년 3월 7일 새벽에 하음산 하에 한 노파가 龍淵池로 물을 길으러 갔는데 그 때 황홀한 瑞氣가 하늘로부터 연못에 뻗치매 雨雷와 같은 소리와 함께 水中에서 石函이 떠오름을 본 노파가 괴이 여겨 引揚開函하여 보니 외모가 단정한 귀공자가 누어있음으로 왕께 봉헌하여 궁중에서 양육하니 점차 성장함에 풍자가 준수하고 才智가 비범한지라. 노파가 봉헌하였다 하여 賜姓曰奉이라 하고 名曰 佑라 명하다. 甲科에 及第官이 衛尉寺卿政堂文學左僕射에 이르고 河陰伯을 봉하다(『河陰奉氏大同譜』, 石像閣傳記(1997), 185~186쪽). 그리고 조선총독부 당시에 발간된 『河陰奉氏世譜』에도 이러한 내용이 기록되어 있다.

52) 高麗文孝王元年三月七日河陰山下一老媼汲水於大澤畔望見紫雲從天/垂地波聲如雷俄然石函浮出 水面媧開函中有童男儀形瑞美奉獻于/王奇之養在宮中賜姓名奉佑 仁宗朝甲科官至衛尉寺卿政堂文學左僕射封河陰伯 其後子孫在前朝及至我 朝當有名顯而不盡記焉.

53) 1106년(睿宗 1) 어느 날 경기도 강화군 河岾面 長井里 하음산 기슭 연못[龍淵]가에 상서로운 광채가 비치더니 이어서 비가 내리쳤다. 물을 길러 왔던 한 노파가 이상히 여겨 살펴보니 못 수면에 돌로 만든 상자가 떠있었고 그 상자 속에는 귀여운 사내 아기가 들어 있었다. 노파는 이 아기를 궁중에 바쳤고 왕은 기이하게 여겨 왕실에서 키우도록 했다. 그리고 노파가 봉헌했다 하여 성을 '奉'이라 하고 장래 국가를 保佑할 인재라 하여 이름을 佑로 붙였다. 봉우는 자라면서 뛰어난 재주를 보였다. 문과에 급제, 政堂文學을 거쳐 左僕射에 올랐고 河陰伯에 봉해졌다. 본관 河陰은 그가 봉받은 이 고을 이름에서 온 것이다. 시조의 묘소는 강화군 하점면 장정리 石像閣 뒤편에 있으며, 제사일은 매년 3월 7일과 10월 8일(『성씨의 고향』(서울 : 중앙일보사, 1989), 891~892쪽).

54) 이 책에서는 1107년(예종 2)으로 기록되어 전한다.

이처럼 기록의 차이가 있으나 시조의 신성성이 구전설화에 비해 강조되는 것은 성씨의 근원을 찾는 목적으로 기록되는 자료의 성격과 부합되는 것이라 하겠다.

위의 문헌자료 가운데 비교적 신화적 내용을 충실하게 기록하고 있는 『성씨의 고향』의 내용을 토대로 최소의 서사단위로 분절하면 다음과 같다.

> ㉠ 1106년(예종 1) 어느 날이다.
> ㉡ 경기도 강화군 하점면 장정리 기슭 연못[龍淵] 가에 상서로운 광채가 비치고 비가 내리다.
> ㉢ 물을 기르던 노파가 이상히 여겨 살펴보니 돌상자가 떠있다.
> ㉣ 상자 안에는 사내아기가 들어있다.
> ㉤ 노파가 아이를 궁중에 바치다.
> ㉥ 왕은 기이하게 여겨 왕실에서 키우도록 하다.
> ㉦ 노파가 봉헌했다 하여 성을 봉(奉)이라 하고 국가를 보우할 인재라 하여 이름을 우(佑)라 하다.
> ㉧ 자라면서 뛰어난 재주를 보여 하음백(河陰伯)에 봉해지다.
> ㉨ 본관 하음(河陰)은 고을 이름에서 유래하다.

하음봉씨 시조신화는 위와 같이 9개의 서사단위로 분절할 수 있으며, 그 전개과정은 앞서 경주김씨, 남평문씨 시조신화에서 논의한 대로 ㉮ 예시부, ㉯ 본담부, ㉰ 증시부로 나눌 수 있다. 시조가 탄생하기 전에 징조를 보여주는 ㉠, ㉡이 예시부, 징조에 이어 노파에 의하여 석함이 발견되고 석함 속의 아이를 왕에 바쳐 왕실에서 키우게 되는 과정인 ㉢~㉥를 본담부, 그로 인해 시조의 득성명得姓名과 본관 유래 등을 이야기하는 ㉦~㉨이 증시부에 해당한다.

하음봉씨 시조신화의 핵심은 하음봉씨 시조인 봉우가 신이한 과정을 통해 지상에 출현하는 것으로, 이는 앞서 언급한 경주김씨, 남평문씨 시조신화와 그 맥락을 같이 한다고 할 수 있다. 이러한 전개과정은 다음과 같이 구체적으로 요약할 수 있다.

㉮ 예시부 : 광채(光彩), 우(雨)
㉯ 본담부 : 석함 → 득아(得兒) → 봉헌(奉獻) → 양육
㉰ 증시부 : 득성명(得姓名) → 본관 유래

1106년 어느 날, 경기도 강화군[55] 하점면 장정리 기슭 연못 가에 상서로운 광채가 비치고 비가 내린다. 앞서 남평문씨 시조신화에서는 구체적인 장소만이 이야기되는데, 여기에서는 역사적으로 구체적인 시간과 장소가 언급된다.

상서로운 광채가 비치고 비가 내리는 그 연못을 가리켜 '용연'이라 하며, 구전설화에서는 '봉가지'[56]라 하였다. 용연은 남평문씨 시조신화의 장자지와 같이 시조의 탄생이 물과 깊이 관련됨을 의미한다. 물은 "형태가 없는 것, 잠재적인 것의 원리로서 모든 우주적 표명의 토대이자 모든 씨앗의 용기로서, 모든 형태가 발생하는 원초의 물질을 상징하며, 물은 존재의 모든 차원에서 생명과 성장의 근원"[57]을 상징한다. 즉 물은 근원적으로 모든 형태에 선행하며 모든 창조를 떠받치고 있다.

이렇듯 창조의 원동력을 내포하는 용연에 일어나는 예조는 장차 태어날 아이의 비범성을 강조하며, 비일상적인 탄생을 의미하게 된다. 따라서 물과

---

55) 강화는 본래 고구려 穴口郡인데 신라 경덕왕이 海口라 개칭하였고 고려 초에 지금 이름으로 고쳐서 현으로 만들었다. 고려 고종이 몽고병을 피해 들어가 도읍하고 군으로 승격, 이름을 江都라 하였으며 조선 태조 13년에는 도호부로 승격되었다. 1895년 군이 되었고 1914년 喬桐郡을 합하고 신도, 병도, 모도, 장봉도는 떼어서 富川郡에 예속시켰다(『한국지명총람』 17(한글학회, 1985), 57쪽).

56) 하음봉씨의 시조가 출현하였다는 연못을 '奉哥池', '河陰澤'이라 하는데, 강화군 하점면 부근리 420-2에 위치해 있으며 향토유적 제25호로 지정되어 있다. 연못가에는 하음봉씨종친회에서 건립한 河陰伯奉佑遺蹟碑가 세워져 있다.

57) M. Eliade, 이은봉 옮김, 『종교형태론』(서울 : 한길사, 1996), 264~267쪽.

의 관련을 통해 "수신과 천신의 결합으로 신손神孫의 탄생"[58]을 의미하는 해석의 차원을 넘어, 예시부에서의 용연, 광채, 비의 신화소는 상호결합적인 관계에 놓여 장차 태어날 아이의 출생을 창조적인 관계로 승화시키고 있는 것이다.

예시부에 이어 본담부에서는 아이가 태어나는 과정과 양육에 관한 내용이다. 비일상적이고 기이한 징조에 이어서 물을 기르던 노파가 이를 이상히 여겨 살펴보니 돌상자, 즉 석함이 떠 있다. 여기에서 석함은 성스러움을 구현하는 것으로 신성물의 현현인 것이다.

이러한 석함을 발견하는 이는 다름 아닌 노파이다. 노파에 의해서 석함이 발견되고 이어서 석함 속에 아이가 들어 있음을 확인한다. 부모의 존재에 대해서는 구체적으로 제시되지 않으나, 예조에 이어 석함이 출현하고 아이를 얻는 일련의 과정은 부모의 존재를 하늘에 두는 것이라 할 수 있다.

석탈해신화를 보면, 까치로 인해 궤를 발견한 노파[阿珍義先]는 나무숲에 매어 두었다가 이것이 흉한 것인지 길한 것인 몰라서 하늘을 향해 고한 뒤에 궤를 열어보니 단정히 생긴 사내아이가 하나 있었으며, 아울러 칠보와 노비가 가득 차 있었다고 한다.[59] 그리하여 탈해가 고기잡이를 생업으로 하면서 노파를 어머니로 삼아 부지런히 봉양하였다고 한다.[60] 탈해에게 있어서 노파는 자기를 세상에 끌어내 준 산파이자 어머니나 다름없는 존재인 것처럼, 하음봉씨 시조에게 있어서도 노파는 세상을 끌어내 준 산파이자 어머니와 같은 존재이다.

그리하여 노파가 왕에게 바치게 되고, 왕은 이를 기이하게 여겨 왕실에서 양육한다. 이제 아이의 존재는 왕에 의해 절대적인 가치를 부여받게 된

---

58) 허경회, 앞의 책(1990), 155쪽.
59) 時浦邊有一嫗, 名阿珍義先, 乃赫居王之海尺之母, 望之謂 : "此海中元無石巖, 何因鵲集而鳴." 撃舡尋之, 鵲集一舡上, 舡中有一櫃子, 長二十尺, 廣十三尺, 曳其船, 置於一樹林下, 而未知凶乎吉乎, 向天而誓爾, 俄而乃開見, 有端正男子, 幷七寶奴婢滿載其中. 供給七日 (『三國遺事』卷第一, 紀異 第一, 第四脫解王).
60) 始以漁釣爲業, 供養其母, 未嘗有懈色(『三國史記』, 卷 第一, 新羅本紀 第一).

다. 나아가 이 아이는 장차 장성하여 왕의 체제 아래 순응하는 충실한 신하로 자리매김하고 있는 것이다. 그만큼 하음봉씨 시조신화는 건국이 아닌 성씨라는 씨족집단의 소우주적 세계를 지향하고 있음을 의미한다. 그리하여 궁중에서 양육된 아이는 뛰어난 재주를 보이며, "문과에 급제하여 정당문학政堂文學을 거쳐 좌복사左僕射에 올랐고 하음백河陰伯에 봉해지는"[61] 등 훗날 왕의 충실한 신하이면서 나아가 성씨 시조로 좌정하게 된다.

본담부에 이어 증시부에서는 성씨 시조의 득성명과 본관 유래를 이야기하고 있다. 노파가 봉헌했다 하여 성을 봉씨奉氏라 하고, 국가를 보우할 인재라 하여 우佑라 이름 하였다고 한다. 경주김씨 시조신화에서는 금궤에서 나왔다 하여 성姓을 김金이라 하고, 남평문씨 시조신화에서는 석함에 문文이라는 글씨가 새겨져 있어 그로 인해 성을 삼았다고 하는데, 하음봉씨 시조신화에서 노파가 왕에게 봉헌했다 하여 성을 봉奉이라 하는 것은 출생과정에 있어서의 구체적이고 경험적 사실을 고려한 것으로 해석된다.

그리고 하음이라는 고을 이름을 따서 직책을 내리고 이로 인해 본관으로 삼았다는 것은 그만큼 성씨의 생성과 정착 그리고 세분화되었음을 의미하는 것으로 이를 통해 성씨의 발전과정의 일면을 살펴볼 수 있다. 또한 왕과 신하라는 관계 설정은 국가와 지역의 긴밀한 관계 밀착과 유지라는 정치적 구도 차원에서 해석할 수 있을 것이다.

실제 그 내용이 사실이든 사실이 아니든 득성명을 통해 이미 기정 사실로 인식하고 있다는 것이 무엇보다 중요하리라 생각된다. 역사적으로 봉우가 하음백이라는 직책에 봉해졌는지의 사실 여부는 중요치 않다. 오히려 그로 인해 본관을 삼게 되고, 그러한 본관을 삼은 후손들이 오늘날까지 남아 있다는 점이 성씨신화에서 무엇보다 중요하게 인식된다.

여기에서 간과할 수 없는 것은 후손들이 축조한 공덕물에 대한 이야기가 따로 구전되고 있다는 점이다. 앞서 간략히 언급하였지만, 봉천대, 봉은사,

---

61) 『성씨의 고향』(서울 : 중앙일보사, 1989), 892쪽.

석상각 등은 봉우의 6대손인 봉천우에 의하여 축조되었고, 오늘날에도 현존하고 있다. 일명 봉천단이라 불리는 봉천대는 선조를 구해준 노파의 공덕을 기리기 위해 단을 쌓아 하늘에 제를 지냈던 곳으로, 인근 지역에 있는 강화군 화도면에 있는 마니산의 첨성단塹城壇과 비교하기도 하였다.[62] 그리고 일명 봉은사로 불리는 봉천사 역시 '봉씨의 후손인 봉천우가 자기네 시조를 잘 보살펴 준 표모漂母의 은공을 갚고자 절을 짓고 수십 년의 공을 들여 오층석탑을 쌓았다'고 한다. 또한 석상각은 「시조하음백봉공우유적비始祖河陰伯奉公佑遺蹟碑」에는 시조의 존영이라 하였는데, 구전설화에서는 봉천단, 봉천사와 마찬가지로 노파의 은공을 기리기 위해 넓은 암석에 노파의 모습이라고 생각되는 상을 음각하여 세우고 각 안에 안치하여 놓았다.[63]

이러한 공덕물은 정작 시조인 봉우를 위한 것이면서 노파의 공덕을 기리기 위해 축조되었다는 점이 특이하다. 이는 노파의 공덕이 있었기에 하음봉씨 시조인 봉우가 있으며, 그로 인해 그의 후손들이 존재한다는 의미로 해석된다. 그리고 6대손에 의해 새롭게 이러한 공덕물이 축조되었다는 점은 "봉씨설화가 고려 중엽에 창작되었음을 뒷받침하고 있다."[64] 즉 고려 중엽 봉우가 태어난 이래 6대손인 봉천우가 살았던 시기[65]는 점차 성씨에 의한 집단의식 강화와 함께 성씨 시조의 신성성과 위대함을 통한 조상에 대한 자긍심이 요구되었기에 이와 관련하여 그러한 성씨의 근원을 상징하는 축조물을 대대적으로 축조한 것으로 파악된다.

오늘날에도 봉우의 시조묘가 건재하며, 정기적으로 매년 2회에 걸쳐 제사를 모시는 점은 이러한 연결된 시각에서 조망할 수 있다. 성씨신화는 시

---

62) 성기열, 앞의 책(1988), 39쪽.
63) 하음봉씨 문중에서는 位田 7두락을 두어 음력 3월 7일 生辰에 그 석상 앞에서 시제를 모시고 있다(『河陰奉氏大同譜』, 185쪽).
64) 이영수, 「하음봉씨 성씨 시조설화 연구」, 앞의 책(1999), 109쪽.
65) 우리나라에서 성을 사용하기 시작한 시기에 대해서는 논란이 많은데, 대체로 왕속, 귀속계급 외에도 일반인들까지 널리 성을 사용한 것은 고려 중엽 이후의 일로 보고 있다. 성씨의 정착에 대해서는 성씨신화와의 관련을 통해 본서의 「성씨신화의 문화사적 수용」에서 자세히 서술할 것이다.

조신 제의의 구비상관물이다. 성씨신화와 제의가 상호관련을 맺으며 소규모 성씨 씨족집단에 사회적 통합 기능을 강화시켜 주고, 도덕적 가치 기준을 부여해 주며 아울러 지역문화로서 계승·발전하고 있는 점은 오늘날 신화의 현재적 의미를 재음미하게 한다.

아무튼 앞서 제시한 증거물은 하음봉씨 시조신화의 진실성과 신성성을 확보하는 구심력이 되고 있으며, 후손들에게는 다른 씨족집단과는 변별되는 자긍심으로 기능하고 있다. 또한 하음봉씨 씨족집단은 강화도 일대의 토착세력이었음을 반증하는 것이 바로 하음봉씨 시조신화와 봉천대, 봉천사, 석상각에 관한 설화들이다. 이러한 설화는 후손에 의해 일문一門의 시조설화로 정착된 것이라 할 수 있다.

(4) 파평윤씨 시조신화

파평윤씨의 시조는 윤신달尹莘達로, 그의 탄생에 관한 이야기가 파평윤씨 시조신화이다. 윤신달은 신라 제51대 진성왕 6년인 서기 892년에 태어나서 972년 고려 제4대 광종 23년 81세에 생을 마친 것으로 기록하고 있다.[66] 그는 신라 경명왕 2년 고려 태조 왕건을 도와 삼한통합에 공을 세워 통합삼한統合三韓 벽상익찬공신壁上翊贊功臣, 삼중대광태사三重大匡太師에 이르렀고 소양昭襄이라 시호되었다. 윤씨가 파평이라는 본을 받은 것은 윤신달의 5세손인 윤관尹瓘에 의해서인데, 윤관이 고려 문종 때 문과에 올라 여진을 평정한 공으로 추충좌리평융척지진국공신推忠佐理平戎拓地鎭國功臣, 문하시중門下侍中, 판상서리부사判尙書吏部事, 지군국중사知軍國重事가 되어 영평鈴平(파평의 별호)현縣 개국백開國伯에 봉해짐으로써 후손들이 본관을 파평으로 삼았다고 한다.[67]

파평은 오늘날의 경기도 파주시를 지칭하는 것으로, 특히 파평윤씨 시조인 윤신달의 5세손에 의해 파평을 본관으로 삼았다고 하는 점은 시조의 탄

---

66) 『한국성씨대관』(서울 : 창조사, 1971), 453쪽.
67) 『성씨의 고향』(서울 : 중앙일보사, 1989), 1302쪽.

생지에 대한 근원적인 인식과 함께 확고한 지역적 지지 기반을 토대로 하여 득성명을 이룬 것임을 알 수 있다. 이는 앞서 언급한 경주김씨, 남평문씨, 하음봉씨와 마찬가지로 파평윤씨 역시 경기도 일대를 중심으로 발현한 토착세력이며 土姓이라 할 수 있다. 파평윤씨 시조신화에 관한 기록으로, 우선 족보에 실린 내용을 적어보면 다음과 같다.

「남원윤씨보」를 살펴보면, 시조를 연못 위에서 얻었다는 이야기는 대체로 파평 용연리에 살던 할머니가 석함을 얻었다는 속설에 근거한 것이다. 그러나 사실이 괴이하고 허망한 소리와 연관되어 기록하지 않았다. 다만 속설 말미에 공에게는 좌우 겨드랑이에 81개의 비늘이 있고 양 어깨에 붉은 점이 해와 달 모양으로 있으며 발에는 7개의 사마귀가 있었다. 이 때문에 혜종(惠宗)이 즉위하여 공의 모습이 범상치 않자 동경(東京) 유수(留守)로 좌천시켰다. 혜종은 마음에서 매우 시기하여 끝내 부르지 않았다. 공이 임지에서 죽자 이에 경주에서 장사지냈다고 한다.[68]

이처럼 위의 기록은 파평윤씨 시조의 탄생이 괴이하고 허망한 소리라 하여 자세히 기록하지 않고, 대신에 시조의 비범한 면모를 간략히 언급한 정도이다. 그러나 구전자료와[69] 『성씨의 고향』, 『한국성씨대관』에는 이에 대해 자세히 언급되어 전하는데, 이 역시 기록의 차이가 발견된다. 『성씨의 고향』에서는 신라 진성왕 7년 8월이라는 정확한 역사적 시간이 언급되고 노파가 용연에서 발견한 것은 석함이라 하였다. 그리고 성씨 유래에 대해서도 옥함에 윤자尹字가 새겨져 있고, 아이의 손바닥에 윤尹이라는 글씨가 나타나 있어 윤씨 성을 갖게 되었다고 하였다.[70] 대체로 간단하게 기술

---

68) 按南原尹氏譜云 始祖得之池上者 盖源於諺傳坡平龍淵里嫗得石函之說 而事涉誕怪 玆不載錄 但諺傳末段 以爲公左右脅有八十一鱗 兩肩有赤痣象日月 足有七黑子 惠宗卽位 以公相貌非常 黜爲東京留守 心實猜忌 終不召還 卒於任所 仍葬慶州云(『坡平尹氏世譜』卷之首, 乙亥譜, 헌종 5년, 1839, 국립중앙도서관 소장).

69) 최상수, 「파평윤씨 龍淵」, 『한국민간전설집』(서울 : 성문관, 1958), 9~10쪽; 「파평윤씨의 시조」, 『한국의 전설』 제8권(서울 : 한국문화도서출판사, 1972), 249~250쪽.

70) 「尹姓淵源考」에 보면 太師公이 신라 진성왕 7년 8월, 파주의 파평산 아래 용연에 떠오른

된 위의 자료에 비해 『한국성씨대관』에는 신화적 내용이 비교적 충실하고 자세히 기술되어 있어,[71] 이를 토대로 최소의 서사단위로 분절하면 다음과 같다.

    ㉠ 경기도 파평의 파평산 기슭에 용연이 있다.

    ㉡ 하루는 구름과 안개가 자욱하고 천둥과 벼락이 치다.

    ㉢ 주민들이 분향하고 기도하다.

    ㉣ 사흘째, 윤온이라는 노파가 못 가운데 금궤가 떠 있는 것을 보다.

    ㉤ 찬란한 금궤 안에는 아이가 들어 있다.

    ㉥ 아이의 좌우 어깨에는 붉은 사마귀, 겨드랑이에는 81개의 비늘, 발에는 7개의 흑점이 있어 광채를 발하다.

    ㉦ 할머니는 아이를 거두어 기르다.

    ㉧ 할머니의 성을 따라 윤씨(尹氏)가 되다.

파평윤씨 시조신화는 이처럼 8개의 최소 서사단위로 분절되며, 그 전개과정 역시 ㉮ 예시부, ㉯ 본담부, ㉰ 증시부로 나눌 수 있다. 시조가 탄생하기 전에 보여주는 여러 징조를 이야기하는 ㉠~㉢은 예시부, 징조에 이어 금궤가 출현하고 아이가 탄생하는 과정을 이야기하는 ㉣~㉦은 본담부, 그리고 그로 인해 성씨를 삼게 되는 ㉧이 증시부에 해당된다. 이러한 전개과정은 다음과 같이 구체적으로 요약할 수 있다.

옥함서 나왔는데, 그 함을 건진 윤씨 노파의 성을 따라 윤씨가 되었다고 하나, 옥함에 尹字가 새겨져 있었다고도 하고 손바닥에 尹이란 글씨가 나타나 있어 윤씨 성을 갖게 되었다 한다(『성씨의 고향』(서울 : 중앙일보사, 1989), 1302쪽).

71) 경기도 파평(현 파주군)에 있는 파평산 기슭에 용연이라는 못이 있다. 하루는 난데없이 구름과 안개가 자욱이 끼고 천둥과 벼락이 치므로 주민들이 분향하고 기도하기 사흘째, 尹媼이란 할머니가 문득 못 가운데를 보니 금궤가 떠 있었다. 찬란한 금궤 속에는 한 아기가 들어 있었는데, 좌우 어깨 위에는 붉은 사마귀가 日月狀으로 돋아 있고, 양쪽 겨드랑이에는 81개의 비늘이 나 있었으며 또 발에는 일곱 개의 黑點이 있어 황홀한 광채를 발했다. 할머니는 이 아기를 거두어 길렀는데 그 할머니의 성을 좇아 윤씨가 되었다고 한다(『한국성씨대관』(서울 : 창조사, 1971), 454쪽).

㉮ 예시부 : 운(雲), 안개, 뇌(雷), 벼락, 기도

㉯ 본담부 : 금궤 → 득아(得兒) → 징표(徵表) → 양육

㉰ 증시부 : 작성(作姓)

우선 이야기 서두에 경기도 파평의 파평산 기슭이라는 구체적인 장소가 언급되고 있다. 그렇지만 다른 자료에서는 장소 외에 신라 진성왕 7년 8월이라는 구체적인 시간까지 언급되며, 심지어 구전자료에서는 '지금으로부터 920년 전 어느 날 여름 이른 아침, 파주군 파평면 눌로리訥老里'라 하여 실제 일어난 일처럼 구술하고 있어 현장감이 느껴진다.

어느 날 용연에 구름과 안개가 자욱하고 천둥과 벼락이 친다. 용연은 하음봉씨 시조신화에서도 언급되는 장소인데, 용연이라는 어휘 자체가 갖는 신화적 의미로 인해 수신水神의 은유적 표현이라 할 수 있다. 더 나아가 용연은 구름, 안개, 천둥, 벼락 등의 신화소와 결합되어 일반 연못과는 다른, 장차 시조가 출현하는 특별한 공간적 의미로 확대된다.

용연은 말 그대로 용이 사는 연못으로, 일반 연못과는 다른 특별한 곳이다. 이러한 곳에서 구름과 안개가 자욱하고 천둥과 벼락이 치는 것은 혼돈의 공간, 무질서의 공간이 되는 것이다. 곧 연못은 비일상적인 공간, 성스러운 공간으로 신화적 의미를 갖게 된다. 앞서 경주김씨 시조신화에서는 광채光彩와 자운紫雲이, 남평문씨 시조신화에서는 자색의 서기와 오운이, 하음봉씨 시조신화에서는 상서로운 광채光彩와 우雨가 징조로 이야기되는데, 파평윤씨 시조신화에서는 구름, 안개, 천둥, 벼락이 기이한 징조로 동원된다. 그리하여 이러한 신화적 징표가 상호결합을 이루면서, 장차 시조 출현이 하늘에 의한 결정체임을 암시한다.

이렇듯 갑작스럽게 들이닥친 기이한 징조로 인해, 마을사람들은 불안하기 그지없다. 그래서 예전처럼 일상적인 공간으로 되돌아가기 위해 마을사람들은 분향하고 기도드리며 지극 정성을 다한다. 이러한 마을사람들의 모습은 제의 상황을 연상시키는데, 수로신화에서의 사람들이 왕을 맞이하기

위해 맞이굿을 수행하는 것과[72] 유사하다.

수로신화와 비교하면 파평윤씨 시조신화는 내용에 있어 다소 앞뒤 부분이 생략된 듯 하지만, 마을사람들이 분향하고 기도드리는 것은 혼돈의 공간을 질서의 공간으로 되돌리기 위한 인간의 적극적인 의지 표명이며, 나아가 새로운 질서공간을 확립할 새로운 인물의 출현을 갈망하는 것이라 할 수 있다.

예시부에서 이야기된 상황은 바로 금궤 출현으로 구체화된다. 마을사람들이 분향하고 기도 드린 사흘째 되던 날, 윤온이라는 노파에 의해 연못 가운데 떠 있는 금궤를 발견하게 된다. 하늘이 마을사람들의 뜻을 받아 들여 그에 대한 답변으로 금궤가 출현한 것이다. 여기에서 노파의 존재는 제의 주재자로, 무당의 직능을 수행하고 있다. 그리고 장차 아이의 양육을 도맡게 되는 신모神母로서의 의미를 지닌다.

노파가 거두어 양육된 아이는 노파에 의해서 그 절대적인 존재 가치를 인정받는다. 역사적으로 윤신달은 고려 태조 왕건을 도와 삼한통합의 공을 세운 이로 기록된다. 그러나 이러한 역사적 사실이, 기이한 탄생 과정을 거쳐 이 세상에 출현한 아이가 장차 장성하여 국가 체제에 순응하고 절대적으로 충성을 다하는 신하로서의 의미 이상을 넘지 못한다.

노파가 발견한 금궤는 앞서 언급한 신화와 동류의 것으로 장차 아이가 태어나기 위한 신성물의 현현이라 할 수 있다. 금궤라는 신체를 통해 생명 탄생이 이루어지고 있는 것이다. 앞서 장주근의 견해에 따라 금궤는 조상신적 성격을 뒷받침할 수 있는 오랜 기록으로 보았듯이, 금궤에서 출현한 아이가 장차 씨족집단의 시조를 이루고 있다는 점에서 조상숭배의 구체적인 신체의 관념으로 해석된다.

이러한 금궤 안에 아이가 들어 있는데, 아이의 몸을 살펴보니 보통사람들과 다른 형상이다. 좌우 어깨에는 일월 형상의 붉은 사마귀가 있고, 겨드

---

72) 나경수, 『한국의 신화연구』(서울 : 교문사, 1993), 69쪽.

랑이에는 81개의 비늘 그리고 발에는 7개의 흑점이 있어 황홀한 광채를 발하고 있다. 일월은 하늘과 음양을 상징하며, 붉은 사마귀에서 붉다[朱]의 상징성은 태양일 수도 있고, 피[血]도 되며, 피의 원형은 긍정적인 면에서 生을 함축하고 있기 때문에 결국은 천기를 물려받는 표시로서의 생명체를 암시하고 있다.73) 그리고 겨드랑이의 비늘은 아기장수전설에서와 같은 모티브로, '용신앙 및 미륵하생신앙과 모종의 연고를 가지지 않았나 추측'74)할 수 있다. 특히 81개의 숫자는 윤신달이 81세에 죽은 것으로 되어 있어 수명과도 깊이 관련된다. 또한 7개의 흑점 역시 수명장수를 관장하는 칠성신앙75)을 연상시킨다. 이러한 형상은 아이의 비범성을 강조하며, 나아가 나라의 큰 인물이 될 것임을 암시하기 위한 의도적인 장치라 할 수 있다.

앞서 아이의 형상을 상세히 설명하고 있는 것에 비해, 아이의 성장 과정은 단지 노파가 아이를 기른 것으로 간략히 언급된다. 이는 장차 아이가 큰 인물이 될 것임을 알아보는 노파의 혜안을 암시하고 있지만, 시조의 특출함을 탄생에 관한 이야기로 집약시키고 있는 점이 파평윤씨 시조신화에서도 발견된다. 이러한 점은 성씨신화의 한계로 받아들여지는데, 시조의 탄생에 의해 새로운 성씨 집단이 출현하여 다른 성씨집단과의 변별성을 갖는 수단으로 활용되고 있음을 알 수 있다.

이러한 본담부에 이어 증시부에서는 간략히 윤씨 성의 유래를 이야기하고 있다. 무엇보다 오늘날에도 윤씨 성의 후손들이 남아있다는 것이 그 증거물이 된다. 앞서 하음봉씨 시조신화에서 노파가 왕에게 봉헌했다 해서 '奉'으로 성을 삼는 것과는 달리 직접적으로 노파의 성을 따랐다는 것은 이미 윤씨 성이 존재하고 있음을 의미한다. 또 다른 해석으로 노파는 파평윤씨 시조에게 있어 어머니와 같은 존재이다. 따라서 노파의 성을 따랐다는

---

73) 허경회, 앞의 책(1990), 162쪽.
74) 최내옥, 「아기장수 전설의 신고찰」, 『설화』(민속학회, 1989), 267쪽.
75) 칠성신은 북두칠성을 신격화한 것으로 수명장수, 소원성취, 자녀성장, 평안무사 등을 비는 특히 아이들의 수명장수를 비는 대상신이다(지춘상 외, 『남도민속학개설』(서울 : 태학사, 1998), 410쪽).

것은 부분적으로 모계 성씨 계승의 일면을 보여주는 것이라 하겠다. 성씨의
확립과 정착이 고려 중엽 이후라는 역사적 상황을 고려할 때, 부계의 성씨
외에 모계 성씨를 계승한 흔적을 성씨신화를 통해서 조심스럽게 추측해 볼
수 있다. 이외에 석함에 윤자尹字가 새겨져 있어 이를 따랐다는 것과 아이
의 손바닥에 尹이라는 글자가 새겨져 있었다는 기록도 전한다. 이러한 성
씨 유래는 하늘의 절대적이고 직접적인 계시에 의한 절대불변의 가치를 부
여한 것으로 이해할 수 있다.

이렇듯 성씨가 그 증거물로 오늘날에도 지속적으로 유지되고 있음은 환
원적으로 성씨신화에 대한 신성성과 진실성을 지속적으로 확보하고 있음을
의미한다. 결국 이는 후손들이 다른 성씨 씨족집단과의 변별성을 획득하기
위함이며, 씨족집단의 내부의 결속을 도모하는 구심력으로 작용하고 있음
을 의미한다.

(5) 달성배씨 시조신화

달성배씨 시조신화는 오늘날 두 가지의 다른 이야기가 기록되어 전한다.
신라 육성신화 가운데 언급되어 있는 것과 달성배씨 족보와 『규원사화』에
전하는 이야기가 그것이다. 육성신화는 신라의 건국 시조인 박혁거세에 관
한 신화의 첫 부분에 언급되어 있는데, 신라 알평謁平, 소벌도리蘇伐都利, 구
례마俱禮馬, 지백호智伯虎, 지타祗沱, 호진虎珍의 여섯 개 촌락의 촌장이 하늘
로부터 각각 표암봉瓢嵓峰, 형산兄山, 이산伊山, 화산花山, 명활산明活山, 금강
산金剛山 등의 여섯 산에 직접 강림했다는 아주 짧막한 이야기이다.[76]

---

76) 辰韓之地, 古有六村, 一曰, 閼川楊山村, 南今曇嚴寺, 長曰謁平. 初降于瓢嵓峰, 是爲及梁
部李氏祖[弩禮王九年置, 名及梁部, 本朝大祖天福五年庚子, 改名中興部, 波潛東山, 彼上
東村屬焉]. 二曰, 突山高墟村, 長曰蘇伐都利. 初降于兄山, 是爲沙梁部[梁讀云道, 或作
涿, 亦音道.] 鄭氏祖, 今日南山部, 仇良伐, 麻等烏, 道北, 廻德等南村屬焉[稱今日者, 太
祖所致也. 下例知此]. 三曰, 茂山大樹村, 長曰俱[一作仇]禮馬. 初降于伊山[一作皆比山],
是爲漸梁[一作涿]部, 又车梁部孫氏之祖, 今云長福部, 朴谷村等西村屬焉. 四曰, 觜山珍
支村[一作賓之, 又賓子, 又氷之.], 長曰智伯虎. 初降于花山, 是爲本彼部崔氏祖, 今日通
仙部, 柴巴等東南村屬焉. 致遠乃本彼部人也. 今皇龍寺南, 味呑寺南有古墟, 云是崔侯古
宅也, 殆明矣. 五曰, 金山加利村[今金剛山栢栗寺之北山也], 長曰祗沱[一作只他]. 初降

육성신화는 단군신화에서 환웅이 태백산에 하강하는 것과 같은 그 구체적인 모습에 대한 별다른 설명 없이 간단히 기록되어 전하기 때문에, 그동안 단군신화, 박혁거세신화, 김알지신화, 김수로신화 등의 건국 시조와는 달리 개략적인 언급에 머물러 있다. 육촌은 촌장이라고 부르는 지배자가 다스렸는데, 육촌 촌장은 모두 하늘에서 어느 특정의 산봉우리에 내려왔다는 점에서 신라의 기틀을 이룬 사노 육촌의 우두머리에 관한 내력담이면서, 그 내용이 시조가 천상에서 산 위로 하강한다는 서사구조를 지니고 있어 해모수신화나 환웅신화의 그것과 일치하며, 초기 신라 건국의 역사를 유추해낼 수 있는 정보를 제공해 주고 있다고 볼 수 있다.77) 따라서 기록의 양은 적지만 신화사적으로 차지하는 비중이 크며, 육성신화를 통해 신라가 건국되기 이전에 육촌이 있었다는 삼한시대의 역사적 사정을 확인할 수 있다.

이씨, 정씨, 손씨, 최씨에 이어 다섯째로 금산가리촌金山加利村의 촌장인 저타祗沱가 처음 명활산에 내려와 한지부 배씨의 조상이 되었다는 것은 천손강림신화라 할 수 있으며, 하늘에서 신인이 산봉우리에 하강한 점에서 배씨 시조신화는 단군신화와 그 맥락을 같이 한다. 다만, 다른 점은 세상을 다스릴 제왕이 아니라 금산가리촌을 다스리는 촌장으로 강림한 것이다. 배씨 시조가 강림한 명활산은 한지부의 주산主山이라 할 수 있으며, 하늘과 직접 연결되는 가장 가깝고 적합한 곳인 신성한 공간으로서의 의미를 지닌다. 따라서 "하늘에 이상세계가 있고, 거기에 인간의 원조가 그 통로를 통하여 내려왔다는 인류기원신화의 한 형태"78)라 할 수 있다.

이러한 배씨 시조가 유리왕 9년에 금산가리촌을 한지부로 고치고 비로소 성을 사성 받았다는 것은 다른 성씨와 함께 "화목을 의미하며, 동시에 회맹의 의미"79)를 갖는 집단공동체 특징을 보여준다. 아울러 이러한 씨족집단

于明活山, 是爲漢岐部, 又作韓岐部裵氏祖, 今云加德部, 上下西知, 乃兒等東村屬焉. 六曰, 明活山高耶村, 長曰虎珍. 初降于金剛山, 是爲習比部薛氏祖(『三國遺事』 卷 第一, 紀異 第一, 新羅始祖 朴赫居世).

77) 이지영, 『한국 신화의 신격 유래에 관한 연구』(서울 : 태학사, 1995), 56쪽.
78) 현용준, 『무속신화와 문헌신화』(서울 : 집문당, 1992), 479~480쪽.

은 "혈연집단에 머무르지 않고 각각의 부를 중심으로 한 정치적 조직에로의 전형"[80]이라 할 수 있다.

특히 왕이 사성을 하였다는 것은 "촌민들이 상호간의 유사성보다 차이성의 표시에 경주하여 왔음을 말하여 주는 것으로",[81] "씨족공동체가 부족형태로 이행되면서 서로 독자적인 집단의식을 드러내려는 데서 나온 것, 즉 혈족사회에서 이족사회異族社會로의 전형을 말하는 것이라 할 것이다."[82] 그리고 역사적인 검증자료 여부를 떠나 유리왕이 하늘에서 내려온 조상에게 배씨 성을 사성함으로써 오늘날 배씨 시조가 되었다는 점은 성씨가 왕에 의해 그 구체성을 실현하고 있어 성씨의 역사적 맥락을 파악할 수 있는 근거가 되고 있다.

이렇듯 육성신화에서 언급된 배씨 시조신화 외에『달성배씨가승보達成裵氏家乘譜』에는 다음과 같은 기록이 전한다.

배천생은 단군시대에 남해 우두머리이다. 처음 단군이 동남쪽 산천을 주유하던 도중 지리산을 순행하고 바닷가를 순행하면서 토지신과 바다신에게 제사를 받들었다. 이때 바다에서는 두 마리 적룡이 나타나고 하늘에서는 두 신녀가 자색 금합을 받들고 내려와 해안에 놓아두었다. 단군이 이 광경을 보고 놀라고 경이로워하며 합을 열어서 보니 붉은 비단옷을 입은 남자가 있었다. 단군이 백성과 신하에게 돌아보며 말하기를 이는 필시 황천후토가 나의 정성에 감동하여 신아(神兒)를 내림으로써 신령스럽고 기이한 종적을 보이신 것이다. (그러니) 몸가짐이 바르고 후덕한 여인으로 하여금 젖먹여 기르도록 하라고 했다. 그가 처음 입고 있던 옷이 붉은 비단옷[緋衣]인 까닭에 '비(緋)'자에서 '사(糸)'를 버리고 '의(衣)'를 두어서 '배(裵)'로 성을 삼고 이름 천생(天生)이라 하였다. 나이가 15세가 되자 모습이 장

79) 김현룡,『한국고설화론』(서울 : 새문사, 1984), 57쪽.
80) 김두헌,『한국가족제도연구』(서울 : 서울대 출판부, 1980), 43쪽.
81) 고승제,『한국촌락사회사연구』(서울 : 일지사, 1977), 63쪽.
82) 홍경표,「용신설화와 그 상징체계 시고」,『한국전통문화연구』제1집(효성여대 전통문화연구소, 1985), 278쪽.

대하고 뜻과 기상이 웅건하니 바닷가 사람들이 모두 그를 추대하여 장으로 삼았다. 그러자 단군이 이에 그를 남해장으로 세웠다. 그 후로는 그의 자손들이 남해장을 세습하였다(일은 동국야사에 보인다).[83]

이 외에 『규원사화』에도 이와 유사한 달성배씨 시조의 탄생에 관한 내용이 기록되어 전한다.[84] 물론 이 두 기록에도 약간의 차이점이 발견되지만, 여타의 다른 자료에서는 찾을 수 없는 기록이다.[85] 여기에서는 『달성배씨가승보』의 내용을 토대로 최소의 서사단위로 분절하면 다음과 같다.

　　㉠ 단군이 지리산과 바닷가를 순행하면서 신에게 제사를 받들다.
　　㉡ 바다에서는 두 마리의 적룡이 나타나다.
　　㉢ 하늘에서는 두 신녀가 자색 금합을 받들고 내려와 해안에 놓아두다.
　　㉣ 단군이 금합을 열어보니 붉은 비단옷을 입은 남자가 있다.
　　㉤ 황천후토가 신아(神兒)를 내린 것이라 하여 양육하다.
　　㉥ 15세가 되자 모습이 장대하고 웅건하여 남해장으로 삼다.
　　㉦ 처음 입고 있던 옷이 붉은 비단옷인 까닭에 성을 배씨라 하고, 이름을 천생(天生)이라 하다.

---

83) 裵天生 檀君朝南海長 初檀君周覽東南山川 因巡智異山邊海濱 祀后土海陽 有二赤龍見
　　於海 又有兩神女降自靑空 捧紫金榼遺之海岸 君愓然驚異之 就而開視之 中有緋衣男子
　　君顧謂臣民曰 此必皇天后土感我誠敬 降此神兒 以示靈異之跡 使謹厚女乳養 以其所著
　　之衣乃緋衣也 故以緋字去糸從衣以裵爲姓名曰天生 年及十五 體貌壯大 志氣雄建 海濱
　　之人共推爲長 於是檀君爰立南海長 其後子孫世襲南海長(事見東國野史)(『達成裵氏家乘
　　譜』單, 고종 27년, 1890, 전북대 도서관 소장). 『구비문학개설』과 김광순의 「시조신화의 양
　　상에 관한 연구」를 살펴보면 『裵氏舊譜』의 '檀君南巡海上 赤龍呈異祥 神女奉金榼 檀君
　　開之 有緋衣童子一在焉 着衣緋衣 姓裵 天以生之故 名天生 及長爲南海上長' 기록을 적
　　고 있으나, 필자는 관련 배씨구보를 찾을 수 없었음을 밝혀둔다.
84) 還至海上, 赤龍呈祥, 神女奉榼, 有一童子, 衣緋衣, 從榼中出謁, 檀君愛之, 因姓曰緋, 名
　　曰天生, 遂爲南海上長(『揆園史話』 단군기).
85) 『성씨의 고향』, 『한국성씨대관』, 『한국인의 족보』에는 배씨 시소에 관한 신화적 내용이 언
　　급되어 있지 않다. 다만, 시조 裵玄慶은 洪儒, 申崇謙, 卜知謙, 庾黔弼과 함께 고려 태조
　　왕건을 도와 후삼국의 난세를 평정하고 최초의 통일 왕조 고려를 개국한 元勳이자 名將이
　　라고 기록하고 있다.

이상으로 족보에 기록된 달성배씨 시조신화는 7개의 서사단위로 분절되며, 그 전개과정은 앞서 논의한 것과 마찬가지로 크게 ㉮ 예시부, ㉯ 본담부, ㉰ 증시부로 나눌 수 있다. 달성배씨 시조가 탄생하기 전의 징조에 대해서 이야기하는 ㉠, ㉡은 예시부, 징조에 이어 금합 속에서 아이가 출현하고 장차 남해장이 되는 ㉢~㉥은 본담부, 그리고 성씨와 이름을 얻게 되는 ㉦은 증시부에 해당된다. 이러한 전개과정은 다음과 같이 구체적으로 요약된다.

㉮ 예시부 : 적룡(赤龍)
㉯ 본담부 : 금합 → 득아(得兒) → 양육 → 남해장(南海長)
㉰ 증시부 : 득성명(得姓名)

예시부는 달성배씨 시조가 탄생하기 전에 보여주는 이야기 즉, 단군이 동남쪽 산천인 지리산과 바닷가를 순행하면서 토지신과 바다신에게 제사를 받들었는데, 이때 바다에서 두 마리의 적룡이 나타나는 부분이 여기에 해당한다. 사실 여부를 떠나 단군이 이야기 서두에 언급되는 점은 우선 시간상의 흐름을 감지할 수 있다. 단군은 고조선을 세운 왕으로, 단군이 이야기의 중심인물로 등장하여 이 당시에 있었던 일이라 말하고 있음은 달성배씨 시조의 탄생이 다른 어느 성씨 시조보다 빠르고 먼 시기임을 암시하는 것이라 하겠다.

특히 단군이 동남쪽 산천을 순행하였다는 것은 지리적 차원에서 발전적인 추론을 할 수 있다. 앞서 언급한 육성신화 가운데 하나인 배씨 시조의 탄강지가 한지부로 지금의 경주를 일컬음인데, 오늘날 배씨 동계혈손의 도별 분포를 보면 "경남북에만 전체의 50%인 7천여 가구 10만여 명이 집중해 있어 배씨의 발상지가 영남지방이라는 사실을 생각하면 당연한 분포라고"[86] 볼 수 있다. 여기에서 위의 달성배씨 시조가 남해장이 된 것 역시 씨족집단의 지리적 분포 상관성을 토대로 신화 내용의 진실성을 찾을 수 있을 것이다.

적룡이 나타났다는 것은 기이한 징조 그 자체이다. 적룡은 석탈해신화에서도 언급되는데,[87] 여기에서 적룡은 "천사天使로서 인간을 지배하고 때로는 예시적 효과를 지니고 있을 경우도 있으나 상당수는 천상을 지향하는 집념을 가지고 흔히 인간에 종속 내지 지배되는 것으로"[88] 묘사된다. 곧 용은 천사天使로서, 하늘의 뜻을 받아 역할을 대신 수행하는 천신의 대리자라 할 수 있다.

앞서 언급한 성씨신화에 비해 위의 달성배씨 시조신화는 단군과 적룡이 신화의 중심부를 차지한다. 한 성씨가 태어나는 과정에서 단군과 적룡을 등장시키는 것은 그만큼 신성성의 극치라 할만하다. 단군을 통해 까마득히 먼 시간에서 씨족의 시원을 찾고 있으면서 동시에 적룡을 통해 천신적인 의미를 예시하고 있기 때문이다.

예시부에 이어 본담부에서는 두 신녀에 의한 금합의 증여와 득아, 양육에 대해 이야기하고 있다. 바다에서 두 마리의 적룡이 나타남에 이어 하늘에서는 두 명의 신녀神女가 자색 금합을 해안에 놓아두었다. 금합은 경주김씨 시조신화의 금궤, 남평문씨 시조신화에서의 석함, 하음봉씨 시조신화에서의 궤, 파평윤씨 시조신화에서의 금궤와 같은 류의 것이다.

금합은 하늘이 이 세상에 아이를 보내는 신체이다. 그리고 장차 금합에서 출현하는 아이가 달성배씨 시조가 된다는 점에서 금합은 조상숭배의 구체적인 관념으로 영웅불변성을 지향하고 성스러움을 구현하는 신성물의 현현이라 할 수 있다.

이러한 금합을 받드는 이는 바로 단군이다. 앞서 언급한 성씨신화의 서사구조와 비교하여 살펴보면 하늘이 보낸 아이를, 신녀를 통해 직접 받은 단군은 왕의 역할로 대응된다. 그리고 여기에서 신녀는 "민속신앙에서의

86) 『한국성씨대관』(서울 · 창조사, 1971), 662쪽.
87) 便有赤龍, 護舡而至此矣(『三國遺事』 卷 第一, 紀異 第一, 第四脫解王).
88) 조희웅, 『설화학강요』(서울 : 새문사, 1993), 99쪽.

삼신할머니에 해당되는 이른바, 생산에 관여하는 산신産神의 요소로 볼 수 있는데",89) 적룡과 마찬가지로 천신의 대리자로 머물러 있다.

신녀가 바친 금합을 단군이 열어보니 붉은 비단 옷을 입은 아이가 들어 있다. 그러자 단군은 백성과 신하를 돌아보면서 황천후토가 나의 정성에 감동하여 신아神兒를 내려 신이한 종적을 보이신 것이라 하며 기뻐하였다. 그리하여 그 아이를 데려다 기르니 나이 15세가 되자 모습이 장대하고 뜻과 기상이 웅건하여 바닷가 사람들이 모두 그를 남해장으로 추대하였다. 신이한 출생에 걸맞게 시조의 성장과정 역시 평범하지 않다.

이러한 본담부에 이어 증시부에서는 성씨와 이름의 유래를 이야기하고 있다. 오늘날에도 항구성을 갖는 성씨가 증거물 그 자체인 것이다. 금합에서 나올 때 비의를 입어서 그 형상에 따라 성을 배씨裵氏, 하늘이 낳았다는 뜻으로 이름을 천생天生이라고 하였다. 금합 속에 있을 때 아이의 옷 입은 외형적 형상을 보고 배씨라 한 것은 성씨를 통해 아이의 특별함을 강조하고 있는 것이다. 그리고 천생天生이라 함은 이름을 통해 천강天降의 자손임을 명백히 하고 있으며, 시조의 비범성과 영특함을 포함하고 있다.

실제 오늘날 문헌에는 배씨의 도시조를 배현경裵玄慶이라 기록하고 있다. 배현경의 원래 이름은 백옥삼白玉杉이었다고 한다. 담력과 용맹과 지모가 뛰어나 졸병에서 몸을 일으켜 장군에까지 이르렀다. 처음 궁예를 섬겼으나 폭군으로 변신하자 신, 홍, 유, 복 등과 함께 왕건에 혁명을 권유, 궁예를 내쫓고 고려조를 열었다고 한다. 사후 무열공의 시호가 내리고 태조묘에 배향되어 배씨 가문은 고려의 문벌로 확고한 터전을 굳히게 된다.90) 배현경은 고려 개국에 큰 공을 세우자 왕건이 직접 사성한 성씨로, 구체적인 역사적 사실에 의거하고 있는 것은 달성배씨 시조신화의 또 다른 이야기라 할 수 있다.

이렇듯 달성배씨는 신라의 육성신화에서 성씨의 시원을 찾고 있으면서

---

89) 허경회, 앞의 책(1990), 152~153쪽.
90) 『한국성씨대관』(서울 : 창조사, 1971), 847쪽.

족보와 『규원사화』에는 배천생을 시조로 하는 시조신화가 삽화처럼 전하고 있다. 그리고 고려 초기의 실존인물인 배현경을 도시조로 하여 그의 구체적인 역사적 사실에 입각한 시조이야기도 더불어 전한다. 이는 성씨신화의 역사문화적 다양성 차원에서 논의될 수 있는 것으로, 시조신화의 탄생을 통해 새로운 성씨 집단이 출현하고 그로 인해 후손들은 다른 씨족집단과는 변별되며 여느 성씨보다 오래되고 특출함을 보여준다고 하겠다. 또한 한 성씨에 대한 여러 가지 시조에 얽힌 이야기가 전해오는 것은 성씨 유래와 더불어 성씨의 정착과정을 살펴볼 수 있는 좋은 계기가 될 것이다.

2) 상생담의 서사문법

이상, 상생담으로 묶이는 경주김씨, 남평문씨, 하음봉씨, 파평윤씨, 달성배씨 시조신화의 서사구조 분석을 통해 그 상징하는 의미를 살펴보았다. 상생담 성씨신화는 대체로 7~9개의 서사단위로 분절되며, 그 전개과정은 크게 예시부, 본담부, 증시부로 나누어진다. 이에 각각의 신화 내용을 종합하여 정리하면 아래와 같다.

성씨신화	㉮ 예시부	㉯ 본담부	㉰ 증시부
경주김씨 시조신화	大光明, 紫雲	金櫃, 白鷄, 得兒, 養育	得姓, 改國號, 돌
남평문씨 시조신화	瑞氣, 五雲	石函, 得兒, 養育	得姓, 長者池, 바위
하음봉씨 시조신화	光彩, 雨	石函, 得兒, 奉獻, 養育	得姓名, 本貫由來
파평윤씨 시조신화	雲, 안개, 雷, 벼락, 기도	金櫃, 得兒, 徵表, 養育	作姓
달성배씨 시조신화	赤龍	金榼, 得兒, 養育, 南海長	得姓名

이와 같이 순차적으로 축약하여 성리한 내용을 토대로 상생담 성씨신화의 공통된 주요 핵심어를 추출하면 다음과 같다.

| 예조 | ➡ | 箱 출현 | ➡ | 得兒 | ➡ | 양 육 | ➡ | 得姓 |

상생담은 성씨 시조가 탄생하기 전에 대광명, 자운과 같은 예조를 보여 주고, 이어서 금궤, 석함, 궤, 금합과 같은 상자가 출현하여 그 속에서 아이를 얻는다. 그리하여 왕에 의한 양육과정을 거쳐 훗날 성씨 시조로 좌정하는 것으로 이야기가 전개된다.

그렇지만 상생담은 주몽, 박혁거세, 석탈해, 김수로 등의 건국 시조에서 드러나는 영웅일대기적인 면모, 즉 혼인, 이적, 사후 등은 거의 언급되지 않고, 다만 역사적 사건과 결부되어 관작을 얻는 것으로만 간략하게 실려 있다. 이를 표로 정리하면 다음과 같다.

신화 / 구분	출생	혼인	공적	이적	건국	사후
경주김씨 시조신화	○(금궤)	×	×	×	×	×
남평문씨 시조신화	○(석함)	×	○ (開國伯)	×	×	×
하음봉씨 시조신화	○(궤)	×	○ (河陰伯)	×	×	×
파평윤씨 시조신화	○(금궤)	×	○ (統合三韓 壁上翊贊功臣)	×	×	×
달성배씨 시조신화	○(금합)	×	○ (南海上長)	×	×	×

표를 통해 알 수 있듯이 부분적으로 성씨 시조의 공적에 대해서만 간략하게 기술할 뿐, 대체로 탄생을 제외한 나머지 부분은 생략된 채 전해지고 있다. 이러한 점은 단순한 기록의 소실과 단절로 볼 수 있으나, 다른 한편으로 역사적인 시각에서 시조에 대한 구체적 사실이 부가됨에 따라 부분적으로 신화적 질서와 상징이 사라진 것으로 해석할 수도 있다. 그렇지만 "시조의 탄생을 신이하게 표현하는 것이 최소한의 표현 기능"[91]이라고 한다면,

혼인, 이적, 사후 등의 경이로움을 탄생의 기이성 속에 함축시켜 탄생의 중요함을 그만큼 암시하고 강조하고 있는 것으로 이해할 수 있다.

앞서 언급하였듯이 성씨신화의 자질을 충분히 갖추고 있는 박혁거세신화가 국가적으로 확대되어 건국신화로 정착된 점을 전제한다면, 상생담 성씨신화는 국가적 차원의 신화로 확대되지 못하고 특정 씨족집단에 머무르는 한계성을 보여주고 있다. 국가라는 그리고 왕이라는 존재를 확연하게 인식하고 있는 이러한 성씨신화는 역사적 흐름 속에서 첨가와 삭제를 통해 지속적인 변화를 거듭하면서 존속 유지된다. 그러므로 문헌기록에 왕이나 현주, 군주 등의 기록의 차이를 보일 가능성은 얼마든지 있는 것이다. 또한 왕이나 노파와 같은 제3의 개입을 통해 국가의 왕권체제를 묵시적으로 인정하면서, 가문이라는 소우주적 차원에 머물러 있는 것이다.

이처럼 고대 건국신화는 영웅일대기적 서술양상을 갖추고 있음에 비하여 성씨신화는 시조의 신이한 출생에 초점을 두고서 그 신비로움을 강조하며, 성씨부여를 통해 새로운 집단의 도래를 직접적으로 예견하고 있음을 위의 표를 통해 우선적으로 확인할 수 있다.

먼저 위에 언급한 상생담 성씨신화의 공통된 주요 핵심을 토대로 각각의 신화는 다음 표와 같이 일목요연하게 파악된다.

상생담	예조	箱출현	득아	양육	득성
경주김씨 시조신화	光彩, 紫雲	금궤	童男	대궐	김씨
남평문씨 시조신화	瑞氣, 五雲	석함	아이	궁중	문씨
하음봉씨 시조신화	光彩, 雨	궤	사내아기	궁중	봉씨
파평윤씨 시조신화	雲, 안개 雷, 번개	금궤	아이	(노파양육)	윤씨
달성배씨 시조신화	赤龍, 신녀	금합	緋衣男子	(단군양육)	배씨

---

91) 최인학 외, 『한국민속학의 새로 읽기』(서울 : 민속원, 2001), 329쪽.

이러한 상생담 성씨신화에 등장하는 인물은 성씨 시조 외에 왕이나 노파, 단군 등을 들 수 있다. 그리고 무엇보다 성씨 시조를 금궤, 석함, 금합이라는 신체를 통해 이 세상에 보낸 진정한 주체자, 하늘[天]의 존재가 강조된다. 이에 반해 왕이나 노파, 단군은 하늘이 보낸 시조를 발견하고 양육하며 나아가 성씨를 주어 지상에서의 권위를 부여하는 대행자에 지나지 않는다.

경주김씨 시조신화는 시기적으로 박혁거세신화, 석탈해신화에 비해 늦게 형성된 신화이다. 이미 국가라는 체제가 정립된 차원에서 경주김씨 시조신화는 건국이라는 대의를 꿈꿀 수 없었기에, 인재를 알아주는 왕과의 결속이 무엇보다 체제와의 융합 차원에서 바람직하였을 것이다. 따라서 경주김씨 시조신화의 천天, 왕, 시조인 알지의 관계는 다음과 같은 삼각구도의 관계를 갖는다.

하늘은 이 세상 사람들에게 아이를 바친 주체자가 되며, 왕은 이러한 하늘의 뜻을 받드는 대행자라 할 수 있다. 왕이 황금궤를 열었다는 점은 아이의 존재가 왕의 절대적인 의지의 개입으로 인한 것이다. 따라서 왕이 인재를 구하는 것과 자기를 알아주는 아이와 왕과의 관계는 상보적인 관계로 해석된다.

남평문씨 시조신화에서도 하늘이 보낸 아이의 존재는 왕에 의해 절대적인 가치를 부여받고 있다. 기록에 따라 왕 대신 군주나 현주가 아이를 맞이하기도 하는데, 이는 성씨신화가 지향하는 세계관이 그만큼 축소되었음을 의미한다. 석함 속에 들어 있는 용모가 엄한 아이를 발견하고 양육하여 성씨를 부여하는 왕은 인간 세상을 대변하는 대행자이면서 이 세상을 주도할 영웅적인 인물의 탄생을 갈구하는 존재이다.

"신화란 태초의 시간대에 일어난 일회적인 사건을 설명하는 것이다. 그러나 단순한 설명에 그치는 것이 아니라 거기에는 초자연적인 인격신이나 힘이 작용하여 신기원을 개시한다. 혁거세신화의 경우에는 초자연이 인간의 필요에 응해서 출현하는 인과률을 보인다."[92] 이 점은 남평문씨 시조신화에도 그대로 적용된다. 인간의 필요에 의해서, 구체적으로 말하면 왕의 충실하고 지혜로운 신하를 하늘이 점지해주는 것으로, 인과율에 따른 출현으로 해석된다. 따라서 하늘은 이 세상에 아이를 바치는 주체자가 되며, 왕은 하늘의 뜻을 받들어 실행하는 대행자로서, 천天, 왕, 시조는 다음과 같은 삼각구도의 관계를 갖는다.

하음봉씨 시조신화 경우, 아이를 거두는 노파는 어머니와 같은 존재로 인식되며, 아울러 하늘이 보낸 아이를 발견하여 이를 왕에게 바치는 역할을 수행하는 신화 속의 주요 인물이라 할 수 있다. 그리고 왕은 노파가 바치는 아이를 받아서 궁중에서 양육하므로, 노파와 왕은 하늘의 뜻을 받들어 이를 행하는 대행자로서 위치 지어진다.

다만 직접 금궤나 석함 속에 든 아이를 발견하고 궁중에 데리고 들어오는 경주김씨와 남평문씨 시조신화에 비해 하음봉씨 시조신화에서는 왕의 역할이 축소되어 단지 아이를 궁중에서 기르는 역할만 수행할 뿐이다. 오히

---

92) 나경수, 『한국의 신화연구』(서울 : 교문사, 1993), 56쪽.

려 노파의 역할이 확대되어 인식되고 있다. 이처럼 천天, 노파, 왕 그리고 시조인 봉우의 삼자관계는 수직적인 연결구도로 파악되는데, 이들의 관계를 도표로 그리면 다음과 같다.

파평윤씨 시조신화에서는 마을사람들의 기원의 결실로 하늘은 금궤라는 신성물을 통해 이 세상에 아이를 바치고 있다. 이 역시 하늘[天]은 아이를 이 세상에 보내는 진정한 주체자가 된다. 파평윤씨 시조신화에서는 앞서 언급한 성씨신화에 비해 마을사람들의 갈망이 첨부되어 이야기의 핵심 구조를 이루고 있다. 경주김씨, 남평문씨, 하음봉씨 시조신화는 어느 날 예조가 나타나고 이어서 금궤나 석함, 금합이 출현하여 아이가 탄생하지만, 파평윤씨 시조신화는 예조에 이어 마을사람들의 분향과 기도라는 인간의 소망이 이야기 속에 첨부된 뒤 금궤가 출현한다. 금궤의 출현을 제일 먼저 목격한 윤온이라는 노파는 아이를 발견하고 양육하는 대행자로서 기능한다. 그리고 양육된 아이는 훗날 성씨의 시조로 좌정한다. 따라서 천天, 노파 그리고 시조인 윤신달의 삼자관계 역시 수직적인 연결구도 속에서 이해된다. 이를 도표화하면 다음과 같다.

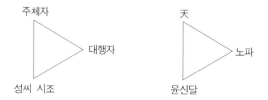

달성배씨 시조신화에서도 천天은 적룡과 신녀를 통해 단군에게 아이를 이 세상에 보낸다. 황천후토가 정성에 감동하여 신아神兒를 내린 것이라 하여 단군이 기뻐한 것처럼, 하늘은 아이를 이 세상에 있게 하는 주체자가 되며, 단군은 하늘의 뜻을 받아 아이를 거두어 기르는 대행자가 된다. 그리하여 금합에서 출현한 아이는 장차 단군의 충실한 부하인 남해상장이 되며 달성배씨 시조가 된다. 따라서 천天, 단군, 시조인 배천생의 삼자관계 역시 앞서 언급한 시조신화와 유사한 관계 설정이 가능하다. 이를 도표화하면 다음과 같다.

이렇듯 하늘과 단군은 각각 주체자와 주체자의 뜻을 대신 수행하는 대행자로서 위치 지워진다. 그리고 달성배씨 시조인 배천생은 철저히 단군에게 예속되는 관계를 보이고 있어 수직적인 연결구도 속에서 이해된다.

따라서, 상생담 성씨신화에 나타나는 인물군을 종합하면 경주김씨 시조신화의 호공과 왕, 남평문씨 시조신화에서의 현주와 왕, 하음봉씨 시조신화에서의 노파와 왕, 그리고 파평윤씨 시조신화의 노파, 달성배씨 시조신화에는 신녀와 단군이 각각 대응을 이루고 있다. 이를 도표로 나타내면 다음과 같다.

경주김씨 시조신화	:	호공	—	왕	—	김알지
남평문씨 시조신화	:	현주	—	왕	—	문다성
하음봉씨 시조신화	:	노파	—	왕	—	봉우
파평윤씨 시조신화	:	노파	—	노파	—	윤신달
달성배씨 시조신화	:	신녀	—	단군	—	배천생

이상으로, 상생담 성씨신화에서 드러나는 상相 출현과 득아의 과정, 주체와 대행자 그리고 성씨 시조의 삼각구도, 인물군의 역할과 기능을 종합해 보면 새로운 세계로 통합되는 과정을 보여주는 신화라 할 수 있다. 성씨 시조가 처음에 밀폐된 공간에서 세상과 고립된 격리상태에 머무는 전이과정을 거친 뒤에 일상적인 삶의 공간으로 완전히 통합되고 있기 때문이다. 따라서 성씨 시조 탄생의 신성성과 새로운 사회적 지위는 "한 상황에서 다른 상황으로의 또는 특정의 사회적 또는 우주적 세계에서 다른 세계로의 통과에 수반되는"93) 통과의례의 한 유형으로, 새로운 세계에서 사회적 역할과 지위를 획득하는 과정을 의례화 한 것이라 할 수 있다.

경주김씨 시조신화의 경우, 특정 공간에서 격리되어 있다가 왕의 적극적 개입으로 이 세상 사람들과 통합되며, 죽어서는 성씨의 시조로 좌정한다. 앞서 언급한 예시부는 어느 누구도 범접하지 않은 공간에 갇혀있는 격리의례를 신화화한 것이며, 본담부와 증시부는 호공과 왕의 대행자에 의해 세상 사람들 속으로 통합되는 과정을 이야기한 것이다. 이는 남평문씨, 하음봉씨, 파평윤씨, 달성배씨 시조신화에도 그대로 적용되는데, 이를 도표화하면 다음과 같다.

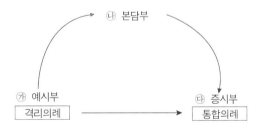

결국 상생담 성씨신화는 격리단계에서 통합단계로 나아가는 의례를 신화한 것이라 할 수 있다. 통합의례를 통해 성씨 시조는 국가와 사회의 주도

---

93) Arnold van Gennep, 전경수 옮김, 『통과의례』(서울 : 을유문화사, 1994), 40쪽.

적인 역할과 상징을 부여받고 있는 것이다. "신화 이미지는 우리의 내적 체험과 삶을 위한 메시지가 된다. 이 메시지를 받아들이면 신화체계는 문득 우리의 개인적인 체험이 되는 것이다."[94] 이러한 신화의 이미지가 곧 우리들의 삶의 메시지가 될 수 있음을 고려할 때, 시조의 탄생과 득성과정으로 집중되는 상생담 성씨신화의 신화체계는 성씨의 대한 사회문화적 제도의 상관관계 속에서 심도 있게 살펴보아야 할 중요한 부분이다. 그리고 성씨신화는 해당 씨족집단에서는 신성성을 갖춘 신화이지만, 그 씨족집단을 벗어나면 전설이나 민담으로 다양하게 변이되고 있음에 대해서도 예의 주시할 필요가 있다.

2. 이류교혼담의 서사구조

상생담 외에 성씨신화의 또 다른 서사구조를 가지는 이류교혼담[95]은 인간과 인간이 아닌 이류異類 사이에 감응이나 통교에 의해 성씨 시조가 탄생하는 이야기를 말한다. 이류교혼은 단군신화와 주몽신화 그리고 서동요와 처용가의 배경설화 등 신화나 전설 속에 흔히 나오는 화소이다. 전설 속에서 인간이 인간이 아닌 존재와 교혼하는 이야기는 '강감찬의 탄생'의 경우와 같이 이물이 여성인 경우도 있으나,[96] 일반적으로 이물은 남성으로 나타나는 경우가 많다. 본고에서 다루고자 하는 이류교혼담 성씨신화 역시 이류는 남성으로 상징된다.

이류교혼담에 해당하는 성씨신화는 창녕조씨 시조신화, 충주어씨 시조신

---

94) Joseph campbell, 이윤기 옮김, 앞의 책, 404쪽.
95) 그동안 학자에 따라 異類交婚說話를 견훤식전설(손진태, 『조선민족설화의 연구』(서울 : 을유문화사, 1947), 199쪽), 야래자전설(장덕순, 『한국설화문학연구』(서울 : 서울대 출판부, 1978), 139쪽), 三輪山전설(鳥居龍藏, 「三輪山전설」, 『東亞之光』, 1912), 이류교구설화(소재영, 『한국설화문학연구』(서울 : 숭실대 출판부, 1997), 153쪽) 등으로 다양하게 명칭되었는데, 본고에서는 異類交婚으로 명명하고자 한다.
96) 손진태, 『조선민담집』 손진태선생전집 권5(서울 : 태학사, 1981), 135~136쪽.

화, 평강채씨 시조신화 3편을 들 수 있다. 열거한 성씨신화는 이류와의 교
혼을 통해 시조가 태어나고 그로 인해 하늘이나 왕이 사성함으로써 새로운
성씨 시조가 시작되는 것으로, 상생담과 마찬가지로 기이한 탄생과정이 핵
심을 이루고 있다.

본 장에서는 창녕조씨, 충주어씨, 평강채씨 3편의 성씨신화를 중심으로
각각의 신화에 대한 서사구조의 분석을 통해 그 상징하는 의미를 파악하
고, 나아가 위 신화들의 서사구조에서 드러나는 서사문법도 함께 검토할
것이다.

1) 이류교혼담의 구조분석

(1) 창녕조씨 시조신화

창녕조씨 시조는 조계룡으로, 그의 탄생에 관한 이야기가 창녕조씨 시조
신화이다. 조계룡은 신라 진평왕의 사위로 벼슬이 보국대장군상주국대도독
태자태사輔國大將軍上柱國大都督太子太師에 올라 창성부원군昌成府院君에 봉해
졌는데, 그의 후손들이 조계룡을 시조로 하고 창녕을 본관으로 삼게 되었다
고 한다.[97] 창녕조씨는 다른 어느 성씨 시조에 비해 조계룡의 신이한 탄생
과정을 자세히 전하고 있는데, 특히 창녕조씨 족보를 살펴보면 더욱 그러하
다. 『창녕조씨충간공파보昌寧曺氏忠簡公派譜』, 『창녕조씨장양공파보昌寧曺氏莊
襄公派譜』, 『창녕조씨시중공파보昌寧曺氏侍中公派譜』에는 한결같이 다음과 같
은 기록을 적고 있다.

매계가첩(梅溪家牒)을 살펴보면 신라 때 한림학사 이광옥[경주이씨 가첩에는
광옥(光沃)으로 적고 있다.]의 따님인 예향(禮香)이 청룡질을 얻어 화왕산정에 있
는 용담에서 목욕하다가 청룡의 아들 옥결(玉玦)과 만났는데, 그로 인하여 계룡이
라는 아들을 낳으니 그 협하(脇下)에 조자(曺字)가 새겨져 있는지라 그로 말미암아

97) 『성씨의 고향』(서울 : 중앙일보사, 1989), 1921쪽.

성을 조씨라 하였다고 말하였다. 또 세속에 전해 내려오는 바에 의하면 조씨 시조모 휘(始祖母 諱) 예향(禮香)은 나면서부터 복질(服疾)이 있어 고생하던 중 어떤 사람이 화왕산상에 있는 못이 매우 영험하니 목욕재계하고 정성껏 기도하면 반드시 효험이 있을 것이라 하였다. 그 말에 길일을 택하여 못으로 올라가 목욕하고 기도하려고 하는 참에, 갑자기 못 속에서 운무가 자욱히 솟아올라 컴컴해지며 자신이 어디 있는지 조차 모르게 되었다가 잠시 후에 개이면서 못 속으로부터 솟아나왔다. 그런 뒤로 병은 씻은 듯이 낫은 동시에 잉태하여 아들을 낳게 되었는데, 꿈에 장부가 나타나 말하기를, 나는 화왕산성 큰 연못의 신룡(神龍)의 아들 옥결인데, 내가 아이의 아버지이다. 아이를 잘 기르면 공후에서 경상(卿相)에 이르기까지 자손만대가 끊임없이 번창할 것이라 하였다. 아버지 한림학사 이광옥은 이 사실을 왕에게 아뢰니, 왕은 자세히 듣고서 조계룡이라는 성명을 주었다. 장성하여 진평왕의 사위가 되고 창성부원군으로 봉해졌는데, 이 사람이 창녕조씨의 시조이다.

남명가첩(南冥家牒)을 살펴보면 신라학사 이광옥의 사위인 옥결은 창녕 화왕산성 대지(大池)에 사는 신룡의 아들인데, 그가 아들을 낳았으니 바로 조계룡이다. 조계룡은 진평왕 사위가 되어 5남 2녀를 두었으며 조겸(曺謙)은 조계룡의 6대손이라 한다.98)

위는 조선 중기의 성리학자인 매계梅溪 조위와 남명南冥 조식99)의 가첩에

---

98) 謹按梅溪文狀公諱偉家牒 新羅學士李光玉(慶州李氏譜牒光沃) 女諱禮香得靑龍疾 浴于火王山龍潭 與神龍子玉玦相遇而生繼龍 脅下有曺字仍姓曺 俗傳曰 始祖母諱禮香氏 生有腹疾 有人云 火王山池 宿著 靈異若齋沐行禱應見效 如其言卜日上池將行 祀雲霧忽晦不知所之 無何開齋自池中湧出 自此病瘳仍有孕生男 夢一丈夫曰 吾火王山城大池神龍子玉玦卽此兒之父也 善育之將爲公侯卿相子孫萬世不替云 父學士而光玉上聞其由賜姓名曺繼龍 及爲眞平王女壻封昌城君官至太師 爲曺氏始祖云
謹按南冥文貞公諱植家牒 新羅學士李光玉女壻玉玦 昌寧火王山城大池神龍子也 生子卽曺繼龍 爲眞平女壻五男二女 曺謙卽繼龍六世孫云(『昌寧曺氏忠簡公派譜』(1984), 44~47쪽, 『昌寧曺氏莊襄公派譜』(1980), 16~18쪽, 『昌寧曺氏侍中公派譜』(1985), 37쪽).

99) 조위(1454~1503)는 성조 때의 학자로, 벼슬은 호조참판에 이르렀다. 성종의 명을 받들어 김종직의 문집을 편찬할 때 義帝를 추모하는 서문을 실어 무오사화의 원인이 되어 의주, 순천에 유배된 후 병으로 죽었다. 조식(1501~1572)은 조선 중기의 학자로, 조정에서 여러 차

전하는 기록을 후손들이 족보를 간행할 때 시조 사실을 언급하면서 재차 기록한 것들이다. 여기서 후손들은 시조의 신이한 탄생을 언급하면서 다음의 내용을 덧붙이고 있다.

이것은 비록 속간에 전해오는 말로 정경대도(政經大道)에서 벗어나기는 하였으나, 저 주나라 시조 후직(后稷)이 거인의 발자국을 밟고 가다 감응(感應)되어 탄생하였다는 것과 한나라 고조 유방이 큰 못 가에서 천둥비 속에 지룡(池龍)과 상교(相交)하여 탄생하였다는 것이며, 또 신라시조 박혁거세의 알영왕비가 알영정변에서 계룡의 좌협(左脅)으로부터 탄생하였다는 이야기 등 동류의 영이적(靈異的) 발상신화(發祥神話)가 비비(比比)한 바인데, 특별히 이것만을 이상하게 볼 수 없을 뿐 아니라 자고로 세간에 전해오는 사실인즉, 자손된 사람으로 몰라서는 안되는 일이라. 들은 말대로 간추려 적어서 후세사람에게 알게 하려는 것일 뿐, 자기(自己) 선계(先系)의 남달리 신성함을 자랑하려고 일부러 힘쓰는 것은 결코 아니다.[100]

위의 기록은 창녕조씨 시조의 신이한 탄생에 대한 후손들의 입장 표명이다. 즉 중국 주나라의 시조, 한고조의 유방 그리고 신라의 박혁거세의 비 알영의 신이한 탄생과 마찬가지로 창녕조씨 시조인 조계룡의 탄생 역시 그 신이성에 있어서는 이와 다를 바 없음을 역설적으로 설명하고 있다.

그 외에 창녕조씨 시조신화를 언급한 자료로는 『한국인의 족보』,[101] 『성

레 내린 벼슬을 거절하고 경남 산청의 두류산 기슭에 은거 후학을 양성하며 여생을 보냈다(『국사대사전』(서울 : 학원출판사, 1987), 1423쪽, 1428쪽).
100) 『昌寧曹氏忠簡公派譜』(경북 : 농경출판사, 1984년), 46~47쪽.
101) 시조 繼龍은 신라 진평왕의 女壻이다. 그의 모친은 昌寧縣 鼓巖村에서 한림학사 李光玉의 딸로 태어났는데, 그녀가 자라서 婚期에 이르렀을 때 우연히 腹中에 靑龍疾을 얻어 백약이 무효이자 학사가 크게 염려하던 중 어느 神僧의 말에 따라 화왕산 龍潭에 가서 목욕기도를 마치고 돌아온 후 신기하게 병은 완쾌되고 태기가 있었다. 어느 날 밤 꿈에 金冠을 쓰고 玉帶를 두른 한 남자가 나타나 웃으며 말하기를, "이 아이의 아버지는 東海龍王의 아들이다. 이 아이를 잘 길러라. 크면 公侯가 될 것이며, 자손도 번영할 것이다"라고 하며 떠났다. 그 후 十朔이 지나서 진평왕 48년(辛卯)에 生男하니 용모가 준수하고 겨드랑이 밑에 '曹'字가 붉게 씌어져 있었다. 이것을 본 학사는 크게 이상히 여겨 이 사실을 왕에게 알리자 왕도 신기하게 여기며 성은 曹, 이름은 繼龍, 자는 鱗卿이라 特賜하고 뒤에 부마를

씨의 고향』[102]을 들 수 있다. 이 역시 족보의 기록을 토대로 시조 탄생에 관한 상세한 내용을 수록하고 있는데, 그 전체적인 내용은 대동소이하나, 구체적인 부분에 있어서는 약간의 차이를 보인다.[103] 따라서 위에 언급된 자료 가운데, 「매계가첩梅溪家牒」의 속전俗傳에 전하는 내용을 토대로 최소의 서사단위로 나누면 다음과 같다.

　　㉠ 예향은 나면서부터 복질이 있어 고생하다.

　　㉡ 어떤 사람이 창녕 화왕산 용지에서 기도 드리면 효험이 있을 것이라 말하다.

　　㉢ 그 말에 따라 길일을 택하여 연못에서 지성으로 기도 드리다.

　　㉣ 갑자기 운무가 자욱하고 주위가 깜깜해지더니 연못 속으로 사라지다 솟아나오다.

　　㉤ 그 뒤 병은 낳았으나 잉태하여 아들을 낳다.

　　㉥ 꿈에서 장부가 나타나 아버지가 신룡의 아들 옥결이라고 알려주고 장차 아이는 큰 인물이 될 것이라 하다.

　　㉦ 예향 아버지가 이 사실을 진평왕에게 아뢰다.

　　㉧ 왕은 자세히 듣고서 조계룡이라는 성명을 주다.

　　㉨ 장성하여 창녕조씨 시조가 되다.

　이처럼 위 신화는 9개의 서사단위로 분절되는데, 창녕조씨의 시조인 조계룡의 탄생에서 성씨가 부여되기에 이르는 과정의 이야기이다. 무엇보다

삼음으로써 창성부원군에 봉해지고 벼슬이 輔國大將軍上柱國大都督總指揮諸軍事金紫光祿大夫太子太師에 이르렀다. 이리하여 그의 후손들은 繼龍을 始祖로 하고, 창녕은 그의 세거지이기 때문에 본관을 삼게 된 것이다(『한국인의 족보』(서울 : 일신각, 1977), 1155쪽).

102) 『성씨의 고향』(서울 : 중앙일보사, 1989), 1922쪽.

103) 앞서 제시한 『한국인의 족보』에서는 婚期에 이른 딸이 청룡질을 얻었는데, 神僧이 기도처를 알려 주고, 꿈에 金冠을 쓰고 옥대를 두른 남자가 東海龍王이라 밝히고 있는 점과는 달리 「梅溪家牒」에서는 예향이 나면서 복질을 앓는 섬 그리고 어떤 이가 기도처를 알려주고, 꿈에 장부가 '大池神龍子'라 밝히고 있는 점에서 차이가 있다. 이는 신화적 내용을 파악함에 있어서 중요한 차이이며, 이러한 기록의 차이의 원인이 무엇인지 구체적으로 파악할 수 없으나, 先代의 기록이라는 점에서 「梅溪家牒」을 선택하고자 한다.

위 이야기 전개의 핵심은 시조의 탄생과정이다. 평범한 탄생이 아닌 비일상적인 탄생으로, 시조가 예향과 신룡의 아들인 옥결과의 교구에 의해서 태어난다는 점에서 그 신이성이 강조되고 있다.

하나의 이야기란 구조상 몇 개의 에피소드로 구성되어 있으며, 다시 이들 에피소드 단위는 그것의 구성소인 최소의 서사적 단위들(structural unites)로 분절되는 것으로 파악된다.[104] 에피소드는 그것대로 하나의 이야기다. 즉 발단, 전개, 결과를 가지는 독립된 이야기가 에피소드인 것이다.[105] 이러한 시각에서 위의 서사단위를 살펴보면, 두 개의 에피소드로 구성되며, 각각의 에피소드는 문제제기 → 해결시도 → 해결의 3단계의 과정을 갖추고 있다. 이를 정리하면 다음과 같다.

에피소드 I

① 예향이가 속병이 있어,

② 창녕 화왕산 용지에서 기도 드리면 효험이 있을 것이라 하여 길일을 택하여 기도 드리는데,

③ 갑자기 연못 속으로 사라지다 솟아난 뒤 병이 낫다.

에피소드 II

① 그로 인해 아들을 낳았는데,

② 꿈에 장부가 나타나 신룡의 아들 옥결이 아이 아버지라 하며 장차 아이는 큰 인물이 될 거라고 하자 아버지가 왕에게 이 사실을 아뢰니,

③ 왕이 조계룡이라 득성명(賜姓名)하여 창녕조씨 시조가 된다.

두 개의 에피소드는 서술상 전반부와 후반부에 해당하는데, 에피소드 I

---

104) Alan Dundes, *The Morphology of North American Indian Folktales*, FF communications No.195(Helsink : Suomalainen Tiedeakatemia Academia Scientiarum Fennica, 1980), p.30.

105) 나경수, 「우왕신화의 변이고」, 『용봉논총』 21집(전남대학교 인문과학연구소, 1992), 4쪽.

의 주인공은 예향이며, 에피소드Ⅱ의 주인공은 창녕조씨의 시조인 조계룡이다. 그리고 두 개의 에피소드는 '이류교혼'이라는 매개 행위를 통해 연결되고 있다. 각각의 에피소드는 다음 표와 같이 정리할 수 있다.

에피소드	문제제기	해결시도	해결
에피소드Ⅰ	腹疾	기도	완쾌
에피소드Ⅱ	잉태	現夢	성씨 시조

에피소드Ⅰ은 신라 한림학사인 이광옥의 딸 예향이 태어나면서부터 복질腹疾을 앓고 있었다. 복질은 일종의 배앓이로, 나면서부터 배앓이를 했다는 것은 일상적인 방법으로는 이미 치유가 어렵다는 것을 의미한다. 따라서 어떤 사람이 치유 방법으로 영험한 화왕산 대지大池에서 목욕재계하고 정성껏 기도드리면 효험이 있을 것이라고 알려준다. 특별한 장소인 화왕산 용지龍池106)를 기록에 따라 대지大池, 용담龍潭이라 기술하고 있는데, 신화적으로 용속龍屬이 살 것이라는 가능성을 암시하는 신성한 장소임을 의미한다. 나아가 용지는 농경사회의 정천용신井泉龍神 사상107)을 기저에 반영하면서 물이라는 생생력을 통해 생명의 재생, 부활, 탄생, 승화, 등천의 의미를 함축하고 있다.

예향은 길일을 택하여 용지에 올라가 목욕재계하고 기도를 드리는데, 갑자기 못 속에서 운무가 자욱히 솟아올라 컴컴해지면서 예향 자신이 어디 있는지 조차 알지 못한 채 용지 속으로 끌려 들어갔다가 되돌아오는 과정을 겪는다. 이는 앞 뒤 정황을 보아 예향이 용에게 납치되었음을 의미하는데, 『삼국유사』의 기록을 보면 수로부인이 용에게 납치되자 '해가'를 불러서 수로부인을 구출해내는108) 과정과 부분적으로 일치한다. 이러한 과정을

---

106) 화왕산 龍池는 경남 창녕군 창녕읍 옥천리에 소재하며, 1892년에 화왕산 정상에 昌寧曺氏得姓碑가 세워져 있어 오늘날에 창녕조씨 씨족집단에서는 聖所로 자리매김하고 있다.
107) 김현룡, 앞의 책(1984), 68쪽.
108) 『삼국유사』 卷 第二, 紀異 第二, 水路夫人.

굿의 일종인 '용거리'라 본 것처럼,[109] 지병을 완쾌시키기 위해 길일을 잡아 신성한 용지에 나아가 목욕재계하고 기도 드리는 것은 곧 굿의 광경이라 할 수 있을 것이다.

용지 속으로 사라지다 다시 나타난 후 예향은 병이 완쾌된다. 병이 완쾌되었다 함은 이미 예향에게 있어 용지 속으로 사라지기 전과는 다른 상황이 되었음을 암시한다. 이상의 내용은 복질 → 기도 → 완쾌의 과정으로 요약되는데, 이는 문제제기 → 해결시도 → 해결의 과정으로 구도화할 수 있다.

에피소드 Ⅱ에서는 에피소드 Ⅰ과는 달리 새로운 이야기가 전개되고 있어 '잉태 → 현몽 → 성씨 시조'의 과정으로 요약되는데, 이 역시 '문제제기 → 해결시도 → 해결'의 과정을 밟고 있다. 예향은 용지 속으로 사라지다 솟아난 뒤 병은 완쾌되었지만, 그로 인해 잉태하여 아이를 낳게 된다. 결국 용지 속에서 이류와의 교혼이 이루어진 것으로, 이 부분에 대해서는 다소 생략된 듯 자세하지 않다. 그렇지만 이류교혼은 에피소드 Ⅰ과 에피소드 Ⅱ를 연결하는 중요한 매개항이라 할 수 있다.

아이를 낳는 것은 그리고 아이의 아버지가 누구인지 조차 모르는 상황은 결혼하지 않은 처녀에게는 커다란 문제 제기가 된다. 그런데 어느 날 장부가 꿈에 나타나 말하기를 자기는 화왕산 용지의 신룡의 아들 옥결로 아이의 아버지이며, 장차 태어날 아이는 공후에서 경상에 이르기까지 자손만대가 끊임없이 번창할 것이라 하였다.

신룡이 등장함은 수신水神의 신적 질서에 대한 인식이라 할 수 있다. 설화에 등장한 용은 지존자로서의 성격, 물을 지배하는 자로서의 성격, 예시자로서의 성격, 인간적인 성격을 갖는다.[110] 그리고 용의 활동은 항상 물과 연결되어 있어, 물을 떠난 용은 존재할 수 없는 것이다. 신룡의 아들인 옥결은 현몽을 통해서 예향에게 아이의 존재를 이야기하고 있다. 결국 아이는

---

109) 조동일, 『한국문학통사』 1(서울 : 지식산업사, 1991<3판>), 156쪽.
110) 장덕순, 『한국설화문학의 연구』(서울 : 서울대출판부, 1970), 111~113쪽.

신룡의 후예로, 평범한 아이와는 다른 영험한 존재이면서 용의 능력을 계승한 존재임을 확인시키고 있는 것이다. 아이의 옆구리 밑에 조자曹字가 새겨져 있음은 바로 이러한 존재임을 증명하는 흔적이라 할 수 있다.

이처럼 보통의 아이와는 달랐기 때문에 그리고 아이 아버지의 존재를 현몽을 통해 예시하고 있기 때문에 예향의 아버지는 진평왕에게 이 사실을 아뢰어 문제의 해결을 시도한다. 왕에게 아뢰는 것은 왕으로부터 인정을 받기 위함이다. 나아가 왕에게 인정을 받음은 결국 모든 이들에게 인정받는 결과가 되기 때문이다. 그러자 왕은 자세한 이야기를 듣고서 신룡의 정기를 이어받았다 하여 '조계룡'이라는 성명을 하사한다.

그 후 조계룡은 장성하여 진평왕의 사위가 되고 창성부원군으로 봉해진다. 실제 신라시대의 관제는 아찬阿湌, 각간角干 등의 작호는 있으나, 태사 또는 부원군이라는 작호는 없는 것으로 보아 후세의 존칭을 그대로 적은 것으로 해석된다. 또 한편으로는 성씨의 시원을 고대로 끌어오려는 후손들의 의도성을 엿볼 수 있다. 그리고 조계룡의 공적에 대한 기록이 부분적으로 전하고 있는데,[111] 이 역시 이러한 연결선상에서 해석된다.

이로 인해 창녕조씨의 시조가 시작되는데, 조계룡은 설화 내용을 그대로 반영한 성명으로 용신의 후예임을 강조하고 있다. 특히 옆구리 밑에 조자曹字가 새겨져 있어 이를 성으로 삼은 것은 남평문씨 시조가 석함에 문자文字가 새겨져 이를 성姓으로 삼은 것과 다를 바 없다. 즉 기존의 씨족집단과는 구별되는 용신의 혈통을 이어받아 새롭게 출현하는 씨족집단임을 조계룡이라는 성명을 통해 암시하고 있는 것이다.

---

111) 어느날 왜인이 동래땅을 침범하였다. 왕께서 공에게 군졸을 거느려 방어하라 명하시자 공께서 單騎(혼자서 말을 타고 달려가)로 적진에 달려가 말 고삐를 잡고 서서히 타이르신데 왜적들이 나열하여 절하고 하는 말이 "공께서는 참으로 하늘의 아들입니다"라고 하고 즉시 왜병을 거두어 돌아갔다. 이 사실이 비록 正史에는 기록이 없지만 전해온지 이미 오래되었기 때문에 상고하지 아니할 수 없다. 그 후 자손들이 大昌하여 八代 平章事와 九世 少監 벼슬이 배출되었으니 동방에 조씨들은 모두가 그 분의 자손이다(「新羅太師昌城君諱繼龍靈蹟碑文」 중에서).

(2) 충주어씨 시조신화

충주어씨 시조는 어중익魚重翼으로, 그가 잉어와의 이류교혼에 의해 탄생하고 그로 인해 성씨 시조로 좌정하기까지의 일련의 과정을 이야기한 신화가 충주어씨 시조신화이다. 충주어씨 시조신화는 창녕조씨 시조신화와 마찬가지로 족보에 상세하게 기록되어 전하는데, 우선 그 내용을 적어보면 다음과 같다.

우리 어씨의 관(貫)은 충주이다. 평장공 휘 중익을 비조(鼻祖)로 여긴다. 공은 본래 성이 지씨(池氏)이며 휘는 급(汲)이다. 급의 부인이 어느 날 꿈에 큰 연못가에서 빨래를 하는데, 푸른 옷을 입은 한 소년이 물 속에서 나왔다. 소년의 풍모가 정갈하고 수려했으며 목소리는 옥구슬 구르는 듯했다. 부인은 신이하면서도 마음으로 부러워하며 소년과 대화를 나누었다. 잠시 후 소년이 작별을 고하며 말하길 훗날 반드시 귀한 아이를 낳을 것인데 몸에 특이한 표식이 있을 것이라고 했다. 말을 마치고 잉어로 변하더니 다시 물 속으로 들어갔다. 과연 달이 지나 사내아이를 낳았는데 용모가 비범하였다. 왼쪽 겨드랑이 아래 세 개의 비늘이 있었는데 크기가 작은 쐐기만 하고 광채가 사람을 압도했다. 고려 태조 개국 원훈으로 관직이 문하시중 평장사에까지 이르렀다. 어느 날 고려 태조가 자기에게도 비늘이 있는데 공에게 비늘이 있다는 것을 듣고 불러서 물었다. "경의 몸에 비늘이 있다고 하는데 사실인가?" 대답하길 "있습니다." 태조가 "보여줄 수 있겠는가?" 하자 공이 옷을 벗었다. 태조가 보고서 기이하게 여겨 묻기를 "어떤 비늘인가?" 하였다. 공은 임금 앞이라 감히 용의 비늘이라 대답하지 못하고 다만 고기 비늘이라고 대답하였다. 태조가 웃으면서 말하길 "경의 성이 지(池)이나 연못 속의 물고기에서 나서 비늘이 있는 것이다" 하면서 어씨 성을 하사하였다.[112]

---

112) 我魚之貫 忠州者 皆以平章公諱重翼 爲鼻祖 公本姓池氏諱汲 汲之夫人 得一夢浣澣於一大池邊 有一靑衣少年 自水中出 風神精麗音韻琅玉將 夫人神怡而心感歆然與之語 少頃告別曰 日後必生貴子 而身有異表 語畢化爲鯉 復入水中矣 果彌月生男 容貌非凡 左脅下有三鱗甲大如樑子光彩耀人 爲麗太祖開國元勳 官至門下侍中平章事 時麗祖亦有鱗甲 聞公有鱗 召而問曰 卿身有鱗云信然乎 對曰有之 麗祖曰可得見乎 公解衣 上見而奇之

기묘보己卯譜는 고종 16년인 1879년에 간행된 『충주어씨족보忠州魚氏族譜』로, 그 족보에 위와 같은 시조신화가 상세히 언급되어 있다.113) 그렇지만 가장 최근에 발행된 『충주어씨대동보忠州魚氏大同譜』에서는 '먼 조상이신 중익重翼이 나면서 체구와 상모狀貌가 기이하고 겨드랑이 밑에 세 개의 비늘이 있었다. 장성하기에 미쳐 고려의 왕건 태조를 섬겼는데 이때의 사람들이 "아무개는 비늘이 있으니 비상한 사람이다"했다. 태조가 보고서 말하기를 "너는 비늘이 있으니 물고기이다"하고 어魚로 득성賜姓하였다'114)라 기록하고 있어 어머니의 현몽 부분이 생략되어 있다. 그리고 『조선왕조실록』,115) 『한국인족보』116)나 『한국성씨대관』117)에서는 겨드랑이 밑에 비늘 셋이 있어 고려 태조가 이를 보고 어씨로 사성했다는 이야기가 간략히 언급되어 있다.

족보는 후손들의 관점에 따라 기록하는 방법이나 내용의 차이가 있는 것은 당연한 일일 것이다. 앞서 언급한 『창녕조씨대동보』에서는 창녕조씨 시조의 탄생이 중국 주나라 시조, 한고조 유방 그리고 신라 박혁거세의 비 알영의 신이한 탄생과 마찬가지로 동류의 영이적靈異的 발상신화이므로, 이것만 이상하게 볼 수 없을 뿐 아니라 자고로 세간에 전해오는 사실을 자손된 도리로 후세사람들에게 알리려는 것이라 하여118) 그 시조신화에 관한 상세한 내용을 기록하고 있다.

問曰何鱗 公以御前不敢對以龍鱗 只對曰魚鱗也 上笑曰卿姓池而有鱗是池中生魚也 因賜姓魚氏(『忠州魚氏族譜』 1, 己卯譜序, 고종 16년(1879), 국립중앙도서관 소장).

113) 『성씨의 고향』에서는 위의 己卯譜序를 축약하여 간략히 소개하고 있다(『성씨의 고향』(서울 : 중앙일보사, 1989), 1147쪽).

114) 『忠州魚氏大同譜』 上(서울 : 한국족보문화사, 1999), 59쪽.

115) 本姓은 池氏인데 먼 선조 지중익이 고려 태조 때의 사람으로 鱗甲 세 개가 겨드랑 밑에 있었는데, 혹자의 말이 "인갑이 있는 사람은 보통 사람이 아니라" 하므로, 고려 태조가 보고서 "비늘이 있는 것은 곧 고기인 것이다" 하고 성을 어씨로 내리었다(『조선왕조실록』 성종 233 20/10/04(무자)/ 판중추부사 어유소의 졸기).

116) 시조 重翼의 本姓은 池氏였는데, 그의 겨드랑이 밑에 비늘이 있다 해서 고려 태조가 이를 보고 "鱗甲이 있으니 이는 물고기라" 하고 어씨를 사성하였다(『한국인의 족보』, 708쪽).

117) 충주어씨 시조 魚重翼은 본성이 池氏였는데, 날 때부터 체모가 기이하고 겨드랑이 밑에 비늘이 셋이 있어, 고려 태조가 친히 불러 들여 보고 나서 魚氏로 賜姓했다는 전설이 『芝峰類說』, 『東閣雜記』에 전하고 있다(『한국성씨대관』, 952쪽).

118) 『昌寧曹氏忠簡公派譜』(경북 : 농경출판사, 1984), 46~47쪽.

그렇지만 충주어씨의 경우, 1879년에 간행된 족보를 살펴보면 시조신화에 대한 내용이 상세하나 1999년에 간행된 족보에는 실질적인 중시조인 어유소魚有沼에 대한 사적을 기록하면서 시조신화에 대해서는 간략히 언급하는 정도이다. 이는 시조신화가 특정집단에서만 향유되는 신화인 만큼 각각 특정집단의 시각과 관점에 따라 성씨신화는 변화와 소멸의 과정을 겪고 있음을 위의 예를 통해서 확인할 수 있다.

본 장에서는 위에 언급하였듯이 비교적 상세히 전하는 『충주어씨족보忠州魚氏族譜』의 기록을 토대로 최소의 서사단위로 분절하여 그 신화적 내용을 살펴보고자 한다.

> ㉠ 꿈에 부인이 연못가에서 빨래를 하는데 푸른 옷을 입은 소년이 물 속에서 나오다.
> ㉡ 소년의 풍모가 정갈하고 수려하여 부인이 신이하게 여겨 이야기를 나누다.
> ㉢ 소년은 장차 귀한 아이를 낳을 것이라 말한 뒤 잉어로 변하여 물 속으로 들어가다.
> ㉣ 아들을 낳다.
> ㉤ 겨드랑이에 큰 비늘 셋이 있어 광채가 나다.
> ㉥ 물고기에게서 나서 비늘이 있는 것이라 하여 고려 태조가 어씨(魚氏)를 사성하다.

이상 위 신화는 6개의 서사단위로 분절되는데, 충주어씨 시조가 탄생하여 성씨가 부여되기까지 일련의 과정을 이야기하고 있다. 위 신화는 창녕조씨 시조신화와 마찬가지로 두 개의 에피소드로 나누어지는데, 어머니의 현몽에 관한 부분이 에피소드Ⅰ, 시조의 탄생과 사성에 관한 부분이 에피소드Ⅱ에 해당한다. 그리고 두 개의 에피소드는 이류교혼이라는 매개행위를 통해 연결되고 있다. 각각의 에피소드는 문제제기 → 해결시도 → 해결의 과정을 갖추고 있어, 다음 표와 같이 핵심적인 단어로 요약할 수 있다.

에피소드	문제제기	해결시도	해결
에피소드 I	만남	대화	이류 정체
에피소드 II	잉태	징표	성씨 시조

에피소드 I 의 주인공은 시조의 어머니인 부인과 소년이다. 꿈속에 부인이 연못가에서 빨래를 하는데, 용모가 수려하고 정갈한 청의소년靑衣少年이 나타나 서로 이야기를 나누게 된다. 마침내 청의소년은 어머니와 헤어지면서 장차 귀한 아이를 낳을 것이라고 말한 뒤 잉어로 변하여 물 속으로 사라진다. 이러한 이야기 전개는 만남, 대화, 이류정체로 요약되는데, 부인과 소년의 만남은 어떤 사건이 벌어질 수 있는 문제제기에 해당한다. 그리고 소년과의 대화는 부인의 입장에서 보면 소년의 정체를 확인하려는 해결시도의 과정이며, 그리하여 확인된 소년의 정체가 다름 아닌 잉어임을 알게 되는 것은 해결의 과정이라 할 수 있다.

이러한 에피소드 I 은 현몽이라는 신화적 장치를 통해 어머니와 청의소년으로 현신한 잉어의 교혼하는 부분이 구체적으로 표현된 것이라 할 수 있다. 그리하여 아이를 낳게 되는데 아이의 겨드랑이 밑에 세 개의 비늘이 있다는 것은 교혼의 증거물이기도 하다.

앞서 창녕조씨 시조신화에서 예향이 용지에서 목욕재계하고 기도드리다가 홀연히 연못 속으로 사라진 뒤 다시 솟아났으나 스스로 무엇을 했는지 알지 못하다가 현몽을 통해서 어떤 상황이 벌어졌는지를 알게 되는 것과는 달리, 꿈속에서 이류와의 교혼이 이루어지고 아이의 존재를 밝히고 있다.

에피소드 II 에서는 부인이 아들을 낳는데, 꿈에서 청의소년이 아이의 몸에 이표異表가 있을 거라고 말한 것처럼 겨드랑이에 큰 비늘 셋이 있어 광채를 발하고 있다. 이러한 징표는 아이가 잉어의 후예로, 평범한 아이와는 다른 영험한 존재이면서 특별한 능력을 계승한 존재임을 확인시키고 있는 것이다. 특히 비늘의 표징을 통해 충주어씨 시조가 남다른 존재임을 뭇사람들에게 재인식시켜 주고 있다. 또한 신이한 출생과정은 역사적으로 걸출한 인물이 될 것임을 예견하고 있는 것이다.

잉어는 오래 사는 물고기이고, 용으로 변하여 승천하기도 하므로, 사람들은 잉어를 신성시한다. 그리고 입신출세를 상징하기도 하는 잉어는 뱀, 이무기, 두꺼비 등과 함께 용으로 환치된다.

위 신화에서도 시조의 몸에 표식된 비늘을 왕 앞에서 차마 용의 비늘이라 말하지 못하고 고기의 비늘이라 격하시켜 이야기하고 있는 것으로 보아도 잉어와 용은 등가적 관계를 갖는다. 승천하는 용은 미물들이 적선을 많이 하여 천국으로 수용됨을 뜻하고 이들은 물 속에 살면서 비, 바람, 구름 등의 조화를 일으킨다. 따라서 잉어 역시 신이한 조화와 능력을 소유하는 이물로 인식된다. 잉어의 후손인 어씨 시조 역시 이러한 신이한 능력을 발휘한 이야기가 족보에 기록되어 전한다.119)

이처럼 잉어가 신화 속에서 주요 모티브로 등장하는 것은 수신적인 질서 체계에 대한 인식이라 할 수 있다. 위 신화에서 잉어는 수신의 화신으로 인간을 잉태케 하고, 잉어에 의해 생명이 잉태된다. 따라서 어씨 씨족집단에서 잉어가 갖는 신이성은 한 가문을 형성하고 지속시키는 원동력으로 작용한다. 즉 어씨 씨족집단에서의 잉어는 수조신守祖神으로 규정지을 수 있는 것이다.

"물고기가 토템 동물로서 다른 동물보다 널리 쓰이고 있음은 매우 많은 자료를 통해서 밝혀진 사실이며, 특히 물고기는 빠르게 번식하기 때문에 많은 민족들은 물고기를 풍요, 풍부, 다산의 상징으로 쓰고 있다."120) 이러한

---

119) 어느 날 큰 가뭄을 만나 임금이 걱정을 하다가 여러 신하들에게 비를 구하는 방법을 물었다. 공이 말하길, "삼일 후면 마땅히 큰비가 내릴 것입니다" 하였다. 태조가 말하길 "경이 그것을 어떻게 아는가?" 하였다. 대답하기를 "신의 비늘이 모두 젖으면 하늘에서 비가 내립니다. 신은 매번 이것으로 알았습니다" 하였다. 과연 삼일 후에 큰비가 내리자 태조가 그를 더욱 기이하고 중하게 여겼다. [時適有大旱 上憫之訪於群臣以求雨之道 公曰三日後當有大雨 上曰卿何以知之 對曰臣之鱗甲浹洽則天雨 臣每以是驗之矣 果三日後大雨 上益奇重之](『忠州魚氏族譜』1, 己卯譜序, 고종 16년(1879), 국립중앙도서관 소장).

120) 관련 자료를 살펴보면 물고기를 먹어서 출산을 한다는 모티브는 선조의 환생이기 때문에 선조를 먹는다는 모티브의 특수한 예라고 결론을 내릴 수가 있다. 이런 예 가운데 물고기는 남아 있지만 다른 동물은 남아 있지 않다. 그것은 토테미즘과 관련이 있는 것이 아니라, 물고기가 다산의 능력을 갖추고 있음에 기인된다. 물고기의 다산 능력은 최초에는 순수한 남근숭배적 형태로, 이후에는 단지 물고기를 음식물로 먹는 형태로 가축에게도 이행되었던 것

의미는 곧 잉어가 설화 속의 주요 모티브로 작용하여 수조신守祖神으로 인식되면서 동시에 씨족집단의 풍요, 풍부, 다산을 상징한다고 하겠다. 이와 관련하여 잉어를 주요 모티브로 하는 또 다른 설화를 소개하면 다음과 같다.

파평윤씨 대종회에서 펴낸 윤관장군일대기(尹瓘將軍一代記)에 의하면 윤관장군[시조의 현손(玄孫)]이 함흥 선덕진 광포에서 계단군(契丹軍)의 포위망을 뚫고 탈출하여 강가에 이르렀을 때 잉어떼의 도움을 받아 무사히 강을 건너 탈출했는데, 적병이 뒤쫓아왔을 때는 잉어떼는 이미 흩어져 버렸다는 고사에서 '선조(先祖)의 활명지은(活命之恩)'이 있다 하여 잉어를 먹지 않는다고도 한다.[121]

위는 잉어에 의해 선조가 무사히 탈출하여 생명을 보존하였다는 내용으로, 파평윤씨 씨족집단은 잉어의 자손이어서 잉어를 먹지 않는다는 항간의 속설이 이 설화에서 비롯된 것으로 보고 있다. 이처럼 충주어씨 씨족집단에서는 잉어의 영험함과 신이성이 결국 한 가문을 영속시키는 원동력으로 작용하여 수조신守祖神으로 규정되고 있음을 알 수 있다.

신이한 탄생에 걸맞게 아이는 장성하여 고려 개국의 원훈이 되며, 벼슬이 금자광록대부문하시중金紫光祿大夫門下侍中 평장사平章事에 이른다. 마침 태조 왕건이 연못의 물고기에서 나서 비늘이 있다고 말한 것은 충주어씨 시조가 특별한 능력을 계승한 존재임을 왕이 직접 확인하고 있다. 그리하여 태조가 그에게 어씨魚氏 성姓을 사성賜姓하는데, 어씨 성에는 이러한 신화적 내용이 그대로 반영되어 있다.

원래 어씨 시조인 어중익은 본성이 지씨池氏였는데,[122] 뒤에 충주를 본관으로 하는 어씨 성의 시조가 되었다고 한다. 사성을 통해 충주를 본관으로 한 어씨는 이제 기존의 씨족집단과는 변별된 새로운 씨족집단의 출현을 의

이다(블라디미르 프롭, 박전열 옮김, 『구전문학과 현실』(서울 : 교문사, 1990), 222~226쪽).
121) 『한국성씨대관』(서울 : 창조사, 1971), 454쪽.
122) 『성씨의 고향』(서울 : 중앙일보사, 1989), 1147쪽.

미한다. 특히 충주라는 지역적인 토대 위에 구축된 토착세력임을 성씨를 통해서 확인된다. 따라서 왕의 사성으로 인해 어씨 씨족은 기존의 혈연집단과는 변별되면서 국가적으로 인정받은 새로운 씨족집단이 시작된 것이다.

(3) 평강채씨 시조신화

평강채씨의 실질적인 시조는 고려 고종 때의 사람인 채송년蔡松年으로 기록되어 있으나,[123] 그 이전의 시조에 대해서는 명확하지 않다. 다만 문헌에 다양한 설說들이 기록되어 전하는데, 우선 주周나라 문왕의 일곱 번째 왕자 채숙도蔡淑度가 지금의 하남성 채현蔡縣 땅에 채나라를 세우고 정정왕定貞王 22년까지 25대 677년을 이어왔다는 설, 우리나라에 귀화한 채보한蔡補漢이 신라 17대 내물왕의 부마가 됨으로써 시조가 되었다는 설 등이 있다.[124] 또한 채씨의 선대先代는 고대 중국 고신씨高辛氏의 아들인 사도계司徒契의 후손後孫으로서 은殷이 멸망하자 기자箕子를 따라 우리나라로 왔다고 하고,[125] 일설에는 평강채씨의 시조인 채원광蔡元光이 신라 제17대 내물왕(356~402)의 사위였던 채보한蔡輔漢의 후손이라고도 하는데 상고하기는 어렵다고 한다.[126]

이처럼 누가 평강채씨 시조인지 불분명한 것은 기록의 소실이 무엇보다 크겠지만, 구체적으로 시조를 고구하지 못하는 시대적 상황과도 밀접히 관련되며 이는 여타의 성씨에서도 마찬가지이다. 그리고 무엇보다 성씨 시조의 연대를 되도록 고래古來로 끌어올리려는 후손들의 선별의식이 어느 정도 작용하여 다양한 설들이 제시되고 있다고 하겠다.

---

123) 경평공 蔡松年은 고려 고종 때 樞密承宣을 지냈고 홍주에서 일으킨 崔珣의 난 때 병마사로 난을 평정하였고, 고종 18년 몽고병이 침입했을 때에는 북계병마사로 이를 막은 공으로 대장군이 되었다. 그 뒤 金紫光祿大夫 守太師 中書侍郎平章事, 判吏部事, 太子太師 등을 역임하였고, 景平이라 諡號되었다. 시조 채송년의 묘소가 강원도 평강군 楡津面에 있으며, 후손들이 평강을 본관으로 삼아 系代를 이어오고 있다『성씨의 고향』(서울 : 중앙일보사, 1989), 1991쪽).
124) 『平康蔡氏大同譜』 卷一(1991), 80쪽.
125) 玉淸案曰蔡氏之先出於司徒契而湯伐夏仍畫湯之像左有兄左弼臣卽蔡氏之始祖而殷滅隨箕子而東仍 爲東人(平康蔡氏族譜, 광무 2년(1898), 국립중앙도서관 소장).
126) 『한국성씨대관』(서울 : 창조사, 1971), 826쪽.

조선 현종 신축년(1661) 그 당시 경주부윤慶州府尹이었던 14세손 충원忠元
이 처음으로 한 권의 족보를 창간하여 평강채씨의 근원과 사적을 밝히고
있는데, 그 서문을 자세히 살펴보면 시조를 밝히고자 하는 후손의 각별한
노력을 엿볼 수 있다.

우리 평강채씨의 계통은 세상에서 전하기를 신라 제17대 임금 내물니사금의 부
마(駙馬)되시는 분의 후손이라고 하는데 그 이름은 자세히 전해지고 있지 않다. 가
평군수였던 채증광(蔡增光)에게서 들은 바에 의하면 평강(平康)고을 좌수 채세번
(蔡世蕃)이 말하기를 고을 초서면 갑기천(甲棄川) 옆에 옹주의 집터가 있어 근처
사람들이 손으로 가리켰다는 전설이 있고, 고을 전농(典農)마을 옆에는 옹주의 전
지(田地)가 있었는데 지금은 장목(樟木)이 우거진 숲이 있었고 고을 향교 옆에 탑
이 있는데 채원광이란 이름 글자와 정승의 관직이 쓰여 있는지라 채원광이 채씨
의 시조라고 전했다. 그러나 신라 때 부마와 원광(元光)이 시대적으로 누가 앞뒤가
되는지 알 수가 없고, 집터와 전장(田庄)의 전설도 또한 아득한 옛일이라 감히 알
수 없는 일이다. 또 가평군수에게서 들었는 바 부마의 후대에 백년, 천년, 만년이
란 세 분이 있어, 이 분들이 서로 이어가면서 정승을 지냈는 바, 이름은 삼형제 같
으나 실제는 조(祖), 자(子), 손(孫) 삼세(三世)라 하고 진사 채진형에게서 들었는 바
부마의 후대에 한로, 중암, 자화란 분이 있어 벼슬은 모두가 정승인데 보첩에는 나
타나지 않으니 가히 상고할 수 없는 일이라고 하였다. 이 같은 소문이 있으니 어
느 것을 따라야 옳을지 모를 일이다. 이제 가평군수에게서 얻은 초보(草譜)를 살펴
보니 경평공 위에 감찰규정 경연과 신호위대장군 방과 문림랑사재동정 수갑과 문
림랑태묘서령 영의 사대(四代)가 있다 하였는데, 광주에 사는 이의와 영남에 사는
변회영의 집에 소장되어 있는 초보와는 간략하나마 별로 다름이 없는데 유독 호
남에 사는 좌랑 최휘지가 보내온 초보에는 보한이란 분이 바로 신라 내물왕의 부
마로 되어 있고 그 아래로 경평공에 이르기까지 겨우 7대의 이름과 관직이 적혀
있었다. 이에 부득이 경평공으로부터 희수에 이르기까지 17대만을 바르게 간추려
보첩에 올리었는데 필시 어긋남이 없을지 모르겠다.[127]

위의 인용문을 통해서 한 성씨집단이 어떠한 과정과 경로를 통해 족보를 간행하는지 그 사회적 일면을 살펴볼 수 있으며, 시대적으로 근원에 대한 뿌리깊은 의식의 일면을 파악할 수 있다. 위 인용문 가운데 평강고을 초서면 갑기천 옆에 옹주의 집터와 전지田地가 있으며, 고을 향교 옆의 탑에 채원광이라는 글자가 새겨 있어 이로 인해 채원광을 채씨의 시조로 삼고 있는 점은 설화문학적 시각에서 보면 얼마든지 시조신화를 창출할 수 있는 원동력이 된다. 또한 채원광을 시조로 하여 구전되는 일부 자료와의 상호관련성을 유추해 볼 수 있다.

이렇듯 평강채씨 시조가 누구인지 불분명한 가운데, 시조의 탄생에 관한 이야기가 『평강채씨족보』에 기록되어 전한다. 광무 2년인 1898년에 간행한 『평강채씨족보』에는 "영롱한 거북이가 평강에서 나와 사람으로 화化하니 왕이 이를 듣고 채성蔡姓을 하사하고 평강백平康伯에 봉했다"[128]고 간략하게 언급하고 있는데, 이는 거북이가 직접 현신하여 채씨의 시조가 되었다는 것이다. 그렇지만 최근에 발행한 족보에는 '기외전설其外傳說'이라 하여 시조 탄생을 비교적 상세히 기록하고 있다.[129]

---

127) 惟我平康蔡氏之繼世傳新羅奈勿王時駙馬之後而其名字未能詳也蔡加平增光氏嘗聞平康座首蔡世蕃之言縣初西面甲棄川傍有翁主家基人皆指點傳說而縣典農傍有翁主田地今爲樟場縣鄉校傍有塔書蔡元光名字記則政丞傳者以元光爲蔡氏之祖云未知駙馬之於元光孰爲先後而家基地之說亦涉茫昧未可知也蔡加平所聞則駙馬之後有百年千年萬年相繼爲政丞名似三兄弟而實爲祖子孫三世云蔡進士震亨所聞則駙馬之後有漢老仲淹自莘官皆政丞而不著譜藉未可考云未知此等所聞何所從也今按蔡加平所得譜則景平公以上有監察糾正諱敬延神虎衛大將軍諱邦文林郎司宰同正諱壽甲文林郎試太廟令諱泳四代此與廣州李穰及嶺南卜懷瑛家所藏譜草略無異同而獨湖南崔佐郎徽之所送譜草以補染爲新羅駙馬下至景平僅七代名職世代多有相左而未裔後生無由考正不得已從景平公以下至禧脩十有七代刊入梓亦未知果無差謬也(『平康蔡氏族譜』卷一, 광무 2년(1898)).

128) 諺云五色靈龜出於平江而化人王聞之以蔡錫姓封平康伯(『平康蔡氏族譜』, 卷一, 광무 2년 (1898)).

129) 옛날 평강에 사는 어느 대가집 규수가 婚前에 잉태를 하자 父母가 이를 캐어물었더니 밤만 되면 낯모르는 미소년이 나타나 密房을 한다기에 하루는 명주실꾸리에 바늘을 꽂아 옷깃에 달게 하였더니 다음날 아침에 명주실이 집 앞에 있는 연못으로 들어간 것을 발견하고 끌어 당겨보니 意外로 五色 영롱한 큰 거북이 끌려 나와 등 뒤에 바늘이 꽂혀 있어 거북이 화신임을 알았으며 그 후 규수가 옥동자를 낳자, 그 당시 임금이 이 情을 아시고 姓을 蔡로 본관을 평강이라 賜姓하셔서 지금도 蔡氏의 상징을 거북이라 전해오고 있다(『평

비록 신화가 아닌 '언(諺)'이나 '전설'이라 하여 그 설화적 위치를 낮추고 있다 할지라도, 해당 족보에 이러한 내용을 기록하고 있다는 것은 시조 탄생의 신성성을 간접적으로 형상화하고 있음을 의미한다. 그런 점에서 평강 채씨 시조신화로서 신화적 자질과 의미를 충분히 갖추고 있다 할 것이다. 따라서 비교적 자세히 전하는 위의 기록을 토대로 하여 최소의 서사단위로 분절하면 다음과 같다.

ㄱ 평강에 사는 대갓집 규수가 혼전에 잉태하다.
ㄴ 부모가 물으니 밤마다 미소년이 찾아온다고 하다.
ㄷ 하루는 명주실을 꿴 바늘을 옷깃에 달다.
ㄹ 미소년은 집 앞 연못 속의 오색(五色) 영롱한 거북이의 화신(化身)이었다.
ㅁ 그 후 규수는 옥동자를 낳다.
ㅂ 임금이 성을 채로, 본관을 평강으로 사성하다.
ㅅ 지금도 거북이는 채씨의 상징으로 전해오다.

이처럼 위 신화는 7개의 서사단위로 분절되는데, 평강채씨 시조의 신이한 탄생과 그로 인해 성씨가 부여되는 일련의 이야기가 문제제기 → 해결시도 → 문제해결의 과정으로 구성되어 있다. 그리고 해결시도에 해당하는 이야기는 다시 문제제기 → 해결시도 → 문제해결의 과정을 이룬다. 이러한 전개과정은 다음과 같이 정리할 수 있다.

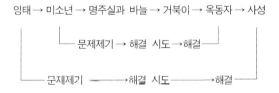

_____

강채씨대동보』 권I(1991), 82쪽).

위 이야기 전개의 핵심은 시조의 탄생과정이다. 거북이와의 이류교혼에 의해 채씨의 시조가 탄생한 것은 비일상적인 탄생으로 그 신성성이 강조되고 있다. 위의 신화는 밤에 정체불명의 사나이가 처녀 방으로 들어와서 자고 간다는 모티브로 구성된 전형적인 야래자전설이다. 여기에 덧붙여 평강채씨 시조신화와 야래자전설의 상호관련을 생각해 볼 때, 야래자전설 유형이 평강채씨 시조신화에 유입되어 설화적 구성을 이루고 있는지, 평강채씨 시조신화에 의해 야래자전설이 발전하였는지 그 역사성을 살펴볼 수 있는 자료로 제시할 수 있다.

한편, 창녕조씨나 충주어씨 시조신화에서는 시조의 이름이 구체적으로 나타나지만, 위의 평강채씨 시조신화에서는 시조의 이름에 대한 구체적인 언급이 없는 것은 앞서 언급한 것처럼 시조가 누구인지 명확하지 않는 것과 관련지을 수 있다.

평강은 강원도 북서부에 위치한 지역으로, 이 지역의 으뜸인 대갓집 규수가 결혼하기도 전에 잉태를 하게 된다. 처녀가 잉태한 것은 문제 제기에 해당한다. 부모가 규수에게 잉태의 연유를 물으니 밤마다 미소년이 찾아온다고 한다. 이렇게 되자 규수는 미소년의 정체를 밝히기 위해 그 수단으로 명주실을 꿴 바늘을 이용하여 미소년의 옷깃에 달아놓는다.

그리하여 다음날 명주실을 쫓아 가보니, 다름 아닌 집 앞 연못 속의 오색 영롱한 거북이가 사람으로 화하여 밤마다 규수의 방을 찾아든 것이다. 처녀의 잉태라는 문제제기를 해결하고자 사람들은 바늘과 실이라는 매개체를 이용하여 처녀를 잉태시킨 미소년을 찾아 나선다. 그리하여 찾은 미소년이 다름 아닌 거북이라는 사실을 밝혀내는데, 이는 문제 제기에 따른 해결 시도라 할 수 있다.

이류교혼담으로 묶인 창녕조씨, 충주어씨 시조신화와 비교하면 평강채씨 시조신화에서는 몇 가지 차이점이 발견된다. 창녕조씨나 충주어씨 시조신화에서는 이류와의 교혼이 이루어지는 곳이 용지, 빨래터이고 일회적인 사건으로 종결되지만, 평강채씨 시조신화에서는 이류와의 교혼이 규수의 방에서 이루어지고, 야래자의 정체가 확인될 때까지 밤마다 찾아오는 일이 되풀이되면서 적극적인 행위로 묘사된다.

그렇지만 평강채씨 시조신화에서 야래자인 미소년의 정체가 다름 아닌 거북이라는 점은 창녕조씨 시조신화의 용, 충주어씨 시조신화의 잉어와 마찬가지로 신화적 의미를 확보하고 있다. 거북 역시 용속龍屬에 해당하며 물과 관련되어 있어 수신적인 질서체계를 반영하고 있는 것이다. 비록 혼전에 규수가 잉태하였다는 점은 부도덕의 행위 그 자체이지만, 거북이라는 이류와의 교혼으로 잉태되었다는 것은 오히려 세속적인 의미 차원을 넘어 초월적인 신성성을 부여받게 된다.

그 후 규수는 옥동자를 낳게 되고, 임금이 그 정황을 이해하고서 평강을 본관으로 한 채씨 성을 사성한다. 임금이 사성함으로써 규수의 비윤리적인 행위는 사회적으로 정당화될 뿐만 아니라 사회적 공신력까지 획득하게 된다. 따라서 이류교혼에 의한 시조 탄생의 신이성은 더욱 강조되고 있는 것이다.

이상으로, 평강채씨 시조신화는 규수의 잉태에 따른 문제 제기가 곧 임금의 사성으로 인해 문제가 해결되는 일련의 과정을 이야기하고 있다. 채蔡는 거북이를 뜻하는 것으로, 결국 채씨蔡氏라는 글자 속에는 이러한 신화를 온전히 수용하고 있으며, 이류인 거북이의 존재를 의식하고 있는 것이다. 그래서 지금도 거북이는 채씨 집단의 상징으로 면면히 이어져 오고 있다.

2) 이류교혼담의 서사문법

이상, 이류교혼담 성씨신화로 묶이는 창녕조씨, 충주어씨, 평강채씨 시조신화의 서사구조 분석을 통해 그 상징적인 의미를 파악하였다. 우선, 이류교혼담에서는 상생담과 마찬가지로 탄생과정만이 이야기될 뿐, 건국 시조의 영웅일대기적인 면모, 혼인, 이적, 건국, 사후에 대해서는 거의 언급되지 않는다. 다만 역사적 사실과 결부되어 공적을 쌓아 관작을 얻었다는 기록만이 인용되고 있다. 이를 표로 정리하면 다음과 같다.

신화 / 구분	출생	혼인	공적	이적	건국	사후
창녕조씨 시조신화	○(용)	×	○	×	×	×
충주어씨 시조신화	○(잉어)	×	○, 開國伯	×	×	×
평강채씨 시조신화	○(거북이)	×	×	×	×	×

　많은 설화 주인공들의 비정상적, 비합리적 탄생이 묘사되는데, 이렇게 탄생한 주인공들은 대개가 비범인非凡人이요, 위인, 영웅들이다. 위의 표를 통해 알 수 있듯이 이류교혼에 의한 시조의 신이한 탄생에 초점을 두고서 성씨 시조로 자리매김하고 있음은 결국 시조의 비범성을 강조하고 성화시킨 것이라 할 수 있다.

　이류교혼담은 각각의 성씨신화로서의 다양성을 확보하고 있지만, 모두 문제제기 → 해결시도 → 해결의 과정으로 전개되므로 공통된 주요 핵심어를 추출하면 다음과 같다.

　용지, 빨래터, 방과 같은 특정한 공간에서 인간과 용, 잉어, 거북 등의 이류와의 교혼에 의해서 아이가 잉태되고 그로 인해 태어난 아이는 특출한 인물이 되어 성씨 시조가 된다는 것이 공통된 줄거리이다. 이에 공통된 주요 핵심어를 토대로 각각의 이류교혼담을 정리하면 다음과 같다.

이류교혼담	이류교혼	잉태	성씨 시조
창녕조씨 시조신화	예향과 용	용지	창녕조씨
충주어씨 시조신화	부인과 잉어	빨래터	충주어씨
평강채씨 시조신화	규수와 거북이	방	평강채씨

창녕조씨 시조신화는 앞서 언급한 것처럼 시조가 탄생하여 성씨 시조로 좌정하기까지의 일련의 과정을 에피소드Ⅰ과 에피소드Ⅱ로 나누어 이야기 할 수 있다. 신라 한림학사 이광옥의 딸인 예향과 화왕산 용지에 사는 신룡의 아들 옥결과의 교구를 통해서 아이가 태어나고 왕이 조계룡이라고 사성명賜姓名함에 따라 창녕조씨의 시조가 된다.

이러한 신화 속에 등장한 인물들의 관계는 각각 혈연관계, 배우관계, 개입관계라는 구도 속에서 파악할 수 있는데, 이광옥과 예향 그리고 신룡과 옥결의 관계는 혈연관계를 이루며, 예향과 옥결은 이류교혼이라는 매개행위를 통해 배우관계가 형성된다. 그리고 아이의 탄생과 성씨 시조로의 좌정은 왕의 절대적인 개입에 의해서 이루어지므로 왕은 개입관계 속에서 파악된다. 이상의 내용을 도표화하면 다음과 같다.

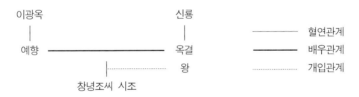

충주어씨 시조신화 역시 창녕조씨 시조신화와 유사한 서사문법을 찾을 수 있다. 충주어씨 시조신화는 어머니와 청의소년으로 화신한 잉어와의 교구에 의해 시조가 탄생하고, 태조 왕건에 의해 어씨로 사성되는 내용이 주요 핵심이다. 전반적으로 시조의 신이한 탄생을 통해 그 영험함과 신이성이 강조되고 있으며, 고려 태조 왕건의 개입으로 성씨 시조에 대한 역사적 무게가 부가되어 공신력을 획득하고 있다. 이러한 등장인물의 관계 역시 혈연관계, 배우관계, 개입관계 속에서 파악되며, 이를 도표화하면 다음과 같다. 다만, 창녕조씨 시조신화에서처럼 혈연관계가 상세하지 않다는 점을 전제한다.

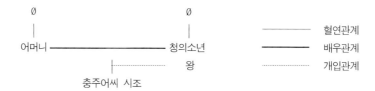

충주어씨 시조

평강채씨 시조신화에서도 창녕조씨, 충주어씨 시조신화와 같은 도표화가 가능하다. 규수와 미소년으로 화신한 거북이와의 교구에 의해 시조가 탄생하고 임금의 사성을 통해 채씨 성을 갖게 된다. 이러한 신화 속의 등장인물 즉 규수, 미소년, 왕의 관계는 각각 혈연관계, 배우관계, 개입관계를 나타내고 있어 아래와 같이 정리할 수 있다. 단 충주어씨 시조신화와 마찬가지로 규수와 미소년의 부모에 대하여 구체적으로 언급되지 않아 'Ø'로 대신하였다.

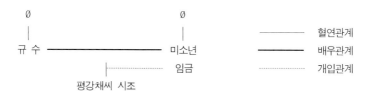

평강채씨 시조

결국 이러한 이류교혼담 성씨신화는 성씨 시조의 부모가 인간과 이류인 동물로 여성과 남성의 이원적 대립을 이루고 있다. 특히 시조를 출산한 여성은 물과 대지, 풍요를 상징하고 다산을 관장하는 지모신이며, 이류인 남성은 수부신水父神으로, 지모신과 수부신의 결합으로 시조가 출생한다는 신화구조를 보여주고 있다 할 것이다. 그리고 부모에 의해 태어난 성씨 시조는 완벽한 인간으로서의 월등한 자질을 갖추고 있기 때문에 인간과 비인간이라는 새로운 대립을 이루게 된다. 따라서 이류교혼담 성씨신화는 다음과 같은 그림으로 그 대립관계를 설명할 수 있다.

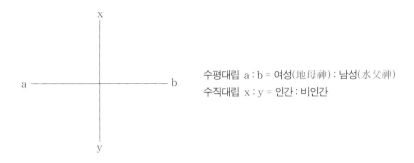

수평대립 a : b = 여성(地母神) : 남성(水父神)
수직대립 x : y = 인간 : 비인간

이처럼 수평적 대립을 이루는 여성과 남성은 시조의 어머니와 이류와의 관계이고, 수직적 대립을 이루는 인간과 비인간은 성씨 시조와 시조의 아버지의 관계를 말하는 것으로, 이류교혼담에서는 이러한 이원적 대립의 구조적 도식을 추출할 수 있다. 비록 이류교혼 탄생 모티브가 다양한 전설적 변이를 초래하고 있으나, 이와 같이 신화적 질서를 찾을 수 있는 만큼, 이류교혼담 성씨신화에서 신화적 의미는 성씨 시조의 탄생 모티브를 통해 더욱 확대되고 있는 것이다.

이상으로 이류교혼담에서는 상생담과는 다른 서사구조, 등장인물들의 관계가 설정되고 있으나, 이야기 전개에 있어서는 모두 시조의 출현과정에 집약되어 있음을 알 수 있다. 여기에 덧붙여 성씨가 사회문화적인 제도 장치이고, 성씨신화가 건국신화와는 다른 이야기 구조를 가지고 있다는 것은, 문학적인 의미 외에도 이러한 신화가 전승될 수 있는 역사문화적 요인들에 대해서 자세히 살펴보아야 한다. 그리고 성씨신화가 신화적 의미를 상실하면 얼마든지 전설적 변이가 가능한 점에 대해서도 다양한 해석이 덧붙여져야 할 것이다.

성씨신화의 형성과 전승양상 ■

I. 시조신화류의 형성과 계통발생

상고시대의 씨족사회는 오늘날 혈연 위주의 확고한 씨족제도와는 달랐을 것으로 보인다. 신라 건국의 발상지인 사노에 육촌[六部]의 조상들이 모두 하늘에서 내려온 것으로 기록되어 있다. 그리고 노례왕(유리왕) 9년(A.D. 32)에 비로소 여섯 부의 명칭을 고치고서 여섯 성을 주었으며, 지금 풍속에는 중흥부를 어머니로 삼고, 장복부를 아버지, 임천부를 아들, 가덕부를 딸로 삼았다. 그러나 그 실상은 자세히 알 수 없다[1]는 기록이 전한다.

신라 육촌에서 살펴볼 수 있는 이러한 씨족집단은 순수한 혈족집단에만 머물러 있지 않고 부족의 정치적 조직으로 전형되고 있음을 말해준다. 위에서 육부를 부모자녀형제 등 육씨족六氏族으로 규정한 것은 가족적인 친화관계를 비유한 것일 뿐,[2] 직접적인 혈연집단임을 말할 근거는 없는 것이다. 따라서 어느 특정 지역을 부로 고치면서 각각의 성씨를 부여하고 있는 점

---

1) 弩禮王九年, 始改六部名, 又賜六姓. 今俗中興部爲母, 長福部爲父, 臨川部爲子, 加德部爲女, 其實未詳(『三國遺事』卷 第一, 紀異 第一, 新羅始祖赫居世王).
2) 김두헌, 『한국가족제도연구』(서울 : 서울대 출판부, 1980), 43쪽.

은 진정한 혈연의 의미보다 정치적인 의도가 혼재된 것으로 해석된다.[3] 오히려 혈연에 의한 씨족집단은 후대에 올수록 성씨라는 제도적 기반이 확고히 마련되면서 한층 강화된 것으로 볼 수 있다.

성씨신화는 성씨 범위라는 제한된 전제 아래 씨족집단의 근원을 찾고자하는 신화이다. 씨족신화나 건국신화에서처럼 외면상 씨족과 민족의 뿌리에 대한 구체적이고 실체적인 의문과 답을 담고 있지만, 본질적으로 인간이란 생명존재가 과연 어떻게 생겼는가, 나의 생명은 어떠한 의미를 가지고있는가 하는 존재론적 문제의식도 포함한다. 시조신화는 한 씨족의 유래와 민족의 기원을 이야기하면서 인간 자신의 실존에 대한 원초적 의문과 사색을 담고 있는 것이다.[4] 그리고 성씨는 일정한 인물을 시조로 하여 대대로이어져 내려오는 단계 혈연집단의 한 명칭이며, 곧 씨족적 관념의 표현이라볼 수 있는 데서 결국 족族의 문제와 직접 연결된다.[5]

역사적 맥락에서 성씨신화는 씨족신화와 건국신화의 순차적 과정과 혼재를 거쳐 오늘날 구체화된 것이라 할 수 있다. 단군신화는 고조선의 시조신화이자 환씨 씨족단위의 신화이며, 특히 환웅신화는 환씨시조신화라 할수 있다. 그리고 동명왕신화는 고구려의 시조신화이자 고씨시조신화이며, 박혁거세, 김알지, 석탈해신화 역시 신라의 시조신화이며, 동시에 각각 경주박씨, 경주김씨, 경주석씨 시조신화이다. 또한 김수로왕신화는 가락국의시조신화이자, 김해김씨 및 김해허씨의 시조신화이며, 신라 육성인 이씨,

---

3) 성을 최초로 갖는 집단은 왕실, 귀족과 같이 성이 곧 骨, 族과 관련되면서 최상층 지배집단에서 비롯되었다. 6부성을 비롯한 통일신라시대의 성씨 취득이 통일 과정과 그 후 국가체제의 재정비 과정에서 발생했던 것이며, 그것은 또한 각 족간의 세력 변동을 단계적으로편제하는 과정에서 발생한 것이다. 이들 집단의 성씨 취득과 등장은 비단 6부성에 그치지않고 신라 하대에 갈수록 현저히 많은 성이 계속적으로 나오고 있음은 6성이 일시에 사성된 것이 아니라 단계적이고 계기적임을 시사한다(이수건, 「한국 성씨의 유래와 종류 및 특징」, 『새국어생활』 제1권 제1호(1991 봄), 27쪽).
4) 이종주, 「동북아 시조신화 화소구성원리와 제양상」, 『동북아 샤머니즘문화』(서울 : 소명출판사, 2000년), 123쪽.
5) 族과 祖의 의미를 세밀히 파악할 때 族은 혈연 중심을 탈피한 인위적인 개념으로 古代로올라갈수록 그 개념이 강화되지만, 祖의 개념은 철저히 혈연을 중심으로 한 개념으로 유교가 도입된 조선시대 이래 더욱 강화된 개념이다.

최씨, 손씨, 배씨, 정씨, 설씨의 신화 역시 성씨라는 씨족집단에 의해서 향유된 시조신화, 씨족신화라 할 수 있다.6)

이러한 점에서 건국신화와 씨족신화의 긴밀한 관련성과 동시성을 찾을 수 있다. 즉 씨족집단이 국가의 형태로 발전하면 그들이 향유하는 신화는 왕가에 관한 시조신화로 전환되면서 건국신화로서 기능한다는 점이다. 물론 그 자질과 기능면에서 건국신화와 씨족신화의 차별성이 우선 제기될 수 있으나, 그 원류는 같다고 할 수 있다.

위에 언급한 환웅신화는 건국신화의 한 형태로 전승되고 있으나, 부족 단위의 시조신화였을 것이다. "그 시조신화가 후대에 고조선 건국 이후 국가적 제전을 동반한 의례에서 건국서사시의 일부로 편입되고 단군의 건국주의 형상이 투사되어 건국신화의 형태를 지니게 된 것으로, 고기적古記的 전승의 성격을 결론적으로 말한다면 시조신화로서의 환웅신화와 건국신화로서의 단군신화가 계기적으로 결합한 이중신화적 성격을 지니고 있다고 할 수 있다."7) 곧 고조선이라는 고대 국가가 건국되면서 환웅신화는 단군신화 속에 포함되어 어느 정도 그 실체를 유지하면서, 건국신화로 기능하였던 것이다.

결국 이러한 점을 통해 각각의 씨족신화가 결합하여 건국신화를 이루었으며, 보다 강력한 씨족의 신화가 건국신화로 자리하면서 여타의 씨족신화는 신화로서 최소한의 기능과 힘을 유지하였을 가능성 등을 유추할 수 있다. 그렇지만 씨족을 하나로 묶는 국가라는 실체를 벗어나면 씨족신화는 씨족 단위로 다시 전승력을 확보하게 된다. 씨족신화는 해당 씨족이 소멸되지 않는 한 영원한 씨족의 신화이기 때문이다. 이러한 점은 신라의 육성신화가 그 단적인 예가 될 것이다.

---

6) 위에 언급한 신화는 해당 성씨의 시조가 되므로, 성씨신화라 명명할 수 있다. 이에 대해 이수봉은 해당 성씨의 '가문신화'라 언급하고 있으며, 석탈해신화와 허왕옥신화 및 청주곽씨, 문화유씨와 차씨, 죽산안씨 등과 함께 渡來姓인 것을 이야기하고 있다(이수봉, 「청주곽씨 가문신화의 변증고」, 『설화문학연구(하)』(단국대 출판부, 1998), 192쪽).

7) 조현설, 『건국신화의 형성과 재편에 관한 연구』(동국대 박사학위논문, 1997), 118쪽.

육성은 여섯 개의 혈연적, 지역적 씨족공동체로, 신라가 왕정에 의한 국가형태를 취하기 전에 신라를 통치한 세력이다. 이 육성신화의 주인공인 육성 시조는 모두 박혁거세가 천강한 것처럼 각각 하늘에서 해당 지역의 주산에 내려온다. 하늘에서 내려오되 그 지상의 자리가 산정 내지 산이란 모티브는 박혁거세, 김수로, 환웅신화 등에 보이는 하강모티브와 같은 것이다. 이러한 육성신화는 건국신화로 자리매김한 박혁거세신화 이전에 이미 씨족단위의 신화로서 전승되고 있었음을 의미한다. 그리고 박혁거세신화는 과거 부족 단위의 신화였다가 건국신화로 발전하였으며, 오늘날에는 건국신화 외에 박씨 시조신화로 정착하여 전승되고 있다. 그러나 건국신화로 발전하지 못한 씨족신화는 오늘날 성씨신화로서의 전승에 연계되면서 그 생명력을 유지하고 있는 것이다. 이러한 내용을 도표화하면 다음과 같다.

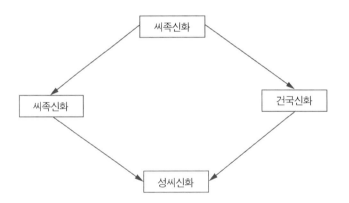

위의 도표처럼 건국신화는 특정 씨족집단의 씨족신화와 긴밀한 관련 속에서 발전하여 건국신화로 정착·전승되었으며, 씨족신화는 씨족신화대로 최소한 역사적 맥락을 유지하면서 전승된 것으로 이해할 수 있다. 그렇지만 그 내용을 구체적으로 살펴보면 건국신화는 왕업의 사실이 그 주제가 되지만, 씨족신화는 시조의 영웅적인 신이성이 주제가 되고 있다. 결국 상고시대의 씨족단위로 구가되는 씨족신화가 역사시대에 접어들면서 건국신화로 선택적 수용되었다가, 시대를 거치면서 성씨신화로 새롭게 자리매김한 것으로 파악된다.

인지가 계발되기 이전 원시사회에서는 신이적인 탄생을 한 사람이나 영웅적이고 경탄적인 주술력을 가진 사람은 당연히 외경의 대상이 되었다. 그리고 그러한 신이적이고 영웅적인 인물을 중심으로 신화가 형성되었을 것이다. 씨족신화의 연속선상에서 해석되는 성씨신화에서도 성씨 시조의 신이한 탄생과정을 구체적으로 묘사하여 그 영웅성을 강조하고 있는 점은 바로 이러한 씨족신화의 시대적 맥락에 접근하고 있는 것이다. 경주김씨 시조신화를 비롯하여 상생담과 이류교혼담의 성씨신화에서 바로 이러한 생명력을 찾아볼 수 있다. 또한 각 해당 성씨의 시조신화가 지역적인 기반 위에 형성된 것은 바로 고대의 씨족신화였을 가능성도 더불어 유추해볼 수 있는 것이다.

성씨신화는 특정 성씨집단에서만 신성시되는 성씨 시조에 관한 신화이다. 성씨신화는 신화 내용에서 그 연원을 고대로까지 거슬러 올라가, 각각의 씨족집단에 의해 신화로서 기능하면서 지속성이 전제된다. 신화가 진실되고 신성시되며 조상신이라는 점에서 신과 관계되므로 성씨신화는 신화적 자질을 충분히 갖추고 있는 셈이다.

고대의 신화가 왕권의 정통성과 국가적 권위를 세우는데 핵심적 구실을 한데 비해서 신화가 그러한 구실을 서서히 역사와 제도 및 종교에 물려주게 되는 시대가 또한 중세이다. 문자 기술이 보편화되고 외래에서 유입된 문명 종교를 국교로 삼았던 이 시대에는 신화가 되살아나더라도 신화적 언술로서의 요건을 온전히 갖추기 어려웠고 아무래도 역사나 전설과 같은 형태의 구속을 받지 않을 수 없었다.[8] 이러한 점에서 성씨신화는 역사시대에 적합한 곧 역사나 전설을 어느 정도 적절하게 수용하면서 신화적 질서를 모색하고 있는 신화라 해석할 수 있다.

---

8) 천혜숙 외, 『한국 구비문학의 이해』(서울 : 월인, 2000), 69쪽.

신화는 기록되면서부터 본래의 원형에서 변질을 초래하며, 후세사람들은 기록된 역사에 일부 전승되는 신화만 접하게 된다. 결국 원형적인 신화는 점차 소멸과 변이의 과정을 겪을 수밖에 없다. 그렇다면 성씨신화는 혈통을 중심으로 신비한 요소를 간직한 채 신성화를 꾀하면서, 동시에 역사적인 현실 이념에 맞게 합리적인 형태로 점차 변화된 것이라 할 수 있다.

신화의 테마는 한 시대, 한 사람 한 그룹이 아닌 인간들 모두가 되풀이해서 직면하는 것이다. 신화는 역사적으로 일어나는 사건에 대해서 말하는 것이 아니라 언제나 일어나는 사건에 대해서 말하는 장르이다. 따라서 신화가 반복적으로 강조하는 것은 실제 사실이 아니라 대표적, 문제적인 현실이며 이상적인 상황이다.[9]

결국 신화는 고정된 형태로 전승되지 않는다. 신화가 갖는 본원적인 상징을 내재하면서 역사라는 무대에 맞게 그 모습을 변화시킨다. 그래서 역사의 무대에서 살아가는 특정 집단의 사람들에게 의미 있는 삶, 가치 있는 삶을 살 수 있도록 규정지어 준다. 이는 성씨신화가 역사시대에 적합한 신화적 질서를 최소한 보유하고 있다는 점에서 그간의 신화의 의미 영역을 확대시킬 수 있는 것이다. 이러한 점은 본서의 「성씨신화의 서사구조」 분석을 통해 드러난 신화적 모티브를 통해서도 확인할 수 있다. 비록 특정 성씨 집단에 한정되어 정착되었지만, 이 성씨신화를 통해 건국신화적 자질이나 그 흔적을 찾아볼 수 있기 때문이다.

상생담 성씨신화의 공통점은 금궤, 석함, 금합이라는 구체적인 신체를 통해서 생명의 탄생이 이루어지며, 그로 인해 성씨 시조가 된다. 궤, 함 등의 신화소가 수반되는 이러한 신화를 "표류형이라 규정짓고 부분적으로 난생형과 연관성을 가지는 것으로"[10] 보기도 하며, "함 속의 영아嬰兒는 석탈해

---

9) 천혜숙, 「민속신화의 범주와 그 민속사회적 가치」, 『인문과학』 제28집(성균관대학교 인문학연구소, 1998), 12~13쪽.
10) 허경회, 『한국의 왕조설화 연구』(전남대 박사학위논문, 1987), 150쪽.
건국신화소는 예의 난생형을 비롯하여 천손강림형, 感精型, 箱舟漂流型 등 다양하며 이들 중 어떤 하나의 화소에 오로지 의존하지 않고 두세 가지가 복합되어 하나의 신화를 이룬

신화에서처럼 대체로 기아棄兒 모티브라"11) 할 수 있다.

고조선과 신라 그리고 가락의 건국신화는 각기 신화적 인물들의 원향原鄕에 관한 얘기로, 출생과 성장 그리고 결혼과 즉위를 거쳐 죽음에 이르는 과정을 그리고 있다. 이것이 한국 상고대 신화의 전기적 유형이다. 한 인물의 출생과 성장 및 행적을 더듬고, 그 죽음은 어떠했는가를 얘기하며 사후에 신격화된 양상을 지닌다. 대부분 건국 시조는 하늘을 부계로 땅을 모계로, 때로는 모계가 수신계로 천부지모의 구조적 패턴의 신성한 연원을 갖는다.

"신화는 그 설화 자체 안에 내용을 지닌다. 그리고 그 이야기는 그 스스로의 규범성과 의미 혹은 가치를 외면하고 운위될 수는 없는 것처럼"12) 상생담 성씨신화는 구체적으로 부모의 존재가 밝혀지지 않지만, 신화 자체의 규범성과 의미를 갖고서 추상적으로 신성한 징조를 통해 하늘의 원리와 관련을 맺으며 그 가운데 시조가 태어난다. 특히 신화의 내용이 전적으로 탄생에 집중되고 있어 탄생의 신이성이 강조되고 있는 신화라 할 수 있다. 그러면서 건국신화에서 드러나는 천강신화의 상징적 구도가 경주김씨 시조신화를 비롯하여 남평문씨, 하음봉씨, 파평윤씨, 달성배씨 시조신화의 시조 탄생에 그대로 혹은 부분적으로 수용되어 있다.

이는 "성씨신화가 하늘의 지배 하에 있었다는 사실을 전제로 한 사고 구조의 결과로써 성씨신화가 국가가 이미 형성된 이후에 창작된 것으로 생각되고 나라를 다스리는 왕의 지위를 인식한 것"13)이라기보다는, 건국신화에서 드러난 천강적인 신화구조를 어느 정도 수용하여 발현된 신화라 할 수 있다.

다(나경수, 『한국의 신화 연구』(서울 : 교문사, 1993), 121쪽).

11) 한국의 시조신화 내지 시조전설이 갖는 기아모티브가 무엇을 의미할 것인지는 확실치 않다. 신격적인 인물 또는 시조로서 숭앙될 만한 위대한 인물이 피안적인 세계, 어떤 타계에서 온 인물로서 성념되었고 그 상념에 현실적인 근거를 부여하기 위해 신생아를 탄생 직후에 버려진 상태로 두었다가 재수용하는 의례적인 절차가 있었던 것이 아닌가 하는 추측이 가능할 것이다(김열규, 『신화/설화』(서울 : 한국일보사, 1975), 16쪽).

12) 정진홍, 『종교학서설』(서울 : 전망사, 1990), 110쪽.

13) 김광순, 「시조신화의 양상에 관한 연구」, 『어문논총』 제12호(경북대학교, 1978), 87쪽.

신화는 집단이나 국가의 세계관을 반영한다. 비록 성씨신화가 씨족 집단 내에서만 신화로 기능함에 따라 다소 제한된 가치를 두고 있으나, 집단의 세계관을 반영하고 가치관을 함축함에 있어 시조에 관한 신화적 전승을 보여주고 있는 것이다. 따라서 상생담 성씨신화에서 드러나는 신화적 공간과 신화적 시간은 건국신화에 비견되는 모티브의 탐색이 가능하다. 성씨신화의 시간과 공간을 구체적으로 나열하면 다음과 같다.

성씨신화	시간	공간
경주김씨 시조신화	신라 탈해왕 9년	경주 시림
남평문씨 시조신화	신라 자비왕	남평 장자지
하음봉씨 시조신화	고려 예종 1년	하음 용연
파평윤씨 시조신화	신라 진성왕 7년	파평 용연
달성배씨 시조신화	단군시대	남해 바닷가

위의 경주김씨, 남평문씨, 하음봉씨, 파평윤씨, 달성배씨 시조신화는 족보에 자세한 기록을 싣고 있다. 사회제도의 적극적인 산물인 족보[14]는 씨족집단이라는 제한된 범위 내에서 이루어진 기록의 독자성 때문에 무한한 신화를 창출할 수 있는 매개물이다. 물론 족보가 철저한 유교주의적 숭조관념의 산물인 만큼 신화나 전설의 존재양식을 부정하고 있어 설화문학적 측면에서는 한계가 여실히 드러나기도 한다.

위의 표를 통해 알 수 있듯이 시조가 탄생하는 시간이 구체적으로 명시되어 있다. 건국신화의 경우 동명왕편은 '한신작삼년漢神雀三年', 혁거세신화는 '전한지절원년前漢地節元年 임자壬子', 단군신화는 '당고즉위唐高卽位 오십년五十年 경인庚寅' 등과 같이 특정 역서 연호에 의해 신화적 사건을 구체적

---

14) 서양인의 계보가 '나'를 중심으로 하여 '나'의 뿌리를 찾기 위한 것이라면 족보는 하나의 뿌리에서 수 없이 뻗어나오는 가지의 하나 하나를 찾듯이 씨족의 시조를 기점으로 하여 그의 자자손손을 세대와 계파를 밝혀가며 찾자는 데에 그 주목적이 있다(송준호, 「한국에 있어서의 가계기록의 역사와 그 해석」, 『역사학보』 87집(역사학회, 1980), 101쪽).

인 시간으로 제한하고 있는 것과 비슷하다. 특히 성씨신화는 중국 연호를 빌어 이야기하는 것과는 달리 우리나라의 구체적인 역사적 시간을 기록하고 있다. 그리고 그 시간은 달성배씨 시조신화의 경우처럼 단군시대까지 거슬러 올라가지만, 반대로 고려시대에까지 내려오기도 한다. 이러한 시간 인식은 성씨집단에 의해 이루어진 신성에 대한 사회적 합의이며, 성씨신화가 국가라는 체제 밑에 존속하는 씨족집단임을 간접적으로 형상화한 것이라 할 수 있다.

아무튼 시조가 탄생하는 특정의 시간은 비록 역사적인 시간일지라도 성스러운 시간이다. "성스러운 시간은 순환적, 가역적, 회복가능한 시간이라는 역설적인 면으로 나타나고, 의례를 통하여 주기적으로 회귀하는 일종의 신화적인 영원의 현존을 나타낸다."[15] 시조에 의해서 해당 성씨집단은 원초적인 태초의 시간으로 환원되며, 성씨신화는 그 당시의 원초적 사건이 되는 것이다. 비록 역사에 의하여 성씨신화가 그 변이를 거듭하였을지라도, 근대인의 심성에 깊이 숨겨져 있는 신화적 사고는 바로 시원에 대한 관심인 것이다.

시간 외에도 시조가 탄생하는 공간 역시 일상적인 공간이 아닌 비일상적인 공간으로 더할 나위 없이 성스러운 공간으로 전이된다. 시조가 탄생한 곳이기에 경주김씨 시조신화에서의 시림은 오늘날에도 제를 올리는 성소로 인식된다. 남평문씨가 태어난 장자지, 하음봉씨, 파평윤씨가 태어나는 용연 등은 지금도 해당성씨 집단에서는 성스러운 공간이다. 그리고 태어난 공간을 원향으로 하여 성씨의 본관을 삼고 있는 것은 성스러운 공간에 대한 역사적 확장임과 동시에 각 성씨집단의 지역적 토착세력이었음을 간접적으로 시사하고 있다. 즉 경북 경주, 전남 남평, 경기도 하음, 경기도 파평, 남해지역 등 경기도, 경상도, 전라도 일대에 상생담 성씨신화가 전승되고 있는 것은 그 일대에 강력한 씨족집단의 형성과 관련지을 수 있기 때문이다.

---

15) M.Eliade, 이은봉 옮김, 『聖과 俗』(서울 : 한길사, 1998), 90쪽.

씨족 단위로 전승되는 신화는 그 씨족의 역사와 문화를 기억하는 장치다. 신화는 가장 풍부한 상상력의 산물로, 상징적인 모티브와 이미지를 통해 민족의 사상과 문화, 역사를 담고 있는 매우 응축력이 강한 설화이다. 따라서 성씨신화가 가진 세계상을 발견하는 일은 씨족의 자기 발견에 해당되는 일인 것이다. 경주김씨 시조신화처럼 신라의 왕조신화에 편승하는 경우를 제외하고, 씨족집단이 형성되면서 그와 관련한 시조신화가 있었을 것이라는 가능성을 오늘날 전승되는 성씨신화를 통해서 이처럼 확인할 수 있다.

2. 전승과정에 따른 변모양상

1) 전설소의 차용과 사실성 강화

성씨 시조의 신이한 탄생이 전체 신화 내용에서 중요한 부분을 차지하고 있다는 점은 성씨신화에 신화적 상징과 의미를 부여하기에 충분하다. 상생담과는 달리 이류교혼담에서는 천강의 신화소 대신에 용속龍屬과의 교혼이라는 신성혼을 통해 시조가 탄생하는 것으로 그 신화적 의미와 전통을 지속시키고 있다. 야래자전설을 "씨족의 신화, 부족국가의 시조 출생담으로써 시조신화의 성격을 가짐을 지적하는"[16] 것처럼, 이류교혼담 성씨신화 역시 한국 신화의 한 계통인 것이다.

이류교혼담 성씨신화는 해당 문헌에 기록된 신화내용이 구전을 통해 전승되는 것과는 차이를 드러낸다. 성씨신화는 그 씨족집단에서는 신화로 기능하기에, 해당 성씨 족보에 기록되어 조상에 대한 신성성과 성씨 생성에 대한 당위성을 표출한다. 따라서 그러한 성씨신화에 근거하여 시조를 숭앙하고 시조의 탄생지를 성지화 하고, 득성비得姓碑를 세우는 여타의 노력들이

---

16) 서대석, 「백제신화연구」, 『백제논총』 제1집(백제문화개발연구원, 1985), 40~50쪽.

강구된다.

그러나 씨족을 벗어나면 신성관념이 약화되어 신화가 아닌 전설이나 민담으로 변이 된다. 특히 인간과 이류와의 교혼에 의해 아이가 태어나는 모티브는 신성혼을 이야기하면서도 흥미 위주의 이야기로 얼마든지 변이가 가능하다. 이는 이류교혼담 성씨신화의 전설적 변이양상을 보여주는 관련자료와 그 외 야래자전설을 통해서 확인된다.

창녕조씨 시조신화에서는 주인공 예향이 용지에서 목욕재계하고 기도드리다가 홀연히 연못 속으로 사라지다 다시 솟아났으나 스스로 무엇을 했는지 알지 못하다가 현몽을 통해서 어떤 상황이 벌어졌는지를 알게 된다. 그리고 충주어씨 시조신화에서는 현몽을 통해 잉어가 현신한 청의남자와의 교혼이 이루어진다. 비현실적인 존재의 등장은 특히 합리주의를 표방하는 사회에서는 그 설득력이 희박하다. 그래서 조선조의 건국시조신화를 보면 모두 꿈속에서 있었던 신비스러운 사건으로 이야기되는 것은 그만큼 전승자에게 설득력을 강조하기 위함일 것이다. 시조는 신이한 탄생에 걸맞게 장성하여 신라 진평왕의 사위가 되고, 고려 개국의 원훈이 된다. 그리고 그 증거로 득성명得姓名하고 있어 신화적 내용이 현실 속에 그대로 반영되어 있다. 평강채씨 시조신화에서도 영롱한 거북이와 교혼에 의해서 평강채씨의 시조가 태어났고 그로 인해 사성을 내리고 있어, 신성혼의 신화적 모티브를 찾을 수 있다.

신화는 내용 때문에 유지되기보다는 신화적 질서를 다짐하는 기능을 생명으로 하여 전승된다. 신화적 질서에 대한 전면적인 불신에도 불구하고 신화를 갖고자 하는 어떤 특수집단에서는 그 나름대로의 신화가 전승되는데, 이러한 점은 성씨신화에서 여실히 확인된다.

이러한 성씨신화에서 드러나는 신화적 의미 외에 전설적 속성을 찾을 수 있는 것은 그만큼 신화와 전설을 명확히 구분 지을 수 없는 한계를 보여줌과 동시에 넓은 의미의 신화로 확대가 가능하다. 오히려 전설적인 속성은 신화의 진실성과 신성성을 보강해주는 역할을 하기도 한다.

경주김씨 시조신화를 보면, 탈해이사금 9년 3월에 시림 숲 사이의 금궤에서 김알지를 얻고 시림을 고쳐서 계림이라 이름하고 이로써 국호를 삼았다고 한다. 그리고 『신증동국여지승람』을 보면, "숲 속에 높이 3척이나 되는 돌이 있는데 김알지의 태를 풀 때에 가위를 놓았던 돌이고, 돌에는 가위의 흔적이 있다"[17]는 이야기가 마지막 부분에 실려 있다.

이는 『삼국유사』나 『삼국사기』에는 언급되어 있지 않은 기록으로 후대의 기록 과정에서 사실성을 강조하기 위해 덧붙여진 것이다. 경주김씨 시조인 김알지가 탄생한 곳에 연유하여 국호를 삼거나 정상적인 인간의 수태에 의한 결과였음을 강조하듯, 돌이 그 증거물로 이야기되는 것은 오히려 경주김씨 시조신화의 신성성을 뒷받침하고 있는 셈이다. 즉 이러한 증거물이 신화의 신성성 외에 진실되게 믿고 실제로 있었다는 사실성을 뒷받침하는 근거가 되기 때문이다.

신화의 중요한 기능은 현실생활 속에 지금도 살아있는 원초적 현실의 서술로써, 또한 선례에 의한 정당화로써의 신화는 도덕적인 가치나 사회적 질서나 주술적 신앙의 회고적 전형을 제공하고 있다.[18] 곧 전설적 속성과 결부되어 신화적 의의를 강조하고 있는 경주김씨 시조신화는 현실 속에 살아있는 원형인 것이다.

남평문씨 시조신화에서는 시조인 문다성이 태어난 바위와 장자지가 남아 있다. 전남 나주시 남평읍 풍림리 사자산 아래에 지금도 바위과 장자지가 그대로 보존되어 있다. 그 바위를 '문암'이라 이르는데, 특히 후손들은 문암을 '시조께서 탄강하신 문암바위'라 장황하게 명명하고 있다. 현재 이 문암을 보호하는 현대식 목조건물의 '문암각'이 세워져 있다. 그리고 장자지는 문암 옆에 위치한다. 남평문씨 족보에는 이에 대한 사진 자료가 자세히 실려 있다.

바위가 그 증거물로 남아있고 그에 관한 이야기를 보면 분명 남평문씨

---

17) 『국역신증동국여지승람』 3(서울 : 민족문화추진위원회, 1982), 236쪽.
18) 王彬, 『신화학입문』(서울 : 금란출판사, 1980), 42쪽.

시조신화는 전설이라 할만하다. 그렇지만 후손들은 이러한 증거물을 통해 성씨에 대한 정당성과 조상에 대한 신성성을 더욱 강조하고 있다. 이러한 증거물은 남평문씨 시조신화의 사실성을 증명하기 위한 장치로 기능하고 있는 셈이다. 시조신화에 전설적인 속성이 조화를 이루어 신화를 더욱 신화답게 만들고 있는 것이다.

이러한 점은 하음봉씨 시조신화에서도 마찬가지이다. 하음봉씨 시조인 봉우의 6대손인 봉천우에 의하여 시조에 대한 여러 가지 사은물謝恩物을 축조하였는데, 주로 경기도 강화군 하점면 장전리 장곡마을 일대에 산재해 있다. 하늘에 제사 올리던 제단이었다가 조선시대에 봉황대로 사용하였던 봉천대와 함께 봉천사, 석상각 등이 오늘날에까지 현존하고 있으며, 이 유물과 유적의 유래를 설명하는 설화가 전승되기까지 한다. 이러한 공덕물이 시조인 봉우를 위하면서 석함 속의 하음봉씨 시조를 처음 발견한 노파를 기리기 위해 축조되었다고 하는 것은 노파로 인해 하음봉씨 후손들이 존재하기 때문이다. 이렇듯 증거물은 시조신화의 사실성과 진실성을 증명하고 있어 신화의 보조 장치로 충분히 활용되고 있다.

또한 이류교혼담인 창녕조씨 시조신화에서도 전설적인 속성을 찾을 수 있다. 창녕조씨 시조 어머니가 병을 치유하기 위해 영험한 화왕산 용지에서 목욕재계하고 정성껏 기도드리는 와중에 이류와의 교혼이 이루어진다. 교혼 장소인 용지는 경남 창녕군 창녕읍 옥천리에 소재하는데, 1892년에 화왕산 정상에 '창녕조씨득성비'가 세워지면서 오늘날에 창녕조씨 씨족집단의 성소로 자리매김하고 있다. 그리고 창녕조씨 시조묘는 경북 경주시 안강읍 노당 2리에 안치되어 있어 사후에도 그 후손들은 시조를 기리는 제의를 지속적으로 수행하고 있다. 시조의 탄생지는 성지화聖地化 되어 있고, 그 앞에 창녕조씨 득성비가 세워져 있어 신화의 진실성 위에 역사적 사실성이 덧붙여져 서로 조화를 이루고 있는 셈이다.

이렇듯 경주김씨, 남평문씨, 하음봉씨, 창녕조씨 시조신화에 드러나는 전설적인 속성을 확인할 수 있는데, 여기에서 언급되지 않은 파평윤씨, 달성배씨, 충주어씨, 평강채씨 시조신화는 이러한 전설적인 속성을 구체화할 수 없다. 그러나 상생담, 이류교혼담 성씨신화가 갖는 가장 중요한 점은 해당 시조의 탄생과 득성으로 인해 그 후손들이 존재하며, 그 후손들은 시조에서 성씨와 함께 혈연의 근원을 찾고 있다는 점이다. 이러한 인식을 갖는 해당 성씨 후손들이 오늘날에도 존재한다는 것이 가장 큰 증거물인 것이다. 천지창조신화에서 천지가 증거물이 되고 건국신화에서는 국가가 그 증거물이 되듯이 성씨신화에서는 그 성씨를 갖는 후손이 그 증거물이 되는 것이다. 바로 이러한 점이 성씨신화를 신화로써 지속시키는 기능을 하며, 아울러 앞서 언급한 전설적 속성이 이러한 신화 기능을 강화시켜주고 있는 것이다.

2) 구비전승 확대와 변이형 생성

신화를 구전하는 이야기라 했을 때 전설과의 연관 관계가 주목된다. 전설은 "역사적인 성향을 지닌 서사문학이고, 주인공이 주위의 환경과 부딪히는 관계를 복합적으로 나타내거나, 세계의 우위에 입각한 자아와 세계의 대결을 보여주며, 여러 사람이 한 자리에 모여서 말을 주고받고, 보태고, 다투며 하는 이야기이다."[19] 또한 전설은 일정한 사실에 근거를 두고 꾸며낸 이야기로써 사실 해명의 기능을 지니고 있다. 꾸며낸 이야기이기 때문에 전설은 문학이지만, 객관적인 사실을 근거로 하고 있다는 점에서는 역사와도 만난다. 자연히 전설은 문학성과 역사성을 함께 지니고 있는 것이다.

그렇지만 경우에 따라서 전설이 역사를 보완하고 역사의 한 부분을 직접 담당하기도 한다. 사실 그대로 기술된 것이 역사라면, 사실에 상상적인 부분이 덧붙여져 전해지는 것이 전설이라 할 수 있다. 그래서 "전설은 역사에 대한 집착력이 매우 강한 것으로"[20] 곧 전설은 역사적 기억이라고 할 수 있는 것이다.

---

19) 조동일, 『인물전설의 의미와 기능』(경북 : 영남대 민족문화연구소, 1979), 5쪽.
20) 소재영, 『한국설화문학연구』(서울 : 숭실대출판부, 1997), 43쪽.

곧 전설이 역사적 기능을 갖는 것은 신화가 세속화되어 전설이 되었다는 것으로, 달리 표현하면 신화의 합리화 과정이라 할 수 있다. 따라서 전설은 "역사적이며 사실적이기를 지향하기 때문에, 유명한 인물이나 지리적 표식 혹은 특수한 에피소드와 관련된 공동체의 심상 속에 구체적 연상을 일으킬 수 있는 것이다."21) 그러면서 "전설은 초월적인 것이 있어야만 이루어질 수 있으며, 초월적인 것이 전설적 경이로 나타난다. 그저 예사롭게 살다가 죽었다고 하는 사람의 일생이라면 관심을 끌 수 없는 것이 당연한데, 관심을 끌 수 있도록 하기 위해서도 전설에서는 초월적인 것이 필요한 것이다."22)

성씨신화에서 전설적 변이를 이루는 경우는 특히 이류교혼담에서 쉽게 찾아 볼 수 있다. 이류교혼담 성씨신화는 부모의 존재가 인간과 이류라는 점, 즉 모티브에서 드러나는 흥미성으로 인해 전설적인 다양한 변이가 가능하다.

창녕조씨 시조신화는 창녕조씨 씨족집단에서는 신화로 기능한다. 조상에 대한 신성성과 성씨 생성에 대한 당위성은 창녕조씨 시조신화를 통해서 확인되므로 해당 씨족집단에서는 신화이다. 그러나 그 씨족집단을 벗어나면 얼마든지 시조의 탄생 신화는 전설로 변이되는데, 오늘날 구전되는 창녕조씨 시조전설을 통해서 이를 확인할 수 있다. 관련 전설을 나열하면 다음과 같다.

번호	제목	조사지역	제보자	출 전	화소
①	창녕조씨 시조담	경남 의령군	전인순 (여, 80세)	대계8-11	처녀, 화왕산 연못, 목욕, 조개, 잉태, 아들, 창녕조씨 유래, 금기(조개를 먹지 않는다)
②	창녕조씨 시조 조계룡	경기 여주군	이원복 (남, 51세)	대계1-2	무남독녀, 청의동자, 명주실, 자라, 잉태, 아들, 무릎의 비늘, 조계룡 賜姓名
③	조씨의 시조	경북 월성군	이선재 (여, 61세)	대계7-1	처녀, 냇가, 조개, 잉태, 아들, 조씨
④	창녕조씨 시조 이야기	경북 월성군	진만화 (남, 74세)	대계7-3	무남독녀, 불치병, 현몽, 화왕산, 딸 연못 속으로 납치, 태기, 현몽, 아들, 등에 龍字, 창녕조씨 시조

---

21) R.M. Dorson, "folkore-Selected Essays", Indiana Univ. Press, 1972, p.160.
22) 조동일, 앞의 책(1979), 443쪽.

위의 자료는 앞서 족보 등의 문헌에 언급된 시조신화보다 그 내용이 다양하다. 그리고 현장감이 살아있으며, 훨씬 사실적으로 묘사되어 있다. 제보자를 살펴보면, 위의 이야기를 구술하는 사람은 창녕조씨 성을 가진 사람이 아니다. 누군가에게 들었던 이야기를 다시 들려주면서 전승되고 있는 것이다. 위의 네 개의 창녕조씨 시조전설을 토대로 기본적인 서사단위를 나누면 다음과 같다.

> A. 처녀가 화왕산 연못에 목욕을 하다.
> B. 처녀가 연못 속으로 납치되다.
>> B-1 처녀의 몸에 조개가 달라붙다.
>> B-2 정체 모를 청의동자가 밤마다 찾아오다.
> C. 처녀의 몸에 태기가 있어 아들을 낳다.
> D. 아이의 성을 조씨라 하여 시조가 되다.

앞서 창녕조씨 시조신화에서의 이류교혼에 관한 부분은 예항이 화왕산 연못에 사라졌다 솟아나는 것으로, 지극히 추상화되어 문헌에 그 내용이 일관성 있게 기록되어 있다. 그렇지만 위의 시조전설은 화왕산 연못 외에 후원 초당의 연못이 그 배경이 되기도 한다. 그리고 서사단위 B를 보면 알 수 있듯이 오히려 조개, 청의동자로 화신한 자라 등의 이물과 교구한 부분이 구술상 확대되어 강조되고 있다. 그에 관한 내용을 인용하면 다음과 같다.

> 그 처지(*처녀)가 거어 올라가서 그 못에 목욕을 했는데, 조개가 사탈이(사타구니에) 붙어가지고 이래가 그기 조금도 안 떨어지고 이래가 그래 그 처지가 조개로 못 띠(떼) 내삐리고 욕을 보고, 이래 참 띠 내삐리고 목욕을 하고 저거(자기) 집에 와서 있은께네 하루 이틀 간께네 태산(胎産)이 되는 기라(*표시는 필자가 표시).[23]

---
23) 위의 도표 ①의 이야기 일부분(『대계』 8-11, 447쪽).

뭐 이상시러워서 후닥딱 깨보니까는 청의동자가 여분댕이에 들어 눠 있다 이 애기야. 아주 초립동이 응 복건을 씨구, 청의동자가 와서 여분대기 아래 옷벌 다 입구, 버선 신발해구 응 아주 예쁘장하게 들어눠 있단 애기야. 아 웬일인가 깜짝 놀래서 깨본즉 선 머리를 이렇게 손으로 긁으면서 바깥으로 나간단 애기야.[24]

이처럼 처녀가 조개나 자라 등과 교구하는 부분이 구체적으로 묘사되고 있어, 탄생의 신이성은 찾을 수 없다. 하필 조개가 이물로 등장하는 것은 조 씨 성과 발음의 유사성 때문에 그 연상 작용으로 인용된 것으로 해석된다. 그리고 자라는 야래자전설에서 흔히 나타나는 화소이기도 하는데, 야래자 인 청의동자의 정체를 확인하기 위해 명주실을 동원하여 자라임을 밝히게 된다. 그리하여 이물과 교구의 결과로 처녀는 잉태하여 아들을 낳게 되며, 성씨를 짓게 된다. 이처럼 이류교혼의 상황을 장황하게 구전하고 있음에 반 해 성씨가 부여되는 과정은 간략하기 그지 없다.

그 조개가 사람이 됐다고 그래 마 성을 조씨라 캤다 쿠데.[25]

여기 무릎살 요 밑에 자개미 밑에 요기 비늘이 두 개씩 붙어 있단 애기여. …(중 략)… 조계용이 그래서 그 사성을 조씨라고 줬대는 거야.[26]

그 총각이 글을 많이 배와 놓이께, 그래서 인제 조씨라고 썽이 조가랍니다.[27]

부분적으로 ④의 이야기와 같이 창녕조씨 시조신화와 거의 흡사한 구전 자료도 발견되지만, 이물과의 교구 과정이 확대되고 성씨가 부여되는 과정 은 간소화되어 있다. 그리고 시조신화에서는 왕이 사성하여 국가적으로 시

24) 위의 도표 ②의 이야기 일부분(『대계』 1-2, 420쪽).
25) 위의 도표 ①의 이야기 일부분(『대계』 8-11, 447쪽).
26) 위의 도표 ②의 이야기 일부분(『대계』 1-2, 421쪽).
27) 위의 도표 ③의 이야기 일부분(『대계』 7-1, 258쪽).

조의 존재를 인증하고 있으나, 시조전설에서는 자의로 성을 삼고 있다. 이처럼 창녕조씨 시조전설은 신화로서 기능하는 신성성과 신화적 질서가 결여된 채 속화(俗化)되어 구전되고 있음을 알 수 있다.

충주어씨 시조신화 역시 충주어씨 씨족집단에서는 신화로 기능한다. 그러나 씨족집단을 벗어나면 더 이상 신화가 아니다. 오늘날 구전되는 어씨시조전설을 통해 그 전설적 변이를 확인할 수 있는데, 우선 관련 자료를 나열하면 다음과 같다.[28]

번호	제목	조사지역	제보자	출전	화소
①	어씨의 시조	충북 충주군	魚(失名)氏	한국민간전설집	아낙네, 강가, 잉어, 잉태, 옥동자, 어씨시조
②	어씨의 시조	충북 충주시	없음	한국의전설	여인, 無子息, 강가, 잉어, 잉태, 아들, 어씨시조
③	어씨의 시조	경남 진양군	류성만 (남, 72세)	대계 8-3	처녀, 강가, 잉어, 잉태, 아들, 어씨 作姓
④	어씨시조담	경남 진양군	천상경 (남, 76세)	대계 8-4	처녀, 강가, 잉어, 잉태, 아이, 상소, 어씨 賜姓
⑤	어씨시조전설	경남 김해군	김석환 (남, 61세)	대계 8-9	처녀, 도랑, 잉태, 아이, 어씨 作姓

위의 설화 내용을 살펴보면, 앞서 언급한 충주어씨 시조신화에 비해 신성성은 상실된 채, 흥미 본위의 이야기로 구술되고 있다. 무엇보다 위의 이야기는 잉어인 이류와의 교혼에 의해 처녀가 잉태하는 부분이 이야기의 중심을 차지하고 있다. 이러한 점은 이류교혼 부분이 생략된 채 현몽을 통해 확인하는 충주어씨 시조신화와는 대조를 이룬다. 우선 위에 언급한 다섯 가지의 어씨시조전설을 토대로 기본적인 서사단위를 나누어 보면 다음과 같다.

---

28) 표에 제시된 『한국민간전설집』과 『한국의 전설』의 출처는 다음과 같다.
　　최상수, 『한국민간전설집』(서울 : 성문관, 1958), 89~90쪽.
　　박영준, 『한국의 전설』 제9권(서울 : 한국문화도서출판사, 1972), 301~302쪽.

A. 처녀가 강가에서 빨래를 하다.

B. 잉어가 처녀의 허리를 치고 물 속으로 사라지다.

C. 처녀의 몸에 태기가 있어 아들을 낳다.

D. 아이의 성을 어씨라 하여 어씨 시조가 되다.

각각의 이야기에 따라 구술상의 차이가 나타나지만, 위와 같이 대체로 네 가지의 이야기 패턴을 구성하고 있다. ①, ②에서는 처녀 대신에 아낙네, 여인이 이야기 속의 중심인물로 등장하기도 하는데, 이는 생산력을 지닌 여성의 풍요로움을 그대로 반영한 것이다. 여인의 일상생활 가운데 하나인 빨래를 하기 위해 강가나 도랑을 찾아가는데, 갑자기 잉어가 나타나 여인의 허리를 치고 물 속으로 사라진다. 이는 여인과 야래자의 동침에 의한 직접적인 교혼이 아닌, 간접적인 교구로 은유적이고 상징적인 표현이라 할 수 있다. 그렇지만 ④의 이야기에서는 잉어와 교혼하는 상황을 다음과 같이 구연하고 있다.

잉어가 세 바꾸(바퀴로) 와서 절로 하고 돌아. 세 번째, 두 번째, 저 쪽(저쪽) 저 쪽 쫓아가 가이고 이 쪽에 절로 두 번, 저쪽에서 세 번, 세 번째 돌아오디마는 고 마 그 처자 거석을 갖다가 삳은 싸 삣다 말이다. 처자 삳이 뜨겁거든.[29]

잉어가 빨래하는 처녀에게 다가와서 처자의 성기에다 물을 쏘았는데 거기가 뜨거웠다는 이야기로, 인간들의 성행위에 비유될만한 직설적인 표현이다. 잉어가 처녀의 허리를 치거나 물을 쏘는 등 신체적인 접촉 행위를 통한 교혼의 과정을 그리고 있다. 이에 대해 과연 잉어와의 교혼이 이루어질 수 있는가의 의문은 중요치 않다. 이런 유형의 이야기를 통해 인간이 인간 외의 이류와 교혼이 가능하다는 사유방식을 갖고 있음이 오히려 중요한 것이다.

---

29) 앞의 도표 ④의 이야기 일부분(『대계』 8-4, 421쪽).

잉어가 물 속으로 사라지는 것은 앞서 충주어씨 시조신화에서 어머니의 꿈에 청의동자가 나타났다가 잉어로 변하여 물 속으로 사라지는 것과 같은 맥락이다. 시조신화에서는 어머니가 잉태하는 과정이 현몽을 통해 추상적으로 간략하게 묘사되고 있으나, 시조전설에서는 잉태하는 과정이 사실적으로 상세히 표현되고 있다. 이러한 점은 시조신화와 시조전설이 어떠한 양상으로 변이를 이루고 있는 지를 파악할 수 있는 중요한 자료가 된다.

잉어와의 교구에 의해 처녀는 잉태를 하여 아들을 낳게 된다. 아이를 낳으면 성명을 지어 주어야 하는데, 아버지의 정체가 잉어라는 사실 밖에 알지 못한다. 위의 어씨시조전설에서는 성을 어떻게 지어주는지 그 상황을 인용하면 다음과 같다.

아낙네는 물 속의 고기가 허리를 친 뒤로부터 태기가 있어 어린애를 낳았으므로 그 아이의 성을 魚씨라고 하였다. 이리하여 어씨의 시조가 되었다고 한다.[30]

그런께네 성을 짓기로 인자 고기 어(魚)자로 따서 그래 어가가 되었다는 이거제. 즈그 아베가 인자 고기밖에는 없는 기라. 딴 사람은 건드린 일이 없다 이기라 말이다.[31]

잉에 자석이라고 잉에 자석이라고 판명해 가얗고, 괴기 어짜 어가가, 세주 그, 아아가 세주가 됐단 말이라.[32]

이처럼 작성作姓하는 방법이 간단하면서 명료하다. 잉어와 교구한 결과로 태어난 아이이기 때문에 어자魚字를 써서 그대로 차용하여 성씨로 삼고 있을 뿐이다. 충주어씨 시조신화에서는 고려 태조 왕건의 몸에 인갑鱗甲을 보

---

30) 위의 도표 ①의 이야기 일부분. 최상수, 앞의 책(1958), 90쪽.
31) 위의 도표 ③의 이야기 일부분(『대계』 8-3, 482쪽).
32) 앞의 도표 ④의 이야기 일부분(『대계』 8-4, 421~422쪽).

고서 그로 인해 어씨 성을 사성하여, 독자적인 씨족집단으로 발돋움하고 있다. ④의 경우처럼 왕에게 상소를 올려 그로 인해 사성을 받는 것으로 이야기되기도 하지만, 대부분 부모에 의해, 처녀의 어머니에 의해 그리고 자의로 성을 짓는 것으로 이야기된다. 이처럼 시조전설에서는 이류교혼 과정이 확대되고 성씨가 부여되는 과정은 간소화된 채 전승하고 있음을 알 수 있다.

평강채씨 시조신화의 경우, 오늘날 전승된 구전자료를 통해서 시조에 관한 다양한 이야기를 찾아볼 수 있다. 시조의 신이한 탄생에 관한 족보의 기록은 해당 씨족집단의 우월성을 전제로 하지만, 씨족집단을 초월하여 구전되면 온전한 전설이나 민담으로 기능한다. 우선 관련 자료를 나열하면 다음과 같다.[33]

번호	제목	조사지역	제보자	출 전	話素
①	채씨의 시조	강원 평강군	없음	한국의전설	외동딸, 진초록 옷을 입은 남자, 명주실과 바늘, 연못, 거북이, 잉태, 아들, 채원광 시조
②	채씨소	강원 평강군	김종원	한국민간 전설집	과년한 딸, 푸른 옷을 입은 남자, 당사실과 바늘, 말바위소, 큰거북이, 잉태, 아들, 채원광 시조
③	채번암의 출생	경남 하동군	노봉현 (남, 80세)	대계8-14	무남독녀, 彙弱, 시퍼런 정기, 명주실과 바늘, 큰 늪, 거북이, 잉태, 아들, 채씨중시조
④	평강오씨 시조전설	전남 고흥군	박태주 (남, 68세)	대계6-3	외동딸, 彙弱, 명주실과 바늘, 연못, 자라, 잉태, 아들, 평강오씨 시조

위의 설화 자료는 앞서 언급한 시조신화와 거의 흡사하지만, 구술자의 태도나 인식 차원에서 거듭 살펴본다면, 시조전설에 지나지 않는다. 그리고 구술되기 때문에 훨씬 사실적으로 묘사되어 현장감이 살아 있다. 특히 위에

---

33) 표에 제시된 『한국민간전설집』과 『한국의 전설』의 출처는 다음과 같다.
　　최상수, 앞의 책(1958), 446~448쪽.
　　박영준, 앞의 책(1972), 354~358쪽.

언급한 ③과 ④의 시조전설은 설화적 사실과 역사적 사실과의 괴리감을 극명하게 보여주는데, 이는 전설이나 민담이 갖는 또 다른 특징이라 할 수 있다. 잘못된 설화적 지식은 다양한 민담을 창조하는 원천이 될 수 있기 때문이다.

평강채씨 족보를 살펴보면 ③이야기의 채씨 중시조인 채변암이라는 인물을 찾을 수 없다. 그리고 ④이야기의 강원도 평강을 본관으로 하는 오씨성 역시 찾을 수 없다. 이러한 구술자의 지식 오류를 부분적으로 수용하고서 평강채씨 시조전설로 환원하면 그 세부 내용은 다른 시조전설과 일맥상통한다. 위의 자료를 토대로 기본적인 서사단락을 나누면 다음과 같다.

> A. 처녀가 갑자기 몸이 쇠약해지다.
> B. 야래자에게 실과 바늘을 꽂아두다.
> C. 야래자의 정체는 연못 속의 거북이다.
> D. 처녀는 임신하여 아이를 낳다.
> E. 채씨 시조가 되다.

이야기 전체 구성상 어디에 비중을 두었는가를 살펴보면, 위의 시조전설은 야래자가 처녀의 방에 찾아드는 상황과 야래자의 정체를 확인하는 일련의 과정이 구술상 확대되어 있다. 부모와 함께 살아가는 외동딸에게 밤이면 야래자가 찾아온다. 그렇지만 처녀는 자기에게 어떠한 일이 일어나는지 좀처럼 이해하지 못하다가 점차 몸이 쇠약해지면서 그 상황을 파악하게 된다.

시조전설 ④의 경우는 야래자가 ①과 ②처럼 '푸른 옷을 입은 남자'라 언급되지 않고, '시퍼런 정기, 무지개'로 묘사되어 다소 그 신비스러움이 강조되기도 한다. 그리하여 처녀는 부모의 도움으로 명주실과 바늘을 매개로 하여 결국 야래자의 정체를 확인한다. 시조전설 ③에서 야래자를 확인하는 부분을 살펴보면 다음과 같다.

큰 거북이가 한 마리 떠오는 기라. 이 줄 잡아 댕긴께. 아이고야! 그만 놀래서 말이지, 이기 어이된고 싶어서, 고만 내비리고 와비렀어. 명주실이고 뭐이 다 내삐리고. 그래 인자 그 저가부지보고 이야기를 허니께, "이거이 길산가(길사인가) 홍산가(흉사인가) 알 수가 없다. 이기 좋은 일이 될 긴가 궂인 일이 될 긴가 알 수가 없다." 그 거북이 말이지, 수천 년이 돼갖고 둔갑을 해갖고 말이여, 그 처녀 방에 들락기렀거든. 그래 그런 뒤에는 인자 그 안 오는 기라.[34]

이처럼 야래자의 정체가 수천 년 된 거북이였음을 확인하고 있는데, 야래자의 죽음에 대해서는 언급이 없다. 다만 사람들이 야래자의 정체를 확인한 뒤로는 다시 처녀의 방을 찾지 않는다는 것이다. 그렇지만 처녀는 이물과 교구의 결과로 잉태하여 아들을 낳게 되며, 아이에게 성씨를 부여하게 된다. 앞서 시조신화에서는 임금이 사성하지만, 위의 시조전설에서는 자의로 성을 짓는 것으로 간략하게 언급되고 있다. 이렇게 성을 짓는 것은 아이 아버지가 누구인지 구체적으로 알 수 없어서 성을 따올 수 없기 때문이다.

이상으로 이류교혼담 성씨신화가 시조의 신이한 탄생과 성씨 부여의 과정이 핵심을 이루고 있다면, 변이를 이루고 있는 시조전설은 이류교혼에 의한 과정이 확대되어 구체적으로 묘사되고 있다. 그리고 신화로 기능하는 성씨신화는 시간, 장소 그리고 인물들이 명시되어 있으나, 전설에서는 이러한 부분들이 축소되거나 생략되어 지역을 초월한 전국적인 전승을 보이고 있다.

또한 신화에서는 성씨 시조가 되기까지 왕에게서 사성을 받는 것으로 이야기되지만, 전설에서는 대부분 부모에 의해, 처녀의 어머니에 의해 그리고 자의로 성을 짓는 것으로 이야기된다. 신화에서 전설적인 변이 양상을 보이는 이러한 성씨전설은 이류교혼이라는 모티브는 같더라도 그 의미하는 바는 이렇게 다르다. 지금까지 살펴본 이류교혼담 성씨신화와 성씨전설은 다음과 같이 정리할 수 있다.

---

34) 앞의 도표 ③의 이야기 일부분(『대계』 8-14, 546쪽).

성씨신화 : 이류교혼 → 잉태 → 성씨 시조

성씨전설 : 잉태 → 야래자 정체 → 작성(作姓)

　위의 성씨신화는 이류교혼에 의해 잉태하고 그로 인해 성씨 시조가 된다. 신화에서의 이류는 이류 그대로 존재한다. 오히려 이류는 인간이 아니기 때문에, 그리고 일상적인 모습이 아니기 때문에 신성하게 인식된다. 그래서 이류와 인간과의 교혼交婚은 더할 나위 없이 신성한 것이며, 교혼에 의해 탄생한 시조 역시 평범하지 않은 영웅적인 면모를 과시하고 있다. 나아가 이류는 시조를 탄생시키는 역할로 끝나지 않는다. 용의 후손, 잉어 후손, 거북이 후손이라 하여 해당 성씨 집단을 영구히 수호하고 지속시키는 상징으로 기능한다. 곧 이류는 가문의 수호신적 의미를 갖게 되는 것이다.

　그렇지만 성씨전설에서는 처녀가 잉태하자 이류의 정체를 확인하고 그로 인해 태어난 시조의 성을 짓는 것으로 이야기가 전개된다. 이류의 정체를 확인하려는 인간의 의지가 적극적으로 개입되고 있는 것이다. "전설화의 과정에는 전승적 요소(tradition), 화자(narrator), 사회(the present storytelling community)의 삼자가 상호 동시에 작용한다. 전승적 요소란 사상에 대한 믿음에 깊게 관련된다. 그러나 전설화 과정에서 다양한 변이가 일어남은 그 믿음에 인간의 합리적이고 일상적인 인식이 함수로 작용하기 때문이다. 전설의 각 편은 그러한 상호 영향관계의 한 점에 위치한다."[35] 이처럼 인간의 합리적인 사고와 일상적인 인식이 성씨신화의 다양한 변이를 초래하게 된다. 그리하여 특정집단에서는 온전한 성씨신화를 이야기하면서도 다른 전승집단에서는 다양한 성씨전설을 파생시켜 전설의 순기능을 마련하고 있는 것이다.

---

35) 천혜숙, 「장자못전설 재고」, 『민속어문논총』(서울 : 계명대출판부, 1983), 664쪽.

성씨신화의 문화사적 수용 ■

I. 성씨의 연원과 정착

우리나라 성씨는 혈족관계를 표시하는 사회제도적 인습으로, 이 땅에서 살아가는 사람들에게 가장 중요한 존재의 증명이 되고 있다. 특히 우리나라의 성씨는 한 핏줄의 부계 혈통이라는 절대적 조건에 의해서만 부여되며, 혼인 등 어떤 인위적 또는 사회적인 사유로도 없어지거나 바뀌지 않는다.

우리나라 성씨는 18세기 이의현李宜顯의 『도곡총설陶谷叢說』에 298성姓, 19세기 『증보문헌비고』에 497성姓으로 기록되어 있고, 소화 5(1930)년 국세조사에 250성姓, 1960년 남한의 인구센서스에 259성姓으로 나타났다. 우리가 오늘처럼 누구나 다 성姓을 갖게 된 것은 처음으로 민적법을 시행한 융희 3년 (1909) 이후의 일이다. 당시 성이 없던 사람이 가졌던 사람의 1.3배나 되었으니 천민은 으레 성이 없었던 것이다.[1]

이러한 성이 언제부터 발생하였는지는 자세히 알 수 없으나, 이미 인류사회가 시삭되는 원시시대부터 이러한 관념은 가지고 있었을 것이다. 왜냐하면 원시사회는 혈연을 기초로 하여 소규모 집단을 이루며 살았기 때문이

---

1) 김민수, 「우리의 姓名 문제」, 『국어국문학』 55~57 합병호(국어국문학회, 1972), 76쪽.

다. 원시사회를 씨족사회라고 하는데, 씨족사회는 씨족 전원이 힘을 합하여 수렵·어로·농경에 종사하고 적을 방어하면서 집단생활을 영위하였다. 씨족사회가 규모나 조직에서 점차 부족사회, 부족국가로 발전하는 과정에 씨족에 대한 관념은 한층 강화되었을 것이다. 그 과정에 다른 씨족과 구별하기 위한 각기 명칭이 필요하였을 것이며, 그 명칭은 문자를 사용한 뒤에 비로소 성으로 표현되었던 것으로 보인다.

동양에서 처음으로 성을 사용한 나라는 한자를 발명한 중국으로, 처음에는 그들이 거주하는 지명地名, 산명山名, 강명江名으로 성을 삼았다. 신농씨神農氏의 어머니가 강수姜水에 있었으므로 성을 강씨姜氏라 하고, 황제의 어머니가 희수姬水에 살았으므로 성을 희씨姬氏라 하였으며, 순舜임금의 어머니가 요허姚虛에 있었으므로 성을 요씨姚氏라 한 것 등은 모두 이를 실증하고 있다.[2]

우리나라에서 한자로 성씨를 쓰기 시작한 것은 중국에서 한자가 들어오게 된 때부터라고 한다.[3] 이는 성을 모두 한자로 표기하여 사용하기 때문이다. 『삼국사기』, 『삼국유사』 등에 의하면, 고구려에서는 국호를 고구려라 하였기 때문에 주몽의 성을 고씨高氏로, 혹은 본성이 해解였던 것을 천제의 아들이며 일광을 타고 태어났다 하여 고씨高氏로 고쳤다고 했다.[4] 그리고 주몽은 마의麻衣를 입은 사람인 재사再思에게 극씨克氏, 납의衲衣를 입은 사람인 무골武骨에게 중실씨仲室氏, 수조의水藻衣를 입은 사람인 묵거默居에게 소실씨少室氏의 성姓을 사성하였다고 한다.[5]

신라에서는 진辰사람들이 호瓠를 '박'이라 했는데, 처음 그 아이가 들어 있던 알[卵]이 박과 같다 하여 성姓을 박朴이라 하고 세상을 밝게 다스린다

---

2) 신석호, 「姓氏에 대한 고찰」, 『한국인의 족보』(서울 : 상아탑, 1999), 75쪽.
3) 김민수, 「우리의 姓名 문제」, 앞의 책(1972), 73쪽.
　　김광순, 『한국구비전승의 문학』(서울 : 형설출판사, 1998), 29~30쪽.
4) 『三國遺事』卷 第一, 紀異 第一, 高句麗.
5) 朱蒙行至毛屯谷 魏書 云至普述水 遇三人 其一人着麻衣, 一人着衲衣, 一人着水藻衣. 朱蒙問曰 子等何許人也, 何姓何名乎 麻衣者曰 名再思, 衲衣者曰 名武骨, 水藻衣者曰 名默居, 而不言姓. 朱蒙賜再思姓克氏, 武骨仲室氏, 默居少室氏(『三國史記』高句麗本紀 第一).

는 뜻으로 혁거세赫居世라 하였다. 그리고 석탈해昔脫解는 남의 집을 내 집이라 빼앗았다 해서, 혹은 까치[鵲]로 인해 궤를 열었기 때문에 까치라는 글자에서 조자鳥字를 떼고 석씨昔氏로 성을 삼았다고도 한다. 그리고 김알지는 금궤에서 나왔다 하여 알지의 성을 김金이라 하였다. 그 외에 유리왕 9년 봄에 진한 육부의 이름을 고치고 이李, 정鄭, 최崔, 손孫, 배裵, 설薛의 육성六姓을 주었다고 했다. 또한 백제에서는 시조 온조가 부여 계통에서 나왔다 하여 성을 부여씨夫餘氏라 하였다고 하며, 가야국의 시조 수로왕도 황금 알에서 탄생하였다 하여 성을 김씨金氏라 하였다는 신화가 전한다.6)

『삼국사기』에는 특히 고구려 건국 초기 인물 가운데 성씨를 가진 이가 많이 보인다. 동명왕이 사성한 것 외에도 유리왕이 21년 9월에 연못 위 돌에 앉은 장부에게 위씨位氏, 24년 9월에는 양쪽 겨드랑이에 날개가 있는 이상한 사람이 있어 우씨羽氏로 사성賜姓하였다.7) 그리고 대무신왕大武神王은 4년 12월에 불을 때지 않아도 스스로 밥이 되는 솥을 지고 다녔다 해서 왕이 부정씨負鼎氏로, 5년 7월에는 등 뒤에 낙문絡文 있는 자에게 낙씨絡氏, 15년 3월에는 발소扶素에게 대실씨大室氏를 사성한 것으로 기록되어 전한다.8) 또한 대무신왕 때의 을두지乙豆支, 송옥구松屋句를 비롯하여 직도루稷度婁, 고복장高福章, 명림답부明臨答夫, 을파진乙巴秦, 고우루高優婁, 명림어수明臨於漱, 북부소형北部小兄, 고노자高奴子 등 장수왕 이전에 성을 쓴 사람이 많이 보이는 것을 보면, 고구려는 장수왕 이전에 이미 성을 쓴 듯하나, 어느 때부터 성을 쓰기 시작하였는지 확실히 알 수 없다.

우리가 사용하는 성씨 가운데 고구려에 연원을 두는 성씨는 극히 드물다. 온조를 따라 남하하여 백제 건국에 공을 세우고 십제공신이 되었다는 전섭

---

6) 開皇曆云, 姓金氏, 盖國世祖從金卵而生, 故以金爲姓爾(『三國遺事』 卷 第一, 紀異 第二, 駕洛國記).

7) 九月, 王如國內, 觀地勢, 還至沙勿澤, 見一丈夫坐澤上石. 謂王曰 願爲土臣. 王喜許之, 因賜名沙勿, 姓位氏./ 秋九月, 王田于箕山之野, 得異人, 兩腋有羽. 登之朝賜姓羽氏, 俾尙王女(『三國史記』 卷13, 高句麗本紀 第一).

8) 『삼국사기』 卷 14, 高句麗本紀 第二.

과 마여를 원조로 하는 전씨와 마씨가 있다. 그리고 개루왕 때 인물인 도미를 선계先系로 하는 성주도씨가 있으며, 백제가 망하자 당나라로 망명하여 당 고종으로부터 사성 받고 웅진도독이 되어 귀국했다는 부여융을 시조로 하는 부여서씨가 있다. 이 외에 진씨, 연씨, 국씨가 현재도 있기는 하나 그 연원이 분명치 않다.9)

현재 우리나라에 존재하는 성씨의 시조는 대부분 나말여초 및 그 이후의 인물이다. 성씨신화에서도 모두 신라시대나 고려 초기의 인물을 시조로 모시고 있다. 그런데 신라에서 비롯된 성씨들은 대부분 현재까지 전하고 있음에 반해 백제, 고구려, 발해에서 비롯되었다고 전해지는 성씨들은 극소수만이 전하고 있을 뿐이다. 또한 신라의 성씨는 나말여초기에 성립한 성씨에 비해 수적으로는 소수이지만 본관 수에서는 압도적이다.10)

오늘날의 박朴·석昔·김金 3성과 이李·최崔·손孫·정鄭·배裵·설薛 6성은 신라에서 그 연원을 찾고 있으나, 원래부터 그러한 성을 가지고 있었던 것은 아닐 것이다. 후대에 당나라 문화의 영향을 받아 한자식 성을 사용하게 되면서 각각 계보를 소급하여 붙인 것으로 파악된다. 그러나 계보의 주체가 되는 친족공동체는 그 전부터 있었을 것으로 본다.

진흥왕 순수비를 살펴보면, 서울의 북한산비, 창녕비, 함흥의 황초령비, 이원의 마운령비 등의 비문에 나타난 수행자 명단에는 이름만 기록되어 있고 성이 없으며 대신 그 사람의 출신부명이 밝혀져 있다.11) 이는 7세기 초

---

9) 신석호, 「姓氏에 관한 고찰」, 앞의 책(1999), 77쪽.
10) 우리나라 성씨에 나타난 본관의 수를 살펴보면, 『동국만성보』에는 김씨가 120본, 이씨가 116본, 박씨가 51본, 최씨가 43본, 정씨가 35본 등으로 나타나 있다. 1930년 국세조사의 기록에 보면 김씨가 85본, 이씨가 103본, 박씨 34본, 최씨 34본, 정씨가 35본 등으로 되어있다.
11) 昌寧碑 진흥왕 22년건립(喙 居七夫智 一尺干, 沙喙 心表夫智 及尺干, 村主 麻叱智 述干) 磨雲嶺碑 진흥왕 29년 건립(沙喙 居社夫智 伊干, 沙喙部 另力智 干, 本部 加良知 小舍) 우리말로 된 이름 뒤에 그 사람의 본(本)이라 할 수 있는 소속부명 또는 촌명을 썼는데, 훼부(喙部)는 량부(梁部) 즉, 알천영산촌(閼川楊山村)이요, 사훼부(沙喙部)는 급량부(及梁部) 즉, 돌산고허촌 (突山高墟村)이요, 본부(本部)는 본피부(本彼部) 즉, 취산지지촌을 말하는 것이다. 이름 밑에 붙어 있는 지(智)·지(知)는 존칭이요, 일척간(一尺干)·이간(伊干)·간(干)·대아간(大阿干)·내말(奈末)·대사(大舍)·소사(小舍)는 경위(京位) 즉 중앙관위요, 간(干)·일벌(一伐)은 외위(外位) 즉 지방인에게 주는 관위다.

까지만 해도 아직 성씨를 사용하지 않았다는 사실을 말해 준다.

그러다 24대 진흥왕 때에 이르러 왕실에서 김씨 성을 사용한 것으로 보여진다.12) 『양서』에 신라 23대 법흥왕을 모명진募名秦이라 기록하고 있으며, 『북제서北齊書』에는 법흥왕 다음 임금인 진흥왕眞興王을 김진흥金眞興으로 기록하여 처음으로 김씨라는 기록이 보인다. 왕실의 김씨를 제외한 그 밖의 6촌성村姓들은 그보다 훨씬 뒤인 중기에야 비로소 등장하게 됨에 따라13) 사료에 의한 역사적 사실과 육성신화와의 시간적 거리가 확연히 드러난다.

이중환은 『택리지』에 "신라 말엽부터 중국과 통하여 비로소 성씨를 정하게 되었으나, 벼슬한 사족만이 대략 성이 있었고 일반 서민은 모두 없었다. 그 후 고려가 삼한을 통일하자 비로소 중국의 씨족을 본떠서 팔로八路에 성을 내려 주었고, 사람은 모두 성을 가지게 되었다"고 기록하고 있다.14)

신라 말기인 혼탁한 후삼국시대에 들어서자 평민으로서 각지에서 일어난 상주의 원종元宗, 애노哀奴, 죽산의 기명箕萱, 원주의 양길梁吉, 궁예의 부하인 홍언弘彦, 명귀明貴, 후백제왕 견훤의 부하인 관흔官昕, 상귀相貴, 상달尙達, 웅환熊奐, 그리고 고려 태조의 부하인 홍술弘述, 백옥삼白玉衫, 삼웅산三熊山, 복지겸卜智謙 등은 모두 성을 쓰지 않았다. 이 중에 홍술弘述, 백옥삼白玉衫, 삼웅산三熊山, 복지겸卜智謙는 고려 태조를 추대한 개국공신으로 훗날 태조가 사성하여 각각 부계홍씨缶溪洪氏, 경주배씨慶州裵氏, 평산신씨平山申氏, 면천복씨沔川卜氏 등의 시조가 된다. 이 외에도 고려 태조가 사성한 예는 많은데, 지금의 강릉지방을 관장하고 있던 명주장군 순식順式이 귀순하자 태조는 왕씨王氏 성을 주고, 발해태자 대광현이 귀순하자 또한 왕씨 성을 내린다. 그리고 신라사람인 김신金幸이 태조를 보필하고 공로를 많이 세우자 권씨權氏의 성姓을 주어 안동권씨의 시조가 된다.15)

---

12) 이순근, 「신라시대 성씨취득과 그 의미」, 『한국사론』 제6집(서울대 국사학과, 1980), 15쪽.
13) 이종서, 「나말여초 성씨 사용의 확대와 그 배경」(서울대 석사학위논문, 1996), 10~12쪽.
14) 이중환, 이익성 옮김, 『택리지』(서울 : 을유문화사, 1993), 197쪽.
15) 고려의 개국공신으로 각 성씨의 시조가 된 경우는 남양방씨(방계홍), 파평윤씨(윤신달), 청주이씨(이능희), 면천박씨(박술희), 동주최씨(최준옹), 봉화금씨(금용식), 용인이씨(이길권),

또한 『동국여지승람』에 의하면 고려 태조가 개국한 뒤 목천사람들이 자주 반란을 일으키자, 태조는 이들에게 우牛, 마馬, 상象, 돈豚, 장獐과 같은 짐승의 뜻을 가진 자로 성을 주었는데, 뒤에 우牛는 우于, 상象은 상尚, 돈豚은 돈頓, 장獐은 장張으로 고쳤다고 한다.[16] 이처럼 고려시대에 들어서면서 점차 성을 쓰는 사람이 많아지기는 하나, 모든 사람들이 성을 사용하지는 않았다. 그 가운데 성씨를 사용한 사람들은 나라를 건국한 왕이나 중앙과 지방 세력 가운데 핵을 이루는 귀족과 관료계급으로 정치적 신분과 관련되어 있다.

그러나 고려 중기 문종 9년(1055)에 성을 붙이지 아니한 사람은 과거에 급제할 자격을 주지 않은 법령을 내린 것을 보면, 문종 때까지도 성을 쓰지 않은 사람이 많았던 것이다. 이 법령은 우리나라 성씨가 정착되는 한 시기를 긋는 것으로써, 이때부터 성이 보편화되었다고 할 수 있다. 그렇지만 노비 등의 천민에까지 미치지 못하였다가 조선시대에 들어서 임진왜란 때 군인을 징발하기 위한 병역 의무가 시행되면서 천민들까지도 성을 갖게 되었으며, 1909년에 민적법이 공포되면서 모든 백성이 성을 호적에 등록하여 사용하게 되었던 것이다.

고려시대에 생성 변화된 성씨 체계는 후일 『세종실록지리지』 각읍성씨조各邑姓氏條에 그대로 반영된다. 성씨의 역사는 신분사의 발전과정과 궤도를 같이 하여 각 시대가 전환하는 고비마다 성씨제도에 획기적인 변화가 수반되어 새로운 성이 생겨나기도 하고, 또 그럴 때마다 기존의 성이 분열하여 분관, 분파작용을 했는가 하면, 다른 한편으로 소멸되기도 하였던 것이다.[17] 이는 순수한 부계 혈통이라는 절대적인 조건에 의해서 부여되는 오늘날의 성씨 개념과는 분명 다르다.

원주원씨(원극유), 인동장씨(장정필), 홍주홍씨(홍규), 청주한씨(한란), 안동김씨(김선평), 안동권씨(권행), 남양홍씨(홍은열), 아신이씨(이서), 풍양조씨(조맹), 영광전씨(전종회), 해평김씨(김훤술) 등이며, 그 외 戶長이었던 인물을 시조로 하는 성씨가 17개나 된다(김학천, 『성의 기원』(서울 : 청문각, 2000), 3~4쪽).
16) 『신증동국여지승람』 제16권, 목천현 姓氏條.
17) 이수건, 「한국 성씨의 유래와 종류 및 특징」, 『새국어생활』 제1권 제1호(국립국어연구원, 1991 봄), 29쪽.

이처럼 신라시대의 박·석·김과 이·최·설·배·정·손씨와 같은 씨족집단에 의해 토착화된 성씨와 중국의 연원을 두고 도래한 성씨 외에도 고려시대에는 왕이 특정인에게 성을 사성하는 일이 비일비재하였다. 따라서 우리나라에서 성씨의 개념이 확립된 것은 고려 초·중기 이후로, 이때에 이르러서야 법적, 제도적 여건이 뒷받침되고 일반사람들에 이르기까지 뿌리 의식이 확산되기 시작한다. 이러한 현상은 역사적으로 국가 구성원의 힘이 가문 중심의 세력으로 개편되고, 문벌의 세력 구조가 강력한 국가를 형성하는 권력 구조에 중요한 작용을 하게 되었음을 의미한다.

성씨가 수적으로 많고 다양한 만큼 성씨제도는 복잡한 사회 구조와 역사적인 시대 상황의 상호관련 속에서 파악되어야 함을 전제한다. 지금까지 살펴본 것처럼 고려시대만 하여도 성씨가 혈연의식과는 소원한, 사성을 통한 왕권의 정통성을 확립하고 각 해당 성씨집단과의 예속관계를 형성하는 다분히 정치적인 의도를 파악할 수 있다. 그러다 조선시대에 비로소 성씨가 동일 시조에 연원한 진정한 혈연에 의한 정통성을 지닌 성씨 개념으로 정착되면서, 성씨를 통해 개인뿐만 아니라 친족, 씨족의 의미를 총체적으로 파악하는 시대적 분위기를 형성하게 되었던 것이다. 따라서 성씨제도의 역사적인 정착 과정은 곧 성씨의 사회적 의미와 기능이 시대적으로 변천하여 왔음을 단적으로 확인시켜 주고 있다.

2. 씨족집단과 족보편찬

우리나라의 성씨는 분명 중국의 영향을 받은 것이다. 그러나 자세히 살펴보닌 싱姓괴 본관은 가문을, 명名은 가문의 대수를 나타내는 항렬과 개인을 구별하는 자字로 구성되어 있어, 개인 구별은 물론 계대系代까지 나타나 세계에서 그 유래를 찾아보기 힘든 특이한 성명이다.

그만큼 우리나라 성씨는 단지 혈통의 표시에 끝나지 않고 가족, 친족제도와 연결되어 사회조직의 기저를 이루면서 윤리적인 관습의 기본이 되고 있다. 또한 우리나라는 전통적으로 혈연적인 귀속의식과 성씨의식을 강하게 지니고 있는데, 호적에 본관을 표기하거나 이름을 지을 때 항렬을 따지거나 동성동본의 혼인을 불허하는 것이 그 단적인 표현이라 할 수 있다.

성씨는 시조를 기점으로 이어져 내려오는 단계혈연을 말한다. 씨족적 관념의 표현인 이러한 성씨가 제도적으로 정착되면서 씨족집단의 의식은 한층 강화되었다고 볼 수 있다. 고대로 올라가면 "그 기층사회의 조직이나 가족구성이 어떤 것인지 설명할 만한 구체성을 띤 자료가 없는 까닭으로 지금까지 고대사회를 논할 때에는 씨족공동체, 친족공동체를 말하고 골품제도를 운위하는 것으로써 고대사회구성을 설명하는 편법으로 삼아왔으나, 그러한 씨족공동체, 친족공동체, 골품제도 자체의 성격은 명확하지 않다고 한다."18)

씨족이란 조상(직계 조상)을 같이 하는 또는 조상이 같다고 믿고 있는 사람들의 집단인데, 한국의 씨족의 경우 그것은 성이 같고 본관이 또 서로 같은 사람들의 집단이다. 성이 같고 본관이 같으면 그것이 곧 동일 조상의 후손임을 입증하는 표지라고 일반적으로 믿고 있다. 본관은 바로 그 시조의 출신지를 그가 생존하였던 당시의 지방행정구역(즉 군현) 명名으로서 표시한 것이다.19)

역사적으로 씨족집단에 관한 자료로는 「위지」 「동이전」 예조濊條에 "其俗重山川 山川各有部分 不得妄相涉入 同姓不婚 多忌諱"라는 기록이 전한다. 이 자료를 통해 그 당시에도 같은 성씨끼리는 결혼하지 않는 족외혼의 풍습과 각 씨족들이 저마다의 생활권을 가지고서 활동하였음을 알 수 있다.

---

18) 김철준, 「신라시대의 친족집단」, 『한국고대사회 연구』(서울 : 서울대 출판부, 1990), 261쪽.
19) 송준호, 「한국에 있어서의 가계기록의 역사와 그 해석」, 『역사학보』 87집(역사학회, 1980), 112쪽.

앞의 「성씨신화의 형성과 전승양상」에서 살펴보았듯이 신라 건국 초기의 성씨인 박朴·석昔·김金과 이李·최崔·설薛·정鄭·배裵·손孫 육성六姓을 실제 사용하는 시기는 훨씬 뒤의 일이지만, 이러한 성씨의 주체를 이루는 씨족집단은 성씨를 사용하기 이전에도 분명 존재하던 집단이다. 육성의 경우 유리왕이 각 지역의 토착세력인 육부를 고쳐 각각 성씨를 사성한 기록을 보아도 알 수 있다.

고구려에서도 왕이 특정 계급에게 성을 사성하였는데, 그로 인해 성을 갖기 이전부터 있었을 씨족집단은 자연 성씨의 주체가 되었을 것이다. 성을 사용하기 이전에는 그 친족공동체의 주거지 명칭이 성의 기능을 가졌거나 족장세력의 기반이 된 친족공동체가 곧 성의 주체였을 것이다. 특히 성씨가 제도적으로 정착되면서 본관의 사용은 이러한 씨족집단의 유형·무형적인 존속을 확인시켜준다.

본관은 가문의 기원지를 밝히는 구실을 하는데, 대개 어느 한 지역의 명칭으로 되어 있으며, 그 지역은 일찍이 우리 역사상에 존재하였던 어느 한 지방행정구역이다. 예컨데 경주김씨, 남평문씨, 하음봉씨, 파평윤씨, 달성배씨, 창녕조씨, 충주어씨, 평강채씨 등과 같이 우리나라의 어느 특정 지역을 본관으로 삼고 있다. 본관은 "사람들의 출신지와는 거의 연관성이 없는 곳이기도 하는데, 그럼에도 불구하고 그것을 반드시, 그리고 과거에는 대부분의 경우 오직 그것만을 밝혔던 것은 소속 씨족을 밝히는 길이었던 것이다."[20] 이렇게 소속 씨족을 밝히는 것은 정당한 한 사회인으로서의 존재와 인정을 보장받을 수 있는 절대적인 요건이기 때문이다.

그렇다면 이러한 씨족집단의 씨족의식은 성씨제도가 정착되면서 한층 강화되었을 것인데, 이를 맺어주는 매개체는 바로 가계기록이라 할 수 있다. 씨족이란 조상이 같다는 그 사실 하나만을 가지고 자동적으로 형성되고 발전되지는 않는다. 조상이 같다는 사실에 득별한 의의를 부여하고 그 의의

---

20) 송준호, 「한국의 씨족제에 있어서의 본관 및 시조의 문제」, 『역사학보』 제109집(역사학회, 1986), 96쪽.

를 구현하기 위하여, 즉 조상이 같음으로 인해서 성립되는 상호간의 특별한 관계를 유지하기 위하여, 혹은 계보를 주기적으로 정리하고 혹은 화목과 결속을 다지기 위한 활동을 벌이는 등의 특별한 노력이 경주될 때 비로소 씨족이 성립되는 것이다.

가계기록은 대체로 족보[21]라는 용어로 통용되는데, 원래 기록 양상에 따라 가보, 가첩, 가승, 세계도, 세보 등으로 칭한다. 성씨제도의 발전과 성씨체계 및 성씨에 대한 관념의 변화에 따라 그 양식과 내용이 끊임없이 변천해 왔는데, 조선 후기에 들어서서 오늘날의 족보체계를 갖추게 된다.

고려 건국 이후 중앙집권화정책이 실시되고 귀족사회가 형성되기 시작하면서, 이 귀족들 사이에 문벌의식과 함께 처음으로 가계기록이 이루어진다. 특히 성종 대 왕실의 보첩을 관장하는 전중성殿中省이 만들어지고, 오복제도五服制度가 제정되는 등 왕실과 귀족의 친족조직이 정비되는 움직임이 일어나는데,[22] 이러한 현상과 관련하여 가계기록이 정리되고 족보가 만들어지게 된다.[23]

또한 고려 전기에 이른바 본관제本貫制에 따른 국가 지배질서가 확립되면서 특히 적籍의 작성과 토성의 분정을 통하여 신분계층 질서가 수립되어 간다. 동시에 중앙집권적 정책에 따라 지방호족들이 중앙귀족화 되면서 이들이 조상의 원거주지를 본관이라고 칭하는 현상이 나타나기 시작한 것으로 이해된다. 즉 본관의 사용은 왕경에 함께 모여 사는 이성異姓 귀족들이 자기 가문과 다른 가문을 구별하려는 의도에서 비롯되었다는 것이다.[24] 고려 초기에 가계기록이 작성되기 시작한 것도 바로 이러한 사회적 분위기의 영

---

21) 족보는 중국에서 시작되어 우리 나라에 전래된 것이다. 帝系라 하여 왕실의 계통을 쓰기 시작한 제왕연표와, 한나라 때 賢良科라는 벼슬에 추천하기 위하여 개인의 이력과 조상의 이력을 적어 가계를 알 수 있게 된 것이 족보의 시작이라 할 수 있다(이상옥, 「한국 족보의 유래」, 『한국성씨대관』(서울 : 창조사, 1978), 28쪽).
22) 김관의의 『王代實錄』, 任景肅의 『璿源錄』은 왕실의 친척인 宗子와 宗女까지 기입되어 족보의 효시라 한다. 그렇지만 동족간에 족보를 만들었다는 기록은 없었으나 『高麗史』 列傳에 부자 관계가 밝혀져 있어 이것을 족보의 시원으로 보기도 한다.
23) 김용선, 「고려시대 가계기록과 족보」, 『한국사학논총』 上(서울 : 일조각, 1994), 721쪽.
24) 김용선, 위의 책, 704쪽.

향에 따른 것으로 이해된다.

오늘날 족보는 동일한 씨족을 중심으로 시조 때부터 현재까지의 계통을 상세히 수록하여 동족의 근원과 조상의 행적을 밝히기 위해 만든 서책으로, "그 개인이 속하는 씨족집단의 공동의 계보요 역사이다."[25] 족보는 주로 계보와 문벌기록과 선조의 가장, 행적, 묘비명 등의 내용을 수록하고 있어, 성씨와 밀접한 관련을 맺는 한 씨족의 역사이며 생활사인 동시에 혈통을 증명하는 귀중한 문헌인 것이다.

우리나라에서 어느 성씨의 족보가 가장 먼저 출간되었는지는 상세하지 않으나, 현존하는 족보를 살펴보면, 1476년에 간포刊布한 『안동권씨성화보安東權氏成化譜』가 최초의 것이라 한다. 이는 남겨진 자료 가운데서 최초의 것이기 때문에 안동권씨 외에도 다른 씨족집단의 족보가 있었을 가능성을 배제할 수 없다. 『안동권씨성화보』의 뒤를 잇는 족보로는 16세기 중반에 간행된 『문화유씨가정보文化柳氏嘉靖譜』가 있다. 족보는 당시 계급사회의 산물인만큼 이러한 명족의 족보 출현은 족보 제작의 전형적인 모델이 되었을 것이고 또한 족보 발간을 부추기는 역할을 하였을 것이다.

이들 족보는 자녀의 기재를 출생순으로 하되 부父 → 자子로 이어지는 친손계는 물론 부父 → 녀女로 이어진 외손계까지 대수에 관계없이 모두 등재하였으니 이는 바로 당대 만성보의 성격을 띠고 있었다. 따라서 조선 전기의 족보 편찬은 18세기 이후처럼 친손들이 주관하지 않고 친손과 외손들이 합작하는 것이 일반적인 관례였다.[26]

이러한 조선 전기의 족보는 17세기 이후부터 가족제도, 상속제도의 변화와 함께 서서히 변모해간다. 16세기 이래 민중의 성장에 따른 천민층의 양민화, 무성층無姓層의 유성화有姓化와 왜란과 호란으로 인한 신분 질서의 해이로 17세기 후반부터 족보가 쏟아져 나오게 된다. 이는 전통적인 양반이 신흥세력을 막론하고 모두 세계世系, 족계族系를 새로 정리하겠다는 의도에

---

25) 송준호, 「한국의 씨족제에 있어서의 본관 및 시조의 문제」, 앞의 책(1986), 112쪽.
26) 신석호, 「성씨에 대한 고찰」, 『한국인의 족보』(서울 : 상아탑, 1999), 80쪽.

서 비롯된 것이다.

그리하여 족보가 없으면 상민으로 전락되어 군역을 지는 등 사회적인 차별이 심했다. 그래서 상민들은 양반이 되기 위해 관직을 사기도 하며 호적이나 족보를 위조하여 새양반이 되는 경우가 많았다. 그 당시의 사회적 분위기가 족보편찬을 가속화시킨 셈이다. 따라서 족보의 편찬체제도 부계친손 위주로 하고 여계는 사위와 그 외손에 한하고 그 이하는 생략하며, 자녀의 배열순도 출생순에 관계없이 '선남후녀先男後女'로 하였다. 또한 등재인 생몰 연월일, 관직, 처계妻系, 묘소가 비로소 구체적으로 기재되었다.

그 후 일제시대는 식민지 지배에 대한 반감이 크게 작용하면서 씨족간의 결합이 무엇보다 중요했던 시기였기에 족보에 대한 관심이 크게 증가하게 된다. 오늘날 남겨진 족보는 대부분 조선말과 일제 초기에 발간된 것으로, 그만큼 친족조직, 씨족의식이 확고하였기에 이러한 족보 간행이 활발하였던 것으로, 이는 오늘날에도 그 연속선상에 있다고 하겠다.

한국의 씨족제도가 갖는 구조적인 특성은 대부분의 주요 씨족들이 다 그들 각자가 내세우는 시조의 출신지나 본관지와는 관계없이 실질적으로는 서울에서 기반을 닦고 살았던 인물의 후손들로 구성되어 있으며, 따라서 역사상에 나타나는 그들의 각 씨족에 구성원의 분산이거分散移居는 으레 '서울에서 지방으로'라는 패턴을 따랐다는 점, 셋째는 각 씨족의 명목상의 시조와 실질적인 시조와의 사이에는 짧게는 3~4세대로부터 길게는 10여 세대 또는 그 이상이 끼어 있는데 족보에 나타나 있는 이 부분의 계보는 대개가 단선(즉 독자의 계속)으로 되어 있으며 그 단선마저도 실은 '중간 미상'으로 연결되어 있는 경우가 많다는 사실이다.[27]

족보에서도 이러한 명목상의 시조와 실제상의 시조가 많은 것이 확인된다. 예를 들면 1565년 간행의 가정보로 유명한 문화유씨도 시조는 고려 개국공신 유차달柳車達이지만 실질적으로는 그의 6대손 유공권柳公權(1132~1196)

---

27) 송준호, 「한국의 씨족제에 있어서의 본관 및 시조의 문제」, 앞의 책(1986), 115쪽.

이다. 단선으로 내려오던 계보가 유공권의 대에 와서 비로소 정상적인 형태를 갖추기 시작한다. 유공권의 아래에 이자일녀二子—女가 나오는데 『가정보』 10권 10책에 수록된 약 36,000명은 그 전부가 이 세 사람의 내외손이다.

또한 본서의 「상생담 성씨신화」에서 언급된 파평윤씨는 고려 초기 이래로 계속 명문을 유지한 가문이다. 그 가계 기록을 살펴보면, 고려 전기에 만들어진 윤권의 아들 윤언이와 윤언민의 묘지에는 간단하게 증조 이하의 조상만을 밝히고 있다. 그러나 고려 후기에 만들어진 윤선좌의 묘지에는 가계의 시조인 윤신달의 명칭이 나오는데, 더 후기의 기록인 윤해의 묘지에는 시조인 윤신달과 그 직계 자손의 계보가 빠짐없이 밝혀지고 있다. 이는 동일한 가계의 기록일지라도 후대에 올수록 가계의 먼 조상에 대한 언급이 많아지고 또한 자세히 기록되어 있다는 사실이다.

대체로 조선 전기에 족보를 발간했거나 조상에 대한 관련 자료를 가지고 있는 가문들은 조선 후기에 들어서도 충실한 내용의 족보를 속간할 수 있었다. 이에 반해 중간의 정리 단계를 거치지 않은 채 조선 후기 내지 한말 또는 일제시대에 와서 비로소 족보를 편찬한 경우는 그들의 조상 세계를 추적하여 계보화 할 수 있는 관계 자료가 없었다. 따라서 신흥양반들에 의해 작성된 가승이나 족보는 자의적인 조작과 수식이 가해지게 된다.

이처럼 선조의 세대를 상세히 파악하여 기록하는 일은 쉬운 일이 아니며, 더구나 시조의 연원을 파악하는 것은 더 어려운 일이다. 파악되었다 하더라도 그 정확성에 대한 의구심은 남는다. 그러면서도 족보에는 가급적 성씨의 시조를 고래로 소급하고, 왕실의 후예나 명문출신임을 강조하고 시조의 관직을 지나치게 과장하여 기록하는 것은 결국 자신이 소속된 가계의 지위를 가급적 높이려는 것이며, 가계 역사의 유구함을 과시하기 위한 노력의 산물이라 할 수 있다. 여기에 성씨신화가 자리하고 있는 것이다.

결국 족보는 씨족집단의 결속력과 씨족에 대한 우월의식을 강화시키는 매개체로 기능하면서 이에 편승하여 족보의 발달을 더욱 촉진시키는 결과를 낳았던 것이다.

3. 성씨신화와의 상관성

1) 성씨제도와 성씨신화

이야기라는 측면에서 신화를 보게 되면, 신화는 역사를 말하는 이야기로, 역사기술과는 다르다. 신화가 말하는 역사는 특정한 시대의 사실史實이 아니라 언제나 반복해서 재현될 수 있는 살아있는 역사이다.[28] 성씨신화 역시 역사를 말하는 이야기며, 살아있는 역사이기도 한 것이다.

성씨신화는 시조의 탄생을 이야기하면서 성씨가 부여되는 과정으로 이야기가 귀결된다. 성씨 시조라 하여 모두 신화를 가지고 있는 것은 아니다. 전승의 과정에서 기록의 누락이나 전승력의 상실로 인해 오늘날 전하지 않는 성씨신화는 많다.

현재 성씨 전체를 대상으로 하여 토성土姓, 내성來姓, 사성賜姓으로 분류하거나,[29] 고유성씨, 외래성씨로 나누고 있는데,[30] 이러한 분류는 역사적 기록과 사실을 토대로 한 분류 방법이다. 그렇다면 신화 속에 언급된 성씨는 어떠한 양상으로 분류되는지 우선 살펴보았다. 주로 본서의 「성씨신화의 서사구조」에서 언급한 성씨신화를 중심으로 성씨를 얻기까지의 과정을 살펴보면 모사성模寫姓, 모계성母系姓, 사성賜姓으로 분류할 수 있다.

모사성은 어떤 징표나 형상에 따라 성으로 삼는 경우가 이에 해당하며,

---

28) 나경수, 『한국 건국신화 연구』(전남대 박사학위논문, 1988), 5~6쪽.
29) 토성은 하늘로부터 하강했거나 외국에서 도래 등의 신이적으로 탄생한 지역적인 偉人이 집성촌락을 이룩한 '土'와 혈연적인 씨족공동체로서의 수적으로나 권력자로서 오랫동안 그 고을의 토박이 성씨인 '姓'의 이중적인 의미를 지닌 것이며, 來姓은 외국에서 도래한 성씨이며, 賜姓은 어느 姓氏祖에서 파생되어 왕 또는 그 고을의 통치자가 하사한 성씨를 말한다(이수봉, 「가문신화연구」, 『인문과학』 제28집(성균관대 인문과학연구소, 1998), 213쪽).
30) 신라 하대 고유성씨는 혈연집단과 관련된 기능이 축소·소멸했으며 바로 이러한 시점에 외래성씨가 집중적으로 출현했음을 살폈던 바, 묘지명에서도 고려 초기에 국한해서는 성씨의 집단이나 특권과 관련된 기능을 상정하기 어렵다는 점과, 이들 성씨의 시조가 활동한 시기는 나말여초를 넘지 못한다는 사실을 확인하였다. 이는 곧 고려 초 성씨의 성격이 신라말에 집중적으로 출현과 外來姓氏의 그것과 동일했음을 의미한다는 것이다(이종서, 「나말여초 성씨 사용의 확대와 그 배경」, 앞의 책(1996), 4~21쪽).

모계성은 어머니의 역할을 부여받은 여성의 성을 그대로 사용하는 경우이다. 그리고 사성賜姓은 임금이 직접 성을 내리는 것을 말한다. 모사성이나 모계성은 모두 왕으로 인해 성씨에 대한 권위를 획득하고 있으므로 사성의 범주에 해당할 수 있으나, 여기에서는 왕이 직접 성을 작성하여 내리는 경우를 말한다.

모사성으로는 경주김씨, 남평문씨, 달성배씨 시조신화가 이에 해당한다. 경주김씨 시조신화에서는 김알지가 금궤에서 나왔다 하여 성을 김이라 하였으며, 남평문씨 시조신화에서는 석함 면에 '文'이라는 글씨가 쓰여 있어 이를 근거로 성으로 삼았다. 그리고 배씨 시조신화에서는 시조가 금합에서 나올 때 비의緋衣을 입어서 그 형상에 따라 배씨라고 성을 삼은 것은 모두 어떤 형상을 본받아 그대로 성으로 지은 것이다.

모계성으로는 하음봉씨와 파평윤씨 시조신화가 이에 해당하는데, 하음봉씨 시조신화에서는 노파가 왕에게 봉헌했다 하여 성을 봉씨라 하고, 국가를 보우할 인재라 하여 우라 이름 하였다고 한다. 그리고 파평윤씨 시조신화에서는 노파의 성을 따라 윤씨를 성으로 삼는다.

이 두 신화에서 노파는 어머니와 같은 존재이며, 절대적인 존재이다. 옛날에는 성과 씨가 구별되었다. 성은 모계시대에서 시작되었고, 씨는 부계시대에 와서 생겼는데, 한고조 때 성과 씨를 혼용하기 시작하고부터 성과 씨의 구별이 없어졌다고 한다.[31] 노파의 행동과 존재에 의해 성을 삼는 것은 부분적으로 모계의 성씨를 계승하고 있는 흔적이라 할만 하다. 실제 모계의 성을 잇는 경우는 대가야국의 월광태자가 정견모주正見母主의 10대손이며,[32] 가야국 김수로왕의 부인 허왕후의 둘째 아들에게 허씨로 사성하는 등의 예를 찾아볼 수 있다.[33]

사성으로는 창녕조씨, 충주어씨, 평강채씨 시조신화가 해당한다. 창녕조

---

31) 이수봉, 「가문신화연구」, 앞의 책(1998), 213쪽.
32) 伽倻山神正見母主 … 大伽倻國月光太子 乃正見之十世孫(『신증동국여지승람』 제29권 고령현, 沿革條).
33) 『성씨의 고향』(서울 : 중앙일보사, 1989), 2160쪽.

씨는 신라 진평왕이 신룡의 정기를 이어받았다 하여 '조계룡曹繼龍'이라는 성명을 하사하며, 충주어씨는 시조의 몸에 비늘이 있는 것을 고려 태조 왕건이 이를 직접 확인하고서 어씨 성을 사성하고, 평강채씨는 거북이를 뜻하는 채씨 성을 왕이 직접 사성하였다.

이렇듯 성씨유래에 초점을 두고서 모사성模寫姓, 모계성母系姓, 사성賜姓으로 성씨신화를 나누어 보았는데, 중요한 점은 위에 언급한 성씨신화 모두가 왕이 적극적으로 개입하고 있어, 직·간접적으로 사성의 의미를 지닌다는 점이다. 어떤 형상에 따라 그리고 모계에 따라 성씨를 삼고 있지만, 결국 왕이 성씨를 공인하고 있는 것이다.

성씨제도의 확립이 왕권 통치와 긴밀한 관련을 가지고 있는 만큼, 성씨신화에서도 이처럼 왕과 시조가 상보적인 관계에 있음을 파악할 수 있다. 성씨신화는 시조의 탄생을 통해 성씨의 유래를 이야기하면서 결국 이러한 성씨를 인정하는 주체인 왕이 개입되어 있기 때문이다. 경주김씨는 석탈해, 남평문씨는 신라 자비왕, 하음봉씨는 고려 예종, 파평윤씨는 고려 태조, 달성배씨는 신라 유리왕과 단군, 창녕조씨는 신라 진평왕, 충주어씨는 고려 태조, 평강채씨는 구체적으로 왕이 누구인지 언급되지 않은 채 왕이 사성한 것으로 이야기된다.

실제 경주김씨, 남평문씨, 하음봉씨, 파평윤씨, 달성배씨, 창녕조씨, 충주어씨, 평강채씨 등은 각각 경북 경주, 전남 남평, 경기도 하음, 파평, 경북 달성, 창녕, 충북 충주, 강원도 평강 등의 지역적 토대 위해서 발현한 성씨이다. 이러한 성씨는 씨족단위로 형성된 토착세력이므로 토성이라 할 수 있지만 신화 속에 왕의 사성이 중요하게 작용하고 있어 사성의 성격도 아울러 포함한다.

성씨신화에서 성씨가 있기까지 왕이 절대적으로 개입되어 있다는 것은 국가라는 체제 속에서 활발하게 존속하고 있는 신화임을 의미한다. 곧 성씨신화는 나라를 다스리는 왕의 지위를 인식한 신화이다. 왕은 곧 국가이기 때문이다. 그래서 성씨신화를 "국가가 이미 형성된 이후에 창작된 것"[34]이라 하지만 오히려 창작되었다고 하기보다는 신화적 자질을 보유한 채 체제에 맞게 발전한 것이라 할 수 있다.

고려 초에 태조가 사성을 많이 하였듯이, 위에 제시된 성씨신화에서도 고려 태조가 사성한 신화가 다른 유형에 비해 많다. 또한 후대에 올수록 왕이 직접 사성을 하는 경우가 많아지고 있는 점을 보더라도 국가라는 체제 안에서 존재하는 것이 바로 성씨이며, 성씨제도이며, 성씨신화인 것이다.

그렇다면 성씨제도가 강화될수록 성씨신화 역시 활발하게 존속될 가능성이 높다. 그러나 실제 남겨진 자료가 빈약한 것은 조선시대에 확장된 유교주의적 관념과 합리적 사고 그리고 이기적인 씨족의식을 그 이유로 내세울 수 있다. 또한 신화의 존재를 인정하지 않은 사회적 분위기도 성씨신화의 부재를 가중시켰을 것이다. 그러나 현전하는 성씨신화는 극히 일부이지만, 타 성씨에 대한 희화적戱話的 폄하를 드러내는 성씨시조전설이 풍부하게 전승되고 있다는 점은 사회 현상을 역설적으로 표현한 것이라 하겠다.

우리나라 성씨제도는 단지 혈통의 표시에 끝나지 않고, 사회조직의 기초를 이루고 있어 사상·문화·도덕·관습의 근본이 되고 있다. 따라서 성씨시조의 근원과 성씨의 유래를 이야기하는 성씨신화에는 우리 민족의 문화가 그대로 투영되어 있다. 가문에 따라 신화를 통해 성씨 시조를 상생箱生이나 이류교혼에 의한 신이성과 신성성 그리고 씨족의 우월성을 찾고 있는 것은 바로 사회문화적 인식의 소산인 것이다. 또한 이러한 신화적 전개의 가능성은 성씨제도 정착 이전으로 거슬러 올라가나, 오늘날에 전해지는 성씨신화는 성씨제도의 정착과 긴밀한 관련을 맺으면서 정착·전승된 것이라 할 수 있다.

---

34) 김광순, 『한국구비전승의 문학』(서울 : 형설출판사, 1988), 29~30쪽.

2) 족보편찬과 성씨신화

족보는 혈연을 중심으로 씨족집단에서 그 씨족의 구성원들이 대를 이어 내려오면서 국가와 민족과 사회를 위하여 활동한 자취를 기록한 것이기 때문에 가급적 객관적 사실에 입각하여 세계를 기술하고 있다. 따라서 실제 족보에 기록된 성씨신화는 그리 많지 않다.[35] 성씨신화를 가지고 있더라도 해당 성씨 씨족집단의 시각에 따라 성씨신화는 각기 달리 취급된다. 이는 시조신화를 족보 서두에 기록하는가 하면, 언참言讖, 세전世傳, 세승世乘이라 하여 가급적 일부분으로 다루는 경향에서 찾아 볼 수 있다.

김알지신화인 경주김씨 시조신화는 『삼국사기』, 『삼국유사』 등의 관련 문헌자료에 수록되어 있어서, 족보에서도 이러한 문헌자료에 근거하여 그 내용을 자세히 기록하고 있다. 경주김씨 족보는 숙종 11년인 을축보乙丑譜(1685)가 발간된 이래 지금까지 계속되고 있는데,[36] 파派가 다를지라도 경주김씨는 모두 김알지신화를 수록하여 신라 왕실에서 발원하였음을 강조하고 있다.

남평문씨 족보는 영조 7년인 신해보申亥譜(1731)가 발간된 것이 가장 오래된 것이며,[37] 1995년에 발간한 『남평문씨대동보』가 가장 최근의 것이다. 확

---

35) 관련 성씨 족보 자료를 파악하고 자료를 확보하는 것은 사실상 어려운 일이다. 『성씨의 고향』에 각 성씨별로 족보 간행 연도를 개괄적으로 언급하고 있어 그 사실 여부를 확인하는 작업이 이루어져야 하는데, 본 연구에서는 부분적으로만 이루어졌다. 그리고 국립중앙도서관 족보실에 각 가문에서 발간한 족보가 상당히 많이 소장되어 있는데, 그 중 대부분이 일제시대에 간행된 족보들이다. 이 족보들은 총독부의 검열을 받기 위해 납본 받았던 것이 해방이 되면서 국립중앙도서관으로 이관된 것이다. 본 연구를 위한 필요한 족보는 주로 국립중앙도서관에서 얻은 것들이다.

36) 乙丑譜(숙종 11년, 1685), 甲辰譜(1784), 甲戌譜(1862), 辛未譜(1871), 甲子譜(1984) 간행(『성씨의 고향』(서울 : 중앙일보사, 1989), 179쪽).

37) 辛亥譜(영조 7년, 1731), 戊子譜(영조 44년 1768). 壬子譜(정조 16, 1792), 丁亥譜(순조 27년, 1827), 丙午譜(헌종 12년 1846), 癸丑譜(철종 4년, 1853), 庚午譜(고종 7년, 1870), 乙未譜(고종 32년 1895), 壬寅譜(광무 6년, 1902), 庚申譜(1920), 丙寅譜(1926), 甲午譜(1954), 丁酉譜(1957), 甲辰大同譜(1964), 壬戌譜(1982), 大同系乘譜(1988)(『성씨의 고향』(서울 : 중앙일보사, 1989), 700쪽).

보된 족보 가운데 헌종 12년인 1846년에 간행한『남평문씨족보南平文氏族譜』
을 살펴보면, 남평문씨 시조신화는 「삼우당실기」와 「성원姓苑」에 실린 내용
을 그대로 '문씨봉관사적文氏封貫事蹟' 부분에서 재인용하고 있다. 그리고 최
근에 간행한 족보를 살펴보면, '남평문씨시원기南平文氏始源記'에 시조신화에
대한 자세한 내용을 수록하고 있으며, 이와 관련한 문암, 문암각, 장자지의
사진들을 수록하여 신화의 진실성을 뒷받침하려고 했다. 두 족보는 150여
년의 시간 차이를 보이지만, 시조에 대한 기록은 변함이 없으며, 오히려 최
근의 족보가 시조신화에 대한 신뢰성과 적극성을 보이고 있다.

하음봉씨 족보 역시 남평문씨 족보와 마찬가지로 서문에 시조신화를 상
세히 기록하고, 시조와 관련한 유적인 석상, 신도비, 사적비, 하음택河陰澤
등에 대한 자세한 설명과 사진 자료를 수록하였다. 이들 기록의 공통점은
'위대하신 선조의 도도히 흐르는 혈통을 받은 우리 후예들은 모름지기 선
조들의 자랑스러운 역사를 이어 받아 협심 단결하여 종족의 비약적 발전에
적극 노력하여 중흥의, 새역사 창조를 위하여 헌신 속에서 참다운 존재가치
를 찾아야 할 것으로[38] 인식하고 있다. 이는 곧 성씨신화에 대한 후손들의
가치관과 세계관을 극명하게 보여주는 내용이라 할 수 있다.

파평윤씨 족보에서도 시조신화를 옛부터 종중宗中에 전해오는 기록이라
하여 자세히 그 내용을 기록하고 있다. 을해보乙亥譜인『파평윤씨세보』에는
파평윤씨 시조가 신이한 탄생과 범상한 징표를 가지고 있었지만, 오히려 왕
은 이를 시기하여 좌천시키고 끝내 부르지 않아 임지에서 죽었다는 이야기
를 간략히 기술하고 있다.[39] 그렇지만 1992년에 제작된『파평윤씨세보』는
성씨신화를 서문에 상세히 수록한 뒤에 다음과 같은 내용을 적고 있다.

---

38)『하음봉씨대동보』 권1(1997), 72쪽.
39) 按南原尹氏譜云 始祖得之池上者 盖源於諺傳坡平龍淵里媼得石函之說 而事涉誕怪 玆不
   載錄 但諺傳末段 以爲公左右脅有八十一鱗 兩肩有赤痣象日月 足有七黑子 惠宗卽位 以
   公相貌非常 黜爲東京留守 心實猜忌 終不召還 卒於任所 仍葬慶州云(『坡平尹氏世譜』卷
   之首, 헌종 5년, 1839, 국립중앙도서관 소장).

시조의 탄생설에 대해서는 의문도 있겠으나 신라의 박혁거세왕, 대가야국의 김수로왕, 제주의 고·부·량 등 삼성의 시조탄생설 등 모두가 기적이었던 설화가 있지만 우리 시조의 탄강설도 하나의 기적이었다고 해석한다.[40]

이러한 인용은 파평윤씨 후손들의 성씨신화에 대한 집약적 표현이라 할 만하다. 곧 파평윤씨 시조신화에 대한 당위성과 함께 신라, 가야의 건국신화와 견줄만한 신화적 진실성을 가지고 있음을 말한다. 그리고 최근의 족보에 이러한 의도가 과감히 표현되고 있는 것은 씨족적 우월의식이 한층 심화되었음을 의미하기도 한다.

이러한 의식은 창녕조씨 족보에서도 그대로 드러난다.[41] 창녕조씨 족보에는 시조신화에 관하여 조선 중기의 성리학자인 매계梅溪 조위와 남명南冥 조식의 가첩에 전하는 기록을 그대로 인용하고 있으며, 시조의 탄생과 관련한 유적들 즉 시조탄생지, 득성비得姓碑에 대한 구체적인 설명과 내용 그리고 사진들을 수록하고 있다. 시조의 신이한 탄생과 득성 과정을 이야기한 뒤에 이어서 다음과 같은 내용을 적고 있다.

…(전략) 신라시조 박혁거세의 알영왕비가 알영정변에서 계룡의 좌협(左脅)으로부터 탄생하였다는 이야기 등 동류의 영이적(靈異的) 발상신화(發祥神話)가 비비(比比)한 바인데, 특별히 이것만을 이상하게 볼 수 없을 뿐 아니라 자고로 세간에 전해오는 사실인즉, 자손된 사람으로 몰라서는 안되는 일이라. 들은 말대로 간추려 적어서 후세사람에게 알게 하려는 것일 뿐…….[42]

이 사실(事實)이 비록 정사(正史)에는 기록이 없지만 전해온 지 이미 오래되었기 때문에 상고하지 아니할 수 없다. 그 후 자손들이 대창(大昌)하여 8대 평장사

---

40) 『파평윤씨세보』(1992), 4쪽.
41) 『昌寧曺氏忠簡公派譜』(1984), 『昌寧曺氏莊襄公派譜』(1980), 『昌寧曺氏侍中公派譜』(1985).
42) 『昌寧曺氏忠簡公派譜』(1984), 46~47쪽.

(平章事)와 구세소감(九世少監) 벼슬이 배출되었으니 동방(東方)에 조씨들은 모두 그 분의 자손이다.[43]

성씨신화는 정사正史에는 기록이 남아 있지 않지만 오래 전부터 전해내려 오고 있기 때문에 자손 된 사람으로 알아야 하며, 후세에 알려야 한다는 것이다. 성씨신화에서 드러나는 신화적 상징과 의미 외에도 이러한 인용은 곧 족보 편찬의 당위성과 함께 성씨신화에 대한 신화적 합리화라 할 수 있다.

한편, 어중익을 시조로 하는 충주어씨 시조신화는 족보를 비롯한 관련 문헌에 상세히 전한다. 1879년에 간포刑布한 족보에 기록된 성씨신화는 1999년에 발간된 족보에서도 그 내용이 자세히 실려 있어, 시대가 바뀌어도 후손들이 갖는 신화의식은 그 맥을 이어오고 있음을 알 수 있다.

태조가 보고서 기이하게 여겨 묻기를 "어떤 비늘인가?" 하였다. 공은 임금 앞이라 감히 용의 비늘이라 대답하지 못하고 다만 고기 비늘이라고 대답하였다.[44]

그러면서도 위의 인용은 성씨신화의 한계를 그대로 표현한 것이다. 신화는 초월적 세계를 지향하면서 지상적 세계와 합일合一을 이룬다. 그러나 성씨신화의 초월적 세계는 비일상성을 추구하지만, 국가적인 범위 즉 왕권의 세계를 초월하지 못한다. 용은 왕의 상징이다. 엄연하게 시조의 탄생 징표가 용을 상징하고 있음에도 불구하고 용이라 말하지 못하고, 대신하여 잉어를 상징으로 표현하고 있다. 결국 어씨라는 사성을 통해서도 알 수 있듯이 왕과 신하의 예속관계를 그대로 드러내고 있다.

평강채씨의 경우 그 시조가 누구인지 명확하지 않아, 족보에는 시조를 밝히고자 하는 후손의 각별한 노력을 찾아볼 수 있다. 평강채씨 시조는 고

---

43) 『昌寧曺氏莊襄公派譜』(1980), 21쪽.
44) 上見而奇之問曰何鱗 公以御前不敢對以龍鱗 只對曰魚鱗也 上笑曰卿姓池而有鱗是池中生魚也 因賜姓魚氏(『충주어씨족보』 乙卯譜(1879), 국립중앙도서관 소장).

려 무신정권 때 문하시랑평장사門下侍郎平章事에 오른 채송년蔡松年을 실제상의 시조로 하고 있다. 그렇지만 평강채씨의 원뿌리를 중국 주문왕周文王의 일곱째 아들 채숙도蔡淑度나 신라 내물왕의 부마인 채원광蔡元光에게서 명목상의 시조를 찾고자 하는 것은 그 만큼 시조 연원을 고래로 소급하려는 점과 중국 왕실의 후손임을 강조하는 것이라 하겠다.

여기에서 성씨신화는 시조의 연원을 소급하는데 중요한 구실을 한다. 채원광이 신이한 동물인 거북이와의 교혼을 통해 태어나고 그로 인해 왕이 채씨 성을 사성하였다는 성씨신화는 시조의 구체적인 연원을 밝히거나 입증할 문헌이 없어, 말하지 못하는 부분을 대신하여 증명하고 있는 것이다.

이상, 본서의 「성씨신화의 서사구조」에서 언급된 성씨를 중심으로 성씨신화를 기록한 족보를 살펴보았는데, 대체로 성씨의 시조는 신라의 왕실과 귀족 그리고 고려 개국공신과 귀족에 그 연원을 두고 있다. 즉 경주김씨, 남평문씨, 창녕조씨, 평강채씨 등이 신라의 왕실과 귀족에 시조의 연원을 두고 있으며, 하음봉씨, 충주어씨 등은 고려의 개국공신이나 귀족에게서 시조의 연원을 찾고 있다.

그러나 그 사실성에 대해서는 의문이 간다. 예를 들면 남평문씨 시조는 신라 자비왕 때의 사람이며, 남평은 그 당시에 백제 영토였다. 문다성이 활동했음직한 500년대는 신라와 백제 사이의 싸움이 잦았던 시기인데, 그 당시에 문다성이 신라의 벼슬을 살았다는 것은 무리가 있다. 더구나 이 고을 이름이 남평이 된 것은 고려 때인데 문다성이 남평 개국백의 관작을 받았다고 적고 있는 점 역시 합리성이 부족하다.

또한 앞서 살펴보았듯이 24대 진흥왕 때부터 왕실에서 처음으로 김씨를 사용하였으며, 귀족은 그나마 성을 가지고 있지 않은 상황인데, 진흥왕 보다 훨씬 앞선 20대 자비왕 때로 소급하는 것은 역사적으로 무리가 뒤따른다. 이 점은 창녕조씨 시조신화에서도 마찬가지이다. 창녕조씨 시조가 태어난 시기 역시 신라 진평왕 때인데, 그 당시에 진평왕의 사위가 성씨를 사용했는지에 대해서는 이 역시 의구심이 든다.

실제 족보를 살펴보면 "고려 후기로 갈수록 조상을 건국 당시의 개국공신으로 기록하는 비율이 높아져 가고, 가계의 원 조상이 신라계였다는 기록도 후기에 가면서 조금 늘고 있으나, 고려 왕조의 수립 이후 입신하기 시작한 인물들을 원조로 내세우는 경향은 개국공신에 비하여 그다지 늘지 않고 있다는 점도 주목된다"[45]고 하였다. 이러한 사실은 가계의 시조로서 건국 초기의 공신을 꼽는 것을 가장 자랑스러워 한다는 점을 말해준다. 즉 고려시대에 귀족가문으로 행세하기 위한 일차적인 조건은 바로 개국공신의 후예여야 한다는 것이다.

또한 족보에서 시조를 말함에 있어 달성배씨, 경주최씨, 충주어씨, 평강 채씨의 경우를 보면, 명목상의 시조와 실제상의 시조로 나누어지는 경향을 찾을 수 있다. 명목상의 시조를 내세우는 것은 가급적 시조의 연원을 고래로 소급하여 가문의 항구성을 토대로 우월성을 한층 강조하기 위한 것으로 해석된다.

족보가 한 가문에 있어서 일차적인 세계世系 유래와 조상관계 자료이므로, 이러한 족보에 대한 올바른 이해가 곧 성씨의 역사를 제대로 파악할 수 있게 한다. 그런데 족보를 편찬함에 있어서 조상의 행적을 객관적으로 보지 않고 주관적으로 찬양하는 것은 사기史記와 맞지 않은 모순이 생기며, 특히 관직명과 관직 품계에 있어서 시대적인 고증도 없이 이를테면 고려의 관직이 이조의 관직으로 기록되고 이조의 것이 고려의 것으로 함부로 기입되기도 하며, 또 품계도 실직實職과는 달리 높여서 기록하는 것에 대해서 역사학에서 통폐로 지적된다.[46]

그러나 자료가 없어 말하지 못하는 부분을 이처럼 역사적 허구인 성씨신화를 동원하여 증명하고자 하는 것은, 건국 초기의 기록이 신화로 표현되고 있듯이, 바로 신화를 창출하는 원동력이 되며 문학적 상상력의 폭을 확대시켜주고 있다는 점에서 의의가 있다.

45) 김용선, 「고려시대 가계기록과 족보」, 앞의 책(1994), 714~715쪽.
46) 이상옥, 「한국 족보의 유래」, 『한국성씨대관』(서울 : 창조사, 1978), 30쪽.

족보는 성과 밀접하게 관련된다. 세월이 흐르고 인구가 늘어나면서 성이 중복되고, 한 성씨를 가진 자손들의 숫자가 늘어나면서 그 계통을 밝히기가 어렵게 되자 그 계통을 일목요연하게 밝히기 위해 계보를 만들었다. 그래서 우리의 조상들은 고려시대에 이를 처음으로 기록하기 시작하다가, 조선시대에 들어와서는 여러 가지 사회적 여건의 성숙과 문벌의식이 높아지면서 족보편찬이 활발해지게 된다.

오늘날 족보는 한 씨족의 역사이며 생활사로 동족의 여부와 종묘나 사당에 신주를 모시는 순서 그리고 친족간의 촌수 구분에 필요한 문헌이 되고 있다. 특히 각 집안의 살아 있는 어른으로서 그 중요성이 증대되고 있다. 이는 조선시대 이래 유교를 숭상하면서 신분질서가 강화되고, 제사의식 등 조상숭배사상이 퍼지고, 문벌과 남녀의 차별이 굳어지는 시대풍토를 반영한 것이다. 이러한 의식은 성씨신화에도 그대로 드러나며, 지금까지 살펴본 것처럼 오히려 후대에 간행된 족보일수록 시조에 대한 신화적 미화가 심화되고 있음을 알 수 있다.

성씨신화의 인식체계 ■

I. 신화적 포용성

성씨신화는 성씨집단 초기의 역사이다. 건국신화가 건국 초기의 역사를 대신하고 있듯이 성씨신화는 어느 특정 성씨집단이 정착하고 발전하기까지 그 초기의 과정을 신화적으로 이야기한 살아 있는 역사이다. 또한 성씨신화는 '고대인의 관념이 투영된 역사의 그림자'[1]로, 다른 신화와 마찬가지로 신화적 사고 위에 존재한다. 신화적 사고가 역사에 의해 낡아버린 표현의 일부를 버리고 새로운 사회형태와 문화적 유행에 적응하며 절멸하지 않으려고 저항하고 있듯이, 성씨신화의 신화적 사고 역시 새로운 사회형태와 문화적 흐름에 적응하면서 끝임 없이 변화했다고 해도 과언이 아니다.

성씨신화는 앞의 「성씨신화의 문화사적 수용」에서 살펴보았듯이 성씨제도, 족보를 적절하게 수용하면서 정착된 신화이며, 개인보다는 집단적인 삶, 공동체적 삶을 반영한 신화이다. 따라서 성씨신화는 최소한의 신화적 원형을 보유하고 있으면서 고정된 형태로 전승되기보디는 역사라는 무대에서 적절하게 문화적 양태를 수용하면서 변화를 거듭하였다. 그리고 전승의 주

---

1) 김성호, 『씨성으로 본 한일민족의 기원』(서울 : 푸른숲, 2000), 19쪽.

체인 성씨집단은 성씨신화에 끊임없는 신화적 상징과 의미를 부여함으로써 신화로서의 존속을 가능케 했던 것이다.

건국신화는 국가라는 테두리 안에서 국가를 세운 주체와 백성들 모두의 정신적인 구심체가 되듯이, 성씨신화는 혈연에 근거한 집단에게 정신적인 토대이며 동시에 구심체로 기능한다. 그러면서 성씨신화는 역사문화와의 끝임 없는 접촉을 통해 이룩된 신화인 만큼, 성씨제도, 족보기록 등과 지속적인 상호관련을 맺고 있다.

성씨 시조의 근원과 성씨 유래를 설명하는 성씨신화는 대체로 신라 초와 고려 건국 초기를 그 시간적 배경으로 하고 있다. 그러나 성씨가 제도적으로 정착된 시기는 고려 중엽 이후이다. 분명 신화 속의 시간과 역사적 현실 속의 시간은 서로 차이가 있다. 곧 성씨제도의 정착 시기보다 훨씬 앞서서 성씨신화가 존재하고 있는 것이다. 실제 역사적 사실 여부를 떠나 성씨가 제도적으로 정착되기 이전의 상황을 바로 성씨신화가 대신하고 있는 셈이다.

그러면서 성씨의 제도적 정착은 한층 성씨신화의 신화적 포용성을 허용하고 있다. 성씨집단에 따라 시조의 탄생이 상생이나 이류교혼에 의한 것으로 그 신이성과 신성성을 강조하고 있는데, 성씨제도의 강화로 인해 씨족적 우월성과 당위성으로까지 확대되어 인식하고 있다. 이러한 의식은 성씨제도가 역사적으로 정착되면서 훨씬 세련되게 신화 속에 포용되고 있는데, 시조가 성씨 시조로 좌정하기까지 절대적인 것임을 묵시적으로 강조하면서도 왕의 존재가 개입되는 바로 이러한 점이 이를 대변해주고 있다.

족보는 성과 밀접하게 관련된 가계기록의 역사이다. 족보는 고려시대에 처음으로 기록되기 시작하다가, 조선시대에 들어와서는 여러 가지 사회적 여건의 성숙과 문벌의식이 높아지면서 그 편찬 작업이 활발해진다. 실제 족보는 특정한 시조의 후손이 전국적으로 확산된 것처럼 보이지만, 오히려 전국 각처에 분산된 씨족들이 시조를 내세워 결집하고 있다. 각 씨족마다 특정 시조를 내세우게 되면 자연 그 시조의 신화성을 강조하게 되며, 성씨신화를 통해 후손들은 씨족적 명분과 지위를 확보하게 되는 것이다.

기록은 "이차적으로 양식화된 체계"[2]이다. 성씨신화에 관한 기록은 족보 외의 여타의 문헌자료에서도 간간이 찾을 수 있으나, 오히려 족보에 기록되어 있기에 신화로서의 존재가치가 살아나며 아울러 신화적 기능을 발휘하고 있는 것이다. 나아가 족보의 지속적인 편찬은 성씨신화에도 영향을 주어 신화적 상승효과를 촉발시키고 있다. 이러한 족보 기록은 조선시대 유교를 숭상하면서 신분질서가 강화되고, 제사의식 등 조상숭배사상이 퍼지고 문벌이 굳어지는 시대풍토를 복합적으로 반영하고 있는 역사적 산물인 것이다.

이렇듯 성씨신화는 성씨제도, 족보의 복합적인 의미를 수용한 신화로써, 위의 각각의 문화는 역사흐름 속에서 독자적으로 존재하면서, 성씨신화 속에 포용되어 서로 간에 긴밀하고도 복합적인 상호작용을 이루며 오늘날까지 그 명맥을 이어오고 있다. 이러한 내용을 체계화하면 다음과 같다.

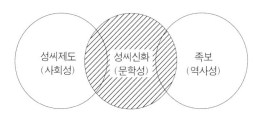

위 그림처럼 성씨제도의 사회성과, 족보의 역사성이 혼용된 부분에 성씨신화의 문학성이 위치하며, 이러한 역사문화적 인식이 성씨신화를 거듭나게 하고 있다. 실제 어느 한 가지가 제외된다 할지라도 성씨신화는 신화로서 최소한의 존재가치를 부여할 수 있으나, 위의 복합적 의미를 수용할 때 비로소 성씨신화가 갖는 문학성이 온전하게 살아난다.

신화란 어떤 사실에 대한 후세적 설명설화이다. 신화의 후세적 형성은 다시 구술 전승되는 후세에 또 후기의 문화요소기 첨가될 수 있는 법이다.

---

2) Walter J. Ong, 이기우 · 임명진 옮김, 『구술문화와 문자문화』(서울 : 문예출판사, 1995), 18쪽.

예컨대 신라의 불교 수입은 6세기의 일이지만 불교 요소의 윤색이 이미 알영의 계룡 좌협左脇 탄생담에도 잘 보이고 있는 것은 그 대표적인 한 보기가 되고 있다.[3]

성씨신화 역시 성씨가 있기까지의 사실事實에 대한 설명설화로써, 언어의 상징체계를 통해 정체성을 확립하고 있다. 그러면서도 성씨신화는 역사와 문화에 그 신화의 문을 열어놓고 사회적 연대를 확보하고 있기 때문에, 향후 얼마든지 새로운 문화가 첨가될 가능성 또한 배제할 수 없는 것이다.

2. 신화와 제의의 지속성

신화와 제의는 지극히 복합적인 문화현상이다. 제의는 신화와 더불어 행해진다는 엘리아데의 언급처럼 제의와 신화는 사실상 같은 운명의 상호 보완적 관계이다. 제의가 예배적 형태라면 신화는 경험된 역사의 이야기를 이루어내는 제의의 실현이며, 신화의 의식이 행위화된 것이 제의인 것이다. 곧 신화는 신앙을 기저로 하여 형성되고, 신앙은 신화를 기저로 하여 믿어지는 것으로서, 신화는 곧 종교적 상관물이다.[4] 따라서 성씨신화가 과거, 현재, 미래에도 혼류하여 흐르는 초역사적인 의미를 지닌 언어인 만큼, 그 기층에 흐르는 신앙을 구체적으로 행위화한 것이 시조신 제의라 할 수 있다.

사회가 아무리 발달하여도 어느 사회에서나 관찰할 수 있는 경향, 즉 태초의 때, 신화적 시간, 위대한 시간을 회복하려 한다. 왜냐하면 이 회복은 모든 의례, 모든 의미 있는 행위에 의해서 산출된 결과이기 때문이다. 의례는 "시원의 때의 한 부분의 반복"[5]이다. 시조신 제의를 통해 신화적 시간으

---

3) 장주근,『풀어쓴 한국의 신화』(서울 : 집문당, 1998), 257쪽.
4) 나경수,「신화의 개념에 대한 攷」,『한국민속학』제26집(민속학회, 1994), 159~160쪽.
5) M. Eliade, 이은봉 옮김,『종교형태론』(서울 : 한길사, 1996), 503쪽.

로 회복하여 근원에 대한 진지한 탐색이 모색되는데, 이러한 존재론적 근거가 바로 성씨신화인 것이다.

오늘날의 건국신화는 씨족신화 또는 부족신화에서 발전한 것으로 시조신 제의와 함께 전승되다가 문헌에 정착된 것이다. 따라서 특정 부족이 여타의 부족을 통합하여 국가로 발전하면 그 부족이 가지고 있던 신화와 제의는 국가적인 규모의 시조신 제의와 시조신화로 재창조될 수 있는 것이다. 그러면서 국가적 규모로 왕실이 주관해서 행해지던 제의와는 별도로 일반 민중들도 각기 자기 씨족이나 부족신에 대한 제의를 씨족단위나, 부족단위로 행했을 것이며, 신화도 전승했을 것이다. 이러한 각 씨족집단에서 향유한 신화와 제의의 연장선상에 바로 오늘날에도 존속되는 성씨신화와 시조신 제의가 있는 것이다.

다시 말해 국가는 국가대로 대규모의 시조신 제의가 시행되고, 씨족집단에서는 가문 단위의 소규모 형태로 시조신 제의를 모신 것이라 할 수 있다. 따라서 국가에서 모시는 시조신은 곧 국조신이며, 가문에서 모시는 시조신은 조상신인 것이다. "실제로 베풀어졌던 혁거세와 고주몽에 대한 시조 숭배의 제의와 한국 신화는 표리관계를 이루고 있으며, 한국의 전통문화의 핵의 하나인 조상숭배의 연원을 이에서 찾을 수 있는 것처럼"[6] 시조신 제의는 곧 조상숭배의 구체적인 발현이라 할 수 있다.

특히 조선조 임진왜란을 전후한 시기부터 형성된 보학을 중심으로 한 씨족에 대한 강한 집착 현상과 족보편찬, 시조에 대한 성지화 작업[7]은 조상숭배의 구체적인 실현으로써 그 현재적 의미가 부여되며 지속성을 갖는다. 또한 후대에 시조를 통해 가문과 씨족의 우월성을 드러내고자 할수록 시조신에 대한 제의는 자연 강조된다.

---

6) 김열규, 『신화/설화』(서울 : 한국일보사, 1975), 97쪽.
7) 나정비, 계림비, 석탈해유허비, 알영정비 등이 모두 19세기 또는 20세기 초에 건립되는 것은 임진왜란 이후 조선사회에 뿌리내리기 시작한 유교의 장자 상속제와 17세기말 이래 성행한 보학과 깊은 관련이 있다(이근직, 「신라 삼성시조의 탄강지 연구」, 『경주사학』 제16집 (경주사학회, 1997), 25쪽).

오늘날 씨족집단에서는 해당 시조신에 대한 의례를 1년 단위로 지속적으로 모시고 있는데, 이를 시제, 묘제[8]라 한다. 삼국시대 이래 건국 시조신에 대한 제의가 문헌상으로만 존재하고 있음에 반해, 성씨 시조신에 대한 제의는 시제라는 제의 행위를 통해 오늘날에도 지속되고 있다. 자연 번창한 가문일수록 시제는 성대하게 베풀어지며, 유명한 현조일수록 많은 후손들이 모여든다.

여기에서 간과할 수 없는 것은 신라의 국조신으로 모셔진 박혁거세는 오늘날 박씨의 시조신으로 자리를 바꿔 모셔지고 있다는 점이다. 즉 박혁거세는 한 나라를 건국한 시조이지만, 오늘날에는 박씨 씨족집단의 시조로서 자리매김 하고 있는 것이다. 이는 김알지, 석탈해, 김수로왕의 경우도 마찬가지이다.

결국 이러한 시조신 제의는 근본적으로 "의사소통의 한 형태이자 문화의 전수자이며, 사회정보를 소통하는 일종의 언어이며, 이로써 사회의 집단감정을 다시 보충하는 것을 돕고 있는 것이다."[9] 신은 인간에게로 오고 인간이 신에게로 가는 중간 지점에 신화의 장이 있다. 신화의 장에서 신과 인간은 만나 원일성을 회복한다. 원일성을 회복하는 행위는 제의이며, 신과 인간이 만나는 중간 지점은 곧 제의의 장이기도 하다.[10] 이처럼 시조신에게 올리는 제의는 씨족집단의 원일성을 회복하는 장으로 기능하면서 동시에 씨족집단 구성원과 신이 만나는 접점이 된다. 또한 씨족집단간의 지속적인 결속력을 강화하는 매개 행위이면서 문화의 전수자로 기능하고 있는 것이다.

성씨신화 속에 언급된 시조 역시 오늘날 후손들에게 시조신으로 모셔지

---

8) 時祭는 현재 자기를 기점으로 5대조부터 시조에 이르기까지 모든 조상을 위해 드리는 제사이다. 기제사는 집안에서 그리고 밤중에 4대조까지 모시지만, 시제는 묘소에서 직접 거행되며, 주로 낮에 모셔진다. 그리고 성씨마다 시제 모시는 제일은 각각 다르지만, 주로 10월 상달을 넘기지 않는다.

9) Mary Douglas, 유제분·이훈상 옮김, 『순수와 위험』(서울 : 현대미학사, 1997), 291쪽.

10) 황패강, 「민속과 신화」, 『한국민속학』 8집(민속학회, 1975), 108쪽.

고 있는데, 매년 정기적으로 거행되는 제의가 이를 말해준다. 우선 시조신에 대한 제일祭日을 표로 정리하면 다음과 같다.

성씨신화	시조신 제일
경주김씨 시조신화	매년 春分일, 秋分일
남평문씨 시조신화	매년 음력 9월 정일
하음봉씨 시조신화	매년 음력 3월 7일, 10월 8일
파평윤씨 시조신화	매년 음력 10월 1일
달성배씨 시조신화	없음
창녕조씨 시조신화	매년 음력 10월 初丁日
충주어씨 시조신화	매년 음력 9월 3일
평강채씨 시조신화	매년 음력 3월 18일

여기에서 시조신 제의는 단지 신화 속의 시조신만을 위한 것은 아니다. 앞서 족보에 시조가 명목상의 시조와 실제상의 시조로 구분되는 만큼, 실제 성씨집단에 따라 명목상의 시조보다 실제상의 시조를 위한 제의가 더 많이 거행되기도 한다. 또한 오늘날 행해지는 시제는 대체로 시조를 포함한 5대 이상의 모든 조상들에 대한 의례 행위이기에 시조신은 광의의 조상신 범주 안에 포함되어 있다.

경주김씨 시조신화는 김씨의 정통한 혈연집단의 시작을 알리는 김알지 시조신에 대한 제의적 구술상관물이다. 김알지에게서 신라의 김씨가 시작되어 오늘날에는 경주김씨가 그 정통성을 이어오고 있으므로, 김알지신화는 씨족집단의 구심체로써 기능하고 있는 것이다. 역사적으로 보면, 김알지 이후 훨씬 후대인 신라 혜공왕대에 이르러서 김알지를 추상적인 김金의 시조로 하고, 신라 13대 왕위에 즉위한 미추왕을 실제상의 시조신으로 받들고 있는 것으로 보아 이 무렵에 진정한 성씨 시조에 대한 개념이 형성되었고, 이에 따른 제의도 베풀어진 것으로 보인다.

현재 경주김씨 씨족집단은 일년에 두 번 춘분일과 추분일에 숭혜전에서 시조신 제의를 거행한다. 숭혜전은 "천강시조의 제전당祭殿堂"[11]이라 할 수 있는데, 신라 미추왕, 문무왕, 경순왕 3위位의 신위와 경순왕의 영정이 봉안된 이 곳에서 거행된 제의는 실제상의 시조인 미추왕을 시작으로 해당 조상에게 제를 올리고 있다. 그러나 김알지는 미추왕을 있게 한 근원적인 시조이므로 실제 제의를 모시지 않더라도 자연 김알지 제의까지를 포함하고 있는 것이다.

충주어씨와 평강채씨의 경우도 경주김씨와 마찬가지로 신화상의 시조와 실제 후손들이 모시는 시조가 다르다. 충주어씨 경우 신화에서의 시조는 어중익魚重翼이지만, 제의는 실제상의 시조인 어유소魚有沼를 모시는 것으로 제일은 매년 음력 9월 3일이다. 평강채씨의 경우 앞서 논의한 것처럼 시조의 연원은 명확하지 않으며, 후손들은 채천노蔡天老를 실제상의 시조로 하여 매년 음력 3월 18일에 제향하고 있다. 이러한 실제상의 시조신 제의를 통해 신화 속의 시조는 후손들에게 기억되고 있을 뿐이다.

이에 반해 남평문씨의 경우, 시조인 문다성에 대한 제의는 매년 음력 9월 정일丁日날 장연서원에서 모시고 있다. 매년 정기적으로 후손들은 제의를 통해 씨족의 근원인 문다성을 기리고 있으며, '무성공유허비'를 세워 남평문씨 시조신화를 명문화하고 있다.

이는 하음봉씨의 경우도 마찬가지이다. 하음봉씨 시조인 봉우의 묘소가 경기도 강화군 하첨면 장정리 석상각 뒤편에 자리하고 있는데, 이곳에서 매년 두 번인 음력 3월 7일과 10월 8일에 시조신에 대한 제의를 거행하고 있으며 시조와 관련된 유적들이 보존되어 있다.

또한 파평윤씨 시조인 윤신달에 대한 제의 역시 모셔지고 있는데, 제일은 매년 음력 10월 1일이다. 다른 어느 성씨에 비해 시조를 기리는 태사공신도비太師公神道碑, 봉강사鳳崗祠, 봉강제鳳崗祭 등이 많은 것을 보면, 단순히

---

11) 이수봉, 「가문신화연구」, 『인문과학』 28집(성균관대 인문과학연구소, 1998), 221쪽.

씨족간의 화합의 차원을 넘어 가문의 번성을 드러내고자 하는 후손들의 의도성을 엿볼 수 있게 한다. 이런 점에서 배씨 시조와는 대조를 이룬다. 파평 윤씨 시조가 고려 태조 때의 개국백이었던 만큼, 배씨의 실질적인 시조인 배현경 역시 같은 시대의 개국백이다. 배현경이 죽은 지 59년이 지난 995년(성종 14)에 태사묘에 배향되고, 평산 태백산성에 태사사太師祠를 세워 매년 춘추에 향사한 것으로 기록하고 있으나,[12] 오늘날 후손들에 의한 이렇다 할 제의를 찾아볼 수 없는 것은 시조신 제의가 후손들의 번성과도 상호 밀접하게 관련되어 있음을 확인할 수 있다.

창녕조씨의 경우, 시조인 조계룡에 대한 제의는 매년 음력 10월 초정일初丁日에 모신다. 신라 진평왕의 사위였던 조계룡의 묘소가 경북 월성군 안강읍 노당2리에 남아 있는데, 천년의 시간이 흐른 뒤에도 이러한 시조묘가 건재하다는 것에 다소 의구심이 들지만, 무엇보다 후손들은 시조묘를 통해 성씨의 근원을 확인하고 있다는 점에서 가치가 둘 수 있는 것이다. 시조묘 외에 시조를 모시는 종덕재種德齋, 일원재一源齋가 현존하여 가문의 전당으로 기능하고 있다.

이상으로 성씨신화가 시조신 제의의 구술상관물로써 상호 긴밀한 관계를 맺고 있음을 알 수 있다. 의례의 집전은 곧 신화의 연출이고, 신화를 통해서만 신화적인 삶을 체험할 수 있는 것처럼,[13] 제의가 행해지는 동안에는 신화적인 성스러운 시간과 공간으로 회귀한다. 비록 신화에서만 시조신이 기억된다 할지라도, 제의를 통해 매번 성씨신화는 환기되며 되살아나는 것이다.

당신화는 공동체신앙과 더불어 전승되어진다. 공동체신앙의 소멸은 곧 당신화도 소멸된다는 것을 의미하고 당신화의 약화는 제의적 기반을 상실하게 된다는 것을 의미한다. 따라서 당신화는 공동체신앙의 제의를 강화시켜 주는 기능을 한다. 이는 당신화가 당신의 실체를 설명해 주고 제의를 왜

---

12) 배씨종보편찬회 편, 『배씨의 뿌리와 위인집』(서울 : 족보문화사, 1985), 46쪽.
13) Joseph campbell, 이윤기 옮김, 『신화의 힘』(서울 : 고려원, 1996), 342쪽.

지내야 하는가를 설명해주기 때문이다.[14]

이렇듯 "신화의 원리란 신앙에 근거하며, 종교는 초월적이며 상징적인 방법을 통해 보다 고차적인 진리에 접근하는 것처럼"[15] 제의가 이루어지는 근저에서는 성씨신화가 신화로써 그 몫을 다하면서 제의를 촉발시키는 계기를 마련하고 있다. 나아가 "사회의 연대성을 촉진시키고 사회의 통합성을 증진시키며, 또 그 내용을 그다지 잃은 일없이 문화의 많은 부분을 전달하는 수단을 제공하여 문화의 연속성을 보호하고 사회를 안정시키고 있는 것이다."[16]

한편, 시조신 제의는 매년 음력 10월 상달에 집중되어 있어 세시의례로 정착하고 있다. 특히 시조신 외에 해당 조상신으로까지 제의가 확대되고 있는 것은 씨족의 근원을 시조신에게서 찾으면서 면면히 이어온 조상에 대한 제의를 통해 씨족의 정통성과 역사성을 모색하고 있음을 의미한다.

이처럼 성씨신화는 결코 고대적 산물로 머물러 있지 않고 오늘날에도 신화적 기능을 보유하면서 전승되고 있다. 전승은 같은 것의 되풀이가 아니라 반드시 변화를 내포한다. 일정한 형식과 기본적인 구조는 지키더라도 구체적인 내용이나 수사는 시대에 따라 화자에 따라 다르다. 따라서 성씨신화는 내적으로 논리적인 일관성을 가지면서 역사문화적 경험과 인식을 바탕에 두고서 시대적 사실에 부응하며 신화로서 오늘날까지 전승되고 있는 것이다.

"문화의 역사는 상당한 정도까지는 이러한 상호침투 현상의 본질과 운명과의 결합의 역사이다."[17] 성씨신화는 성씨집단의 역사와 문화를 기억하는 장치인 동시에 문화의 역사를 반영한 신화이기도 하다. 신화는 가장 풍부한 상상력의 산물로, 상징적인 모티브와 이미지를 통해 민족의 사상과 문화,

---

14) 표인주, 『전남의 당신화 연구』(전남대학교 박사학위논문, 1994), 127쪽.
15) 나경수, 『한국의 신화 연구』(서울 : 교문사, 1993), 307쪽.
16) 大林太良, 兒玉仁夫·권태효 옮김, 『신화학입문』(서울 : 새문사, 1996), 145쪽(C. Kluckohn 견해 재인용).
17) Ruth Benedict, 김열규 옮김, 『문화의 패턴』(서울 : 까치, 1993), 59쪽.

역사를 담고 있는 만큼, 성씨신화가 가진 세계상을 발견하는 일은 씨족의 자기 발견에 해당되는 일인 것이다.

사회적 관습은 집단 구성원들의 사고방식을 통해 오랜 기간에 걸쳐서 형성되고 그들의 생활을 지배하게 된다. 좁게는 개개인의 행동에서부터 넓게는 사회 구성원 전체의 사고방식을 지배한다. 성씨신화가 오늘날 문헌이나 해당 족보에 기록 정착되어 성씨 집단의 신성성을 새삼스럽게 불어넣어 신화적 의미를 고정하고 있다면, 성씨를 소재로 한 구비전승의 확대와 그에 따른 변이형 생성은 전설이나 민담으로서의 전승과 함께 끊임없는 재창조의 가능성을 열어놓고 있는 것이다.

이상, 성씨신화의 시조는 단순한 시조가 아닌 제의를 통해 종교적으로 확대되어 시조신으로 신앙시 되고 있음을 알 수 있다. 매년 후손들에 의해 정기적인 세시의례로 거행될 때마다 성씨신화는 환기되며 되살아난다. 이처럼 성씨신화는 신화와 제의의 상호긴밀한 관계를 그대로 보여주는 신화이며, 제의를 통해 성씨신화는 전승의 연장선상에 놓이게 된다. 나아가 시조신 외에 해당 조상신까지 제의가 확대되어 씨족의 정통성과 역사성을 더욱 견고히 하고 있다.

3. 숭조관념과 계세주의

우리나라의 신화가 대체로 시조전승인 것은 조상숭배와 긴밀한 관련이 있다.[18] 고대국가가 성립된 이후에 각 나라에서 건국신화가 전승되고 시조신에 대한 제의가 왕의 주도 아래 모셔졌던 것은 여러 가지 복합적인 의미 해석이 가능하지만, 무엇보다 조상숭배에서 발원한 것이다. 이는 그 당시의 장례풍습을 통해서도 조상숭배의 일면을 파악할 수 있는데, 시체를 매장하

---

18) 김열규, 앞의 책(1975), 97쪽.

고 호화스런 부장물을 제공하며 후장하는 풍습이 그것이다. 이러한 풍습은 "고대인의 사후에도 현세와 같은 생활을 계속한다고 생각하는 계세사상繼世思想과 이러한 기반 위해 고대인의 명계冥界와 현세를 포함한 가족공동체관념이 바로 조상숭배 신앙이 나타나게 된 동기라"[19] 할 수 있다.

따라서 건국신화와 무속신화가 조상령祖上靈을 숭앙하는 본풀이성을 지니고 있는 것처럼,[20] 성씨신화 또한 그 연장선상에서 조상을 숭배하는 본풀이성 신화인 것이다. 조상숭배의 연원은 신화, 제의, 풍습을 통해 고래로 소급할 수 있는데, 무엇보다 중요한 것은 사회 변화에 따라 그 양상을 달리하고 있을 뿐 조상숭배사상이 지속되고 있다는 점이다.

성씨마다 성씨신화가 있었을 것이다. 신라의 육성신화를 통해 고대에도 씨족단위로 시조신화가 존재하고 있다는 것을 알 수 있으나, 그렇다고 해서 고래부터 모든 성씨가 신화를 가지고 있던 것은 아닐 것이며, 신화를 가지고 있다 하더라도 전설이나 민담으로의 변이가 얼마든지 가능하다.

현전하는 성씨신화가 무속신화처럼 육체적 행위에 담겨져서 연행되고 있는 것은 아니다. 하지만 역사적으로 성씨제도가 정착되고 족보 기록이 한국인의 전통적 의식 속에서 차지하고 있는 중요성을 의식할 때, 또한 시조신 제의를 포함한 조상신에 대한 제의가 강하게 시행되고 있는 것을 볼 때, 한 가문에서 전해지고 있는 성씨신화는 가문 특유의 전통을 지속시키는 구실을 하고 있다. 곧 성씨신화는 조상숭배 의례를 지탱하는 긴장도 높은 유대 구실을 하고 있는 것이다.

실제 조상숭배 관념은 다양하게 유형화될 수 있는데, 유교식 제의 이전부터 존재하였던 것으로 집안에서 부녀자들이 주도하여 모시는 조령신앙祖靈信仰을 그 예로 들 수 있다. 가택신앙 가운데 하나인 조령신앙은 집안 안방 시렁 위에 쌀을 담은 단지를 신체로 하여 모시는데, 이 단지를 조상단지,

---

19) 변태섭, 「한국 고대의 繼世思想과 조상숭배사상」 上, 『역사교육』 제3집(역사교육연구회, 1958), 40쪽.
20) 고려대 민족문화연구소, 『한국민속대관』 6(서울 : 고대 민족문화연구소, 1995), 53쪽.

시조단지, 세존단지 등으로 지역에 따라 부르는 명칭이 다양하다.[21) 이러한 조상단지를 김알지신화의 황금궤에까지 소급하여 조상숭배의 신화적 표현임을 강조하고 있는데,[22) 이는 유교, 불교적 성격보다도 훨씬 원시적이며 농경적인 성격을 강하게 풍겨주는 조상숭배라 할 수 있다.

금궤, 석함, 금합 등의 신화소를 가지고 있는 상생담 성씨신화 역시 조상숭배의 구체적인 신화적 표현이다. 금궤에서 출현한 아이는 오늘날 씨족집단의 성씨 시조로 좌정하고 있으며, 이에 연원한 후손들은 시조에 대한 제의를 통해 역사적인 혈맥을 찾고 있다. 따라서 집안에서 모시는 원시적인 조령신앙이 씨족 단위의 조령숭배 관념으로 확대되었고, 나아가 가정보다는 큰 규모의 시조에 대한 제의를 수행하면서 그와 관련한 신화는 씨족집단의 정신적인 구심점으로 작용하면서 전승되었을 가능성을 유추할 수 있었다.

한편, 오늘날과 같은 구체적인 형태의 조상숭배는 유교 전래 이후 보학의 영향으로 인해 보다 형식화된다. 특히 조선 후기에 본本을 중심으로 형성된 동족촌락은 문벌을 소중히 여기고 자치적으로 상호 협동하여 집안일을 해결해 나가는 특이한 사회조직의 한 형태를 이룬다. 동족촌락에서는 대체로 출중한 시조를 중심으로 가문이 형성되기 때문에, 그들의 씨족의식과 혈연의식이 더욱 앙양되어 조상숭배 의례 또한 복잡하고 다양하게 발전하게 된다. 즉 시조를 정점으로 후손들은 제의집단으로서 조직, 체계화됨으로써, 이들 관계는 의례를 통해서나 또는 어떤 신화적 맥락에서 긴밀한 관련성을 찾게 된다.

그리하여 사회적으로 세덕적世德的 가례家禮의 준수와 인재등용에서의 가문을 중시하는 제도적 영향이 뒷받침되어 가문번창의 중요성이 더욱 강조된다. 따라서 시조의 훌륭한 이적을 이어받아 가문의 우월성을 후세에 창달하려는 노력은 전통적으로 엄숙하고 경건한 조상제의에서 강조되고, 매년

21) 서해숙, 「가택신앙과 주거공간의 상관관계」, 『남도민속연구』 제7집(남도민속학회, 2001), 121쪽.
22) 장주근, 앞의 책(1998), 265쪽.

제의 때마다 전승되는 조상숭배사상은 자연적으로 가문 중시 경향으로 흐를 수밖에 없는 것이다. 결국 이러한 조상숭배의 관념은 상고시대 이래 형성된 씨족의식이 조선시대에 합당한 유교도덕적인 씨족의식으로 전이된 것이라 할 수 있다.

조상숭배는 혈연집단의 구조 원리를 내포하고 있을 뿐만 아니라 인간이 죽은 자를 신으로 모시는 신앙적 요소를 함께 포함하고 있기 때문에 사회적인 동시에 종교학적 연구의 대상이 된다.[23] 앞서 건국 시조신에 대한 제의가 거행되기 이전부터 씨족사회에는 어떠한 형태의 조상에 대한 제의가 있었음을 유추하였고, 이러한 제의를 통해 조상숭배의 일면을 파악하였듯이, 조상숭배는 혈연에 기초하고 있다는 것이다. 따라서 혈연과 긴밀하게 관련된 성씨제도, 족보편찬 그리고 시조신 제의 등은 모두가 조상숭배사상을 그대로 투영하고 있는 외면이라 할 수 있으며, 이러한 조상숭배사상이 복합적으로 반영된 성씨신화는 곧 숭조관념崇祖觀念의 표상이라 할 수 있는 것이다.

성씨신화는 인간과 신의 관계 속에서 신화적 서사원리에 따라 전개된 이야기로, 시대에 따라 복합적인 문화 요소를 수용하여 해당 씨족집단의 후손들에게 긍지로 그리고 가문을 결속하는 힘으로 기능하고 있다. 성씨신화는 씨족이라는 공동체 사회를 단위로 특수한 상황에서 전승되는 이야기인 만큼, 전승사회의 규모와 성격에 따라 신화의 내용과 기능이 달라진다. 그러나 성씨신화는 모두 제의와 관련을 맺고 있음을 공통으로 한다. 시조를 비범한 인물로 인식하고 숭모하려는 욕구는 씨족이 일정한 규모로 세력을 이룬 원시시대부터 있었을 것이다. 그리하여 혈통의 정통성을 수립하고 질서와 결속을 확립하려는 목적에서 의례를 통하여 조상을 상징화한다.

성씨신화 가운데 이류교혼담 성씨신화, 즉 창녕조씨 시조신화에 등장하는 용, 충주어씨 시조신화에 등장하는 잉어, 평강채씨 시조신화에 등장하는

---

23) 최길성, 『한국민간신앙의 연구』(대구 : 계명대출판부, 1989), 20쪽.

거북이는 모두 신이한 조화와 능력을 소유하는 이물로 인식된다. 그리고 가문마다 각각의 이류는 시조가 탄생하는데 결정적인 역할을 함으로써 그로 인해 가문을 형성하고 지속시키는 원동력으로 작용한다. 그리하여 이류는 수조신守祖神으로 중시되고 시조신에 대한 제의가 강화될수록 신화 역시 증폭되고 과장될 가능성이 많은 것이다.

사실 성씨신화는 시조의 탄생만이 신이하게 표현되고, 신으로서의 공적은 거의 언급되지 않거나 역사적 사실과 긴밀하게 관련되어 있다. 그래서 상대적으로 더욱 시조 탄생의 신이성이 강조되어 신분의 고귀함을 드러내고 있는 것이다.

그리고 성씨신화는 특정 성씨에게만 있는 것은 아니다. 성씨에 대한 관념이 강화되고 족보 편찬의 중요성이 확산되면서 훨씬 후대에 얼마든지 성씨신화는 창작될 수 있다. 앞서 족보 편찬의 역사는 중간 미상이라는 조상들에 대한 기록의 부재가 있었음을 살펴보았다. 그럼에도 불구하고 시조의 연원을 가급적 고래로 소급시키는 것은 시조를 가장 극치의 경지에까지 연결시키려는 의식의 반영으로, 결국 이는 씨족적 우월주의와 가문 중시 경향에 귀결된다.

이러한 경향은 처음에는 씨족간의 각별한 유대관계를 강조하는 도덕이념적인 것이었지만, 점차 문벌 숭상의 사회풍조가 발전함에 따라 점차 현실적인 성격을 띠게 된다. "현세지향이란 결국 문화적인 삶에 중점을 둔 것이고, 인간 중심을 의도하는 지상주의적 세계관이다."[24] 따라서 씨족적 우월주의와 가문 중시 경향은 '나'라는 문제와 직결된다. 현재적 자신의 고결함과 신성함을 위해 성씨신화는 존재하며, 나아가 후손 번성과 가문 영달을 위해 성씨신화는 존재하는 것이다.

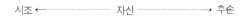

시조 ←⋯⋯⋯⋯⋯⋯ 자신 ⋯⋯⋯⋯⋯⋯→ 후손

---

24) 나경수,『한국의 신화연구』(서울 : 교문사, 1993), 178쪽.

위의 도표처럼 시조와 후손 중간에 자신이 놓여 있는데, 성씨신화는 시조와 현재의 자신 그리고 미래에 있을 후손의 관계를 긴밀하게 맺어주는 고리와도 같은 것이다. 그러므로 시조가 있기에, 자신이 존재하고 자신이 있기에 장차 후손들도 존재하는 이상적인 구심체를 바로 성씨신화에서 찾을 수 있다. 그리고 오늘날에도 시조신 제의 즉 조상숭배가 지속되고 있다는 것 역시 현재적 자아를 과거와 미래를 연결하는 매개 행위로 해석할 수 있는 것이다.

성씨신화의 문학교육론적 활용 ■

I. 구비문학교육의 위상

　그동안 구비문학에 대한 많은 연구가 축적되면서, 그와 비례하여 구비문학교육에 대한 인식도 확장·심화되고 있다. 구비문학도 고전문학·현대문학 못지 않게 충분한 교육적 가치가 있으므로 당연 교육의 대상으로 삼아야 한다는 내용이 끊임없이 주창되면서, 구비문학교육의 현실을 진단하고 이를 어떻게 교육시킬 것인지에 관한 연구들이 쏟아졌다.[1] 나아가 특정 제재를 선정하여 수업 모형을 개발하고, 정보사회에서 웹·인터넷·하이퍼미디어 등의 다양한 매체를 통한 교육방법 개발에 관한 연구는 구비문학교육을 한층 진전시키고 있다.[2] 초등학교에서는 전래동화가 교육 제재로 이미

---

1) 나경수, 「구비문학교육의 필요성과 효용」, 『남도민속연구』 제3집(남도민속학회, 1995).
　이창식, 「구비문학교육론」, 『동국어문학』 제6집(동국대 국어국문학회, 1994).
　장석규, 「구비문학교육의 효용론」, 『구비문학연구』 제8집(한국구비문학회, 1996).
　김기창, 「구비문학교육의 바람직한 방향」, 『국제어문』 제12집(국제어문학회, 1991).
　장석규, 「구비문학교육 현실의 진단과 처방(1)」, 『문학과 언어』 제21집(문학과언어학회, 1999).
　장석규, 「구비문학교육 현실의 진단과 처방(2)」, 『어문학』 제67집(한국어문학회, 1999). 구비문학교육의 연구사 검토는 김기창의 논문(「설화교육의 연구성과와 의의」, 『설화·고소설교육론』(서울 : 민속원, 2002))에 자세히 정리되어 있다.

활용되고 있었으나 중고등학교에서는 거의 전무하다가, 제5차 교과개정부터 특정의 설화, 민요, 민속극 등이 수록되는 빈도수가 점차 높아지고 있는 것은 이러한 연구에 따른 성과들이라 할만하다.

그러나 교육적으로 구비문학의 위상을 정립하는 데는 아직도 많은 연구들이 필요한 상황이다. 국어교육 내에서의 문학교육의 위치, 그 가운데에서도 구비문학교육의 위상이 분명하게 규명되고, 여기에 학급별에 따른 연계성을 고려한 구비문학 교육의 전반적인 설계가 필요하다. 지금까지 주로 교육의 제재로 활용된 구비문학은 주로 설화와 민요에 치우쳤고, 초등학교를 대상으로 한 연구가 이루어졌다. 따라서 구비문학의 하위갈래인 설화, 민요, 무가, 판소리, 민속극, 속담, 수수께끼 중 어떤 작품을, 어떻게 교재화하여 수록하고, 일선 교육 현장에서 어떻게 지도해야 하는지에 대한 보다 실제적이고 구체적인 연구가 필요하다는 김기창의 오래된 주장[3]은 구비문학 교육의 진전을 보이고 있는 현 상황에서도 여러 모로 설득력을 갖는다.

이러한 연구의 경향과 함께 구비문학교육 제재를 검토해보면, 구비문학 가운데서도 설화는 여느 장르에 비해 교육 제재로 적극 활용되고 있다.[4] 이렇게 적극 활용하기까지는 민요나 판소리, 무가, 민속극이 어느 정도의 수련과 전문성을 요구하는 반면에 설화는 누구나 말하고 들을 수 있으며, 많은 자료가 조사·정리되어 있는 등 접근성이 용이하고 1차 자료 축적이 많이 되어 있기 때문에 그러하다. 그리고 설화는 문학교육의 중요한 목표인 상상력 고양이 가능하고 이를 통해 수용자의 미적 체험과 세계관이 확장될 수 있다. 또한 설화가 갖는 역동성 즉, 전승되면서도 고정된 그 무엇

2) 이강엽, 「디지털시대의 구비문학교육」, 『국제어문』 제24집(국제어문학회, 2001).
   권오경, 「구비문학교육을 위한 수업모형 탐색」, 『어문학』 제83호(한국어문학회, 2004).
3) 김기창, 「구비문학교육의 바람직한 방향」, 『국제어문』 제12집(국제어문학회, 1991), 49쪽.
4) 각 교육과정기마다 국어과 교과서에 빠짐없이 수록된 것은 설화, 속담, 수수께끼이며, 그 중 설화가 수록된 제재 수로 보아 제일 많다. 이에 대해서는 김기창이 각 교육과정기별로 교과서에 수록된 제제와 장르별로 수용 양상 등을 상세히 검토하고 있다(김기창, 『한국구비문학교육사』(서울 : 집문당), 1992).

으로 전승되지 않고 전승집단에게 끊임없이 작용하면서 전승되며, 오늘날에도 의미 있는 전통이 된다는 점에서 문학교육 제재로 적극 활용되고 있는 것이다.

설화 가운데 민담이나 전래동화는 일찍이 문학 교재로 채택되었고, 이에 따른 연구도 활발하였다. 그러나 앞서 살펴본 바와 같이 구비문학교육의 중요성이 확장되고 있는 만큼, 설화교육의 제재로 전설이나 동화 외에 신화 또한 교육 제재로 적극 활용되어야 한다. N. 프라이가 "신화는 모든 문학의 기저가 되어야 하고 문학교육은 신화로부터 시작되어야 한다"고 주장했던 점을 재인식할 필요가 있다.5) 그리고 중고등학교 문학교육에서 신화교육이 아직은 미비한 상황을 감안한다면, 설화교육을 심화시키는 차원에서라도 신화교육의 본질을 깊이 인식하고 그 중요성을 강조할 때이다.

본 장에서는 이러한 관점의 연장선상에서 성씨신화가 신화교육의 일환으로 적극 활용될 수 있음을 전제로 하고 있다. 김재수는 이미 우리의 문학교육에서 신화교육이 거의 불모지임을 지적하고 알맞은 제재를 선택하여 각 학급 국어교과서에서 다루어야 함을 강조하였다.6) 현재 중고등학교에서는 교육 교재로 이미 단군신화, 주몽신화, 동명신화 등의 건국신화를 선택적으로 수용하고 있다. 그러나 "구비문학교육이 지향해야 할 바 가운데 구비문학 영역의 다양한 텍스트 제시가 필요하고, 구비문학교육을 위한 구체적 교육모형 제시가 더 필요하다는 점"7)을 염두 한다면 그 이상의 다양한 연구들이 필요한 상황이다. 따라서 본 장에서는 성씨신화를 교육적으로 활용할 수 있는 구체적인 방법과 의미를 탐색하는데 역점을 두고자 한다. 이는 특정 신화에 대한 미시적이고 구체적인 천착으로, 실제 중고등학교 교육 현장에 적용 가능한 설화교육 방법론을 제시하기 위함이다.

---

5) N. 프라이, 이상우 옮김, 『문학의 구조와 상상력』(서울 : 집문당, 1987).
6) 김재수, 「신화교육의 중요성」, 『국어과교육연구』 제6집(전국교육대학 국어과교육연구협의회, 1988).
7) 권오경, 「구비문학교육을 위한 수업모형 탐색」, 『어문학』 제83호(한국어문학회, 2004), 143쪽.

2. 신화교육으로서의 성씨신화

성씨신화를 문학교육적으로 적용하기 앞서 진정한 문학교육이 어떠한 것인지 재차 확인할 필요가 있다. N. 프라이는 일찍이 "문학교육의 목적은 단순히 문학을 감상하는 데만 그칠 수는 없는 것이다. 그보다 오히려, 젊은 이에게 상상적 에너지를 불어넣는 일인 것이다"[8]라 하여 문학교육의 궁극적 목적은 문학을 이해하는 차원이 아니라 정신의 상상적 습관, 새로운 문학의 형식을 창조하는 본능임을 강조하였다.

7차 국어과 교과과정의 문학편을 살펴보면, 문학은 국어의 한 분야인 언어 예술이다. 그러므로 문학적 감수성과 상상력, 문학에 대한 지식, 태도 및 가치가 학습자 안에서 유기적으로 통합될 수 있어야 문학 과목의 목적인 문학 능력을 세련시킬 수 있다. 문학 능력은 학습자가 문학 현상에 능동적으로 참여하여 문학 문화를 형성하는 데 필요한 능력이다. 이 능력은 문학 행위와 관련지어 일정한 계층을 형성하는데 표층에는 문학적 소통 능력이 있고, 문학적 사고력과 문학 지식이 이를 뒷받침하며, 문학 경험과 문학에 대한 가치와 태도 측면에 기저가 되어 통합적으로 발현된다고 하였다.[9]

또한 우리나라의 문학이 지니는 교육적 성격으로 여섯 가지가 제시되기도 하였는데, 첫 번째로 "문학은 상상력의 소산이므로 독자는 이를 통하여 상상력을 기를 수 있다. 상상력은 현실로부터 해방을 맛보게 해주고, 보상적 만족을 주며 새로운 창조를 가능하게 하는 중요한 사고 능력인 것"[10]이라고 이야기하고 있다. 문학교육에서 상상력을 강조하는 것은 새삼스러운

---

8) N. 프라이, 이상우 옮김, 『문학의 구조와 상상력』(서울 : 집문당, 1987), 89쪽. 이 외 N. 프라이의 『신화문학론』(서울 : 을유문화사, 1971)의 저서도 참고할 수 있다.

9) 교육과정 정보서비스 홈페이지(http : /www.kncis.or.kr).

10) 이외에 둘째로 문학은 말로 표현된 예술이므로 독자는 세련된 언어능력과 미적 인식력을 기를 수 있다. 그리고 문학은 삶의 모방, 문학은 그 자체의 통일 구조, 문학은 독자에게 즐거움과 가르침을 주는 것이라 하였고, 마지막은 고전문학 작품이나 구비문학 작품에는 옛 사람들의 사상, 감정, 지혜, 용기, 가치관 등이 용해되어 있으므로 독자는 이를 통하여 조상들의 삶과 정서, 가치관 등을 이해하고 전통문화를 계승 발전시켜 나갈 수 있게 된다고 하였다(최운식 외, 『문학교육론』(서울 : 집문당, 1986), 22~23쪽).

일이 아니다. 그러나 이를 재차 강조하는 것은 문학교육의 목적에 충실하게 부합되도록 어떻게 상상력을 증진시킬 것인가에 대해서는 끊임없이 고민해야 할 과제이기 때문이다.

N. 프라이의 "신화는 모든 문학의 기저라 할 만큼 문학교육은 신화에서 시작되어야 한다"는 주장은 현 교육의 상황에서 재확인하고 인지해야 한다. 과거 중고등학교의 국어교과서에는 구비문학과 신화문학의 중요성을 주장하면서도, 단 한편의 작품도 수록하지 않음으로써 이론과 실제의 괴리를 보인 것도 사실이다. 또 단군신화에 나오는 홍익인간의 이념이 우리 교육의 기본 이념으로 교육법에 명시되어 있음에도 단군신화가 초중고의 구비문학 교육 제재로 수록된 적은 없었다. 한마디로 신화교육의 부재라고 할 수 있는데, 이렇게 된 데에는 실증주의적 역사관이 크게 작용한 것으로 판단된다.

다행스럽게 근래 들어 단군신화, 주몽신화 등이 교육 제재로 선택되었다는 것은 교육의 다양성과 가능성을 열어 놓는 것이라 할 수 있다. 특히 이러한 신화의 문학적 교육은 우리 문학에 대한 특질을 이해시키고 상상력을 기르게 하며 한국 문학의 특성을 파악하기 위한 것으로 이해된다.[11]

문학교육에서 중요한 일은 뒤로 물러서서 모든 문학작품의 전체적인 구조를 바라보는 습관을 갖는 것이며, 문학에 대한 가치판단을 서두르지 말고, 신화처럼 이야기를 가지고 있는 모든 것을 순전히 하나의 이야기로 읽고 듣는 것이 중요하다고 강조한다. 여러 이야기에 귀를 기울이는 기술은 상상력을 기르기 위한 기본적인 훈련이라고 한다. 학생이 반응을 보여야 하는 것은 전체 이야기의 총체적 구조이지, 여러 번 빼앗아 달아날 수 있는 메시지나 윤리나 위대한 사상은 아니라고 주장한다. 이를 위해서 학생 스스

---

11) 단군신화의 문학교과서에서의 수용 상황은 제3차 교육과정기 고등학교 검인정 교과서(고전문학)에서는 5종 중 3종에서 서술되었고, 제4차 교육과정기 검인정 교과서 5종과 제5차 교육과정기 검인성 교과서 5종에서는 모두 수록되었다. 그리고 제6차 교육과정기에서는 18종 중 15종에서만 수록되었다. 이 같은 현상은 교육과정이 개편될수록 단군신화에 대한 수용양상이 양적으로나 질적으로 향상되고 있음을 알 수 있다. 단군신화에 대한 구체적인 내용 분석은 이재원(「고등학교 문학교과서에서의 단군신화 단원 내용 분석」, 『설화·고소설 교육론』(서울 : 집문당, 2002))에 의해서 적극적으로 검토되었다.

로 글을 써보도록 하는 훈련이 가장 중요하다고 한다.[12]

사실 신화교육이 아니더라도 여타의 문학 장르를 통해 상상력은 배양될 수 있다. 그러나 우리 민족의 고대적 사유체제와 원초적인 관념을 인지할 수 있는 첩경으로는 신화만한 장르가 없다. "신화는 문학이지만, 단순히 문학만 아니라, 그 이상의 자질과 복합적 요소를 가진 일종의 문화태文化態다. 신화를 특수한 이야기라고 하는 까닭은 그것이 복합적 요소와 다양한 자질을 한몸에 지니고 있기 때문이라 했다. 곧 신화는 역사, 문화, 예술, 종교 등의 복합체"[13]라 할 수 있다. 이러한 신화의 개념과 성격을 의식한다면, 신화에 대한 이해와 감상을 통한 상상력 배양은 다른 문학 장르보다 더 우선시되어야 한다. 신화교육의 본질을 깊이 인식하고서, 신화가 갖는 무한한 상상력을 열어놓은 뒤에 다양하게 문학교육적으로 신화의 개념과 특성에 대한 지도가 병행되어야 한다. 교육을 통해 얻어진 상상력은 곧 창조력의 원천이 되기 때문이다.

특히 오늘날 우리의 것이 강조되고, 전통이 문화상품화가 되고 있는 시점에서 고대인의 사고체계, 문화태를 보여주는 신화는 이제 21세기 최첨단 과학을 비롯하여 상상력을 생명으로 하는 각종 산업에서 두루 활용되는 미래지향적인 연구의 한 분야로 다루어지고 있다. 이는 신화적 사고가 헛된 망상이 아닌 오늘날 여러 학문분야에서 강조되는 과학적 상상력과도 상통될 수 있음을 의미한다.

성씨신화는 성씨집단 초기의 역사이다. 건국신화가 건국 초기의 역사를 대신하고 있듯이 성씨신화는 어느 특정 성씨집단이 정착하고 발전하기까지 그 초기의 과정을 신화적으로 이야기한 살아 있는 역사이다. 또한 성씨신화는 "고대인의 관념이 투영된 역사의 그림자로",[14] 다른 신화와 마찬가지로 신화적 사고 위에 존재한다. 신화적 사고가 역사에 의해 낡아버린 표현의

---

12) 김재수, 「신화교육의 중요성」, 앞의 책(1988), 120쪽.
13) 나경수, 「신화의 개념에 대하여」, 『한국민속학』 제26호(민속학회, 1994), 143쪽.
14) 김성호, 『씨성으로 본 한일민족의 기원』(서울 : 푸른숲, 2000), 19쪽.

일부를 버리고 새로운 사회형태와 문화적 유행에 적응하며 절멸하지 않으려고 저항하고 있듯이, 성씨신화의 신화적 사고 역시 새로운 사회형태와 문화적 흐름에 적응하면서 끝임 없이 변화했다고 해도 과언이 아니다. 우리나라의 성씨는 단지 혈통의 표시에 끝나지 않고, 사회조직의 기초를 이루고 있어 사상·문화·도덕·관습의 근본이 되고 있다. 따라서 성씨 시조의 근원과 성씨의 유래를 이야기하는 성씨신화에는 우리 민족문화가 그대로 투영되어 있다고 할 것이다.

성씨신화는 결코 고대적 산물로 남아 있지 않다. 박제화 된 건국신화와는 달리 현재에도 끊임없이 사회와 역사 속에서 역동적인 관계를 맺으면서 전승되고 있다. 성씨신화가 오늘날에도 살아 숨쉬면서 특정 집단의 결속력을 신장시키고 자기의 정체성을 확인하는 매개체라면, 이는 분명 신화교육으로 수용할 필요가 있는 것이다.

문학교육에서 구비문학교육의 중요성이 강조되면서 자연 동화, 민담, 전설 등이 그 교육적 가치를 인정받아 그간 교육 제재로 활용되었다. 설화는 동화, 민담, 전설, 신화 등을 포괄하는 개념이다. 설화 가운데서도 특히 신화는 모든 문학의 기저이고 문학의 원동력인 만큼, 교육적 차원에서 신화교육의 중요성을 강조하였다. 물론 단군신화·주몽신화와 같은 건국신화, 바리공주와 같은 무속신화가 이미 교육 제재로 활용되고 있다. 그러나 여기에 머무르지 않고 성씨신화도 교육과정에서 구비문학 영역의 다양한 텍스트 제시가 될 수 있으며, 신화교육의 중추적인 역할을 담당할 수 있음을 강조하고자 한다.

3. 성씨신화의 문학교육론적 적용

관련 설화작품을 어떤 형태로 교육할 것인지에 대해서는 끊임없는 고민과 연구가 필요하다. "설화는 말하고 듣는 문학교육이 가능하다는 것, 이야기로 연행될 때마다 재창조되면서 전승된다는 것, 화자와 청자의 기본적인 대면 관계 속에서 누구나 참여할 수 있고, 기회의 제한이 없기 때문에 일상적인 문학교육이 가능하다는 점"15) 등을 재인식하면 화석화된 텍스트를 단순히 듣고 쓰는 단계에 머물러 있을 수 없다.

기록문학과는 달리 설화가 갖는 특성과 문학적·역사적 의미를 생각할 때 단순히 시와 소설 등의 문학작품을 읽고 이해하는 인지적 수준을 벗어나 이를 체화體化하고 내면화하는 과정이 적극적으로 모색되어야 한다. 곧 신화는 관련 작품을 객관화시키는 것 외에 주관화, 자기화를 통해 무한한 상상력의 가능성을 열어 놓을 수 있으며, 그렇게 했을 때 비로소 본원적 기능과 의미를 살릴 수 있는 장르이다.

그간 설화자료는 국어과 교육의 말하기, 듣기 영역이나 읽기 영역의 주요한 제재로 도입되어 왔으며, 교육 방법으로는 구연을 통한 지도, 읽어주기와 읽히기에 의한 지도, 교사의 교수-학습에 의한 지도 등이 제시되고 있다. 초등학교 국어교과서의 경우, 『말하기, 듣기, 쓰기』에 실려 있는 설화 제재는 말하기, 듣기, 쓰기 훈련을 위한 보조자료로 활용되고 있다.16) 중학교 교과서의 경우에도 『생활국어』 교과서에 실려 있는 설화 제재는 언어 훈련 자료로 활용되고 있다. 그리고 국어교육의 하위 영역은 제6차 교육과정에서처럼 말하기, 듣기, 읽기, 쓰기, 언어, 문학으로 하거나 제7차 교육과정에서처럼 듣기, 말하기, 읽기, 쓰기, 국어지식, 문학으로 잡는다.17) 이 영역들은 서로 별개의 것이 아니라 국어생활이란 테두리 안에 놓여 있다.

---

15) 한희정, 「설화의 문학교육적 의미에 대한 고찰」, 『설화·고소설 교육론』(서울 : 민속원, 2002), 84쪽.

16) 전래동화는 『읽기』 교과서 뿐만 아니라 『말하기·듣기』 교과서에도 다수 실려 말하기·듣기 제재로도 많이 사용되었다. 전래동화가 『말하기·듣기』 책에 수록된 경우에는 그림을 보고 상상해서 이야기를 꾸며 보거나 발단, 전개 부분만 싣고 나머지 부분은 상상에 의해 이어보게 하는 방법을 많이 사용하고 있다.

17) 이를 체계적으로 분석한 논문으로는 최웅환, 「7차 교육과정 '듣기', '말하기' 영역의 위상 및 교육내용 분석」, 『국어교육연구』 제33집(국어교육학회, 2001), 권정애, 「중학교 국어과 말하기 수행 평가 방안 연구」, 『국어교육연구』 제34집(국어교육학회, 2002) 등이 있다.

이러한 국어과 교육과정에서 추구하는 영역을 전제하고서 그 교육방법론에 있어서는 다양성이 마련되어야 한다. 곧 신화가 갖는 문학으로서의 독창성, 예술성, 사회성, 역사성 등을 전적으로 배려할 수 있는 교육방법이 추구되어야 한다.

이해되고 아는 것으로서의 문학이 우리 학생들에게 교육되어 왔던 지금까지의 관행이나 현실을 비판하고, 진정 인간적이며 예술적인 즐거움을 학생들에게 돌려주기 위해서는 구비문학이 가지고 있는 강점을 충분히 활용하여 현장교육으로 이루어져야 한다는 것과[18] 구비문학은 현장성이 강조되므로 교육공학에 바탕한 슬라이드, 비디오, 녹음테이프 등을 활용한 시청각 교육이 선행되어야 한다는 지적도[19] 이러한 비판적 시각의 연장선상에 파악된다.

그렇다면 앞서 논의한 성씨신화를 교육 제재로 수용할 때 이를 어떻게 교육시킬 것인가에 대한 그 구체적인 교육 방법 제시의 일환으로 교과과정의 기본인 읽기, 듣기, 보기, 쓰기, 말하기 등의 다섯 과정으로 나누어서 설명하고자 한다. 우선 표로 정리하면 다음과 같다.

〈성씨신화의 교육지도안〉

과정	교육 내용	단계
읽기	·성씨신화의 내용을 읽는다.	인지단계 — 이해와 감상
듣기	·학우들끼리 서로 성씨신화를 서로 들려준다.	인지단계 — 이해와 감상
보기	·신화가 전승되는 현상을 직접 본다. ·시청각 자료를 수업자료로 활용한다.	인지단계 → 내면화단계로 가는 중간단계
쓰기	·읽고, 듣고, 본 내용을 근거로 하여 자기 시각에서 창작한다. ·글과 그림 외에 멀티미디어를 이용한 다양한 상상력을 마련한다.	내면화단계 — 창작
말하기	·창작한 내용을 말을 통해 구연하거나 연극을 통해 재연한다. ·이외에 멀티미디어를 이용한 다양한 상상력을 마련한다.	내면화단계 — 창작

---

18) 나경수, 「구비문학교육의 필요성과 효용」, 『남도민속연구』 제3집(남도민속학회, 1995), 14쪽.
19) 이창식, 「구비문학교육론」, 『동국어문학』 6집(동국대 국어국문학과, 1994), 219쪽.

앞의 표는 '구어 의사소통 능력의 향상'과 더불어 '창작을 통한 상상력의 증진'에 역점을 두고 있는 방법론이다. 앞서 국어교과 과정의 기본인 읽기·듣기를 성씨신화 교육에서도 기본으로 두었다. 성씨 시조가 어떻게 해서 태어났고, 어떠한 과정을 통해 시조가 되었는가 하는 일련의 신화를 읽고 들음으로써 신화 내용에 대한 충분한 이해를 가져야 한다.

"설화를 듣고 이야기하는 것은 감성적인 커뮤니케이션의 과정으로 청각에 의존하는 문화이며, 둘러앉아 이야기를 나누는 원의 문화, 접촉의 문화, 경험의 문화"[20]라고 했다. 곧 감성적인 커뮤니케이션의 과정이라 할 수 있는 '읽고 듣기' 훈련을 바탕으로, 실제 신화의 현장을 직접 찾아가서 보게 한다.

신화가 형성되고 전승되기까지는 현장과 전승자가 있기에 가능하다. 따라서 현장을 직접 보고서 눈과 귀로 체득體得하는 과정을 통해 신화에 대한 포괄적인 이해를 돕고, 생동감 있는 교육을 실현시킬 수 있다. 곧 "교육현장론이야말로 주체적 교육을 바탕으로 한국 기층인의 정의적情意的인 측면을 살려 오늘날 우리 사회가 걸어가야 할 길을 제시해 주는 것이며, 구비문학에 내재된 신바람의 원리나 더불어 사는 삶의 원리를 우리는 구비문학으로서 확인하는 일이다."[21] 예를 들어 남평문씨 시조신화를 증명하는 문바위, 장자지, 시조묘, 장연서원, 그리고 창녕조씨 시조신화를 증명하는 화왕산 용지, 시조묘, 종덕재種德齋 등지를 현지 답사하여 열린 사고를 갖게 하며 생동감을 불어넣는다. 이러한 현장 답사 외에 멀티미디어를 통해 다양한 형태의 '보기'를 마련한다.

읽기, 듣기, 보기의 단계는 신화를 이해하고 감상하는 인지단계이다. 이 단계는 전반적으로 문학교육의 정점을 이루고 있고 한계 짓는 단계이기도 하다. 그러나 성씨신화를 통한 신화교육에서는 인지단계에서 내면화단계로 확장하고자 한다. 교육을 통해 인지한 신화를 쓰고 말하는 행위를 통해 신

---

20) 한희정, 앞의 책(2002), 93쪽.
21) 이창식, 「구비문학교육론」, 앞의 책(1994), 247쪽.

화가 갖는 무한한 가능성을 열어놓는 것이다. 쓰기와 말하기는 창작을 의미한다. 쓰기는 알고 있는 신화 내용을 자기식대로 창작, 재구성한다. 그리고 말하기는 창작한 내용을 '입말'을 통해 구연하거나 연극을 통해 재연한다. 곧 쓰기와 말하기는 모두가 신화에 대한 질적 깊이를 확보하는 창작의 과정이라 할 수 있다.

창작의 과정은 상상력을 키우고 창조력을 증진시키는 것이며, 수용자의 미적 세계관을 확장하는 것으로, 결국 신화교육에서 추구하고자 하는 목적에 부합되며, 그대로 살아있는 문학교육의 모습이 될 것이다. 덧붙여서 이러한 신화를 멀티미디어를 활용하여 웹상에서 교육하는 방안도 더불어 마련될 필요가 있다. 여기에 성씨신화에 대한 문학교육으로서의 과정과 효과를 다음의 도표로 정리하였다.

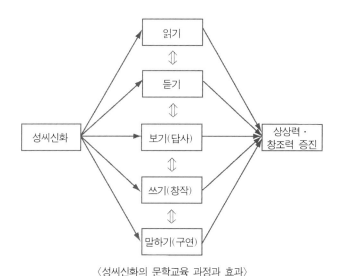

〈성씨신화의 문학교육 과정과 효과〉

이상의 과정, 즉 신화를 읽고, 들으며, 신화의 현장을 살펴보고, 이를 토대로 신화를 재구성하거나 구연하는 형태의 말하기 교육은 신화교육에서 중요한 상상력을 배양하고 창작력을 발휘시킬 것이다. 곧 읽기 ↔ 듣기 ↔ 보기 ↔ 쓰기 ↔ 말하기의 교육과정들이 상호보완 관계를 이루면서 전승과 창작이 함께 성취될 수 있는 것이다.

이러한 방법론은 성씨신화에만 한정될 수 없다. 성씨신화를 위와 같은 형태로 교육할 수 있다는 사례를 제시한 것으로, 이는 설화문학 전체로 확대할 수 있다. 설화에는 우리 조상들이 남겨준 풍속, 사상, 꿈과 소망, 가치관 그리고 웃음과 지혜 등의 전통 문화적 요소가 용해되어 있다. 그리고 구전된다는 점에서 가르치고 배우는 이에게 교육현장을 떠나서도 생활 속에서 실천이 가능하며, 주변사람들과 후세들에게도 구연을 통해 계승될 수 있다. 또한 설화는 이해와 감상의 차원에 머물지 않고, 자신의 뜻대로 개작할 수 있어서 창작 실기 교육이 가능하다는 점 등에서 문학을 통한 생활화가 이루어질 수 있기 때문에 그러하다.

4. 문학교육적 가치와 의미

성씨신화는 성씨 시조의 근원과 성씨의 유래를 설명한 신화로 우리의 민족문화가 그대로 투영되어 있다. 건국신화가 국가라는 테두리 안에서 국가를 세운 주체와 백성들 모두의 정신적인 구심체가 되듯이, 성씨신화는 혈연에 근거한 집단에게 정신적인 토대이며 동시에 구심체로 기능한다. 그러면서 역사문화와의 끝임 없는 접촉을 통해 이룩된 신화인 만큼, 성씨제도, 족보기록 등과 지속적인 상호관련을 맺고 있다.

우리나라 성씨는 혈족관계를 표시하는 사회제도적 인습으로, 이 땅에 살아가는 사람들에게 가장 중요한 존재의 증명이 되고 있다. 성씨는 단지 혈통의 표시에 그치지 않고, 사회조직의 기초를 이루고 있는 것이다. 특히 우리나라의 성씨는 한 핏줄의 부계 혈통이라는 절대적 조건에 의해서만 부여되며, 혼인 등 어떤 인위적 또는 사회적인 사유로도 없어지거나 바꿔

지 않는다. 곧 사회조직의 기저를 이루면서 윤리적인 관습의 기본이 되고 있다.

구비문학 교육과정 연구에서 구비문학이 역사의식의 중요성을 나타내고, 우리 시대, 우리 사회의 지향성과 지향적 가치 규범을 반영해야 한다는 주장을 주목할 필요가 있다.[22) 역사성, 사회성을 반영하고 있는 성씨신화에 대한 문학교육은 우선 자기 성씨에 대한 끊임없는 반문과 함께 자신의 정체성을 일깨울 수 있다는 점에서 의미가 있다. 곧 자신의 존재 근원과 뿌리에 대한 관심이 민족 차원에서 어떤 형태로 승화되었는지 확인하고, 그 가치 규범을 인식하는 계기를 마련해 줄 것이다.

그리고 성씨신화를 기록한 족보는 성姓과 밀접하게 관련된 가계기록의 역사이다. 족보는 고려시대에 처음으로 기록되기 시작하다가, 조선시대에 들어와서는 여러 가지 사회적 여건의 성숙과 문벌의식이 높아지면서 그 편찬 작업이 활발해진다. 족보는 시대적 산물로, 오늘날에도 그 중요성은 한층 강조되고 있다. 앞서 논의한 성씨신화는 문중에서 분기별로 편찬되는 족보에 상세히 기록되어 있다. 오히려 족보에 기록되어 있기에 신화로서의 존재가치가 살아나며 아울러 신화적 기능을 발휘하고 있는 것이다. 나아가 족보의 지속적인 편찬은 시조신화에도 영향을 주어 신화적 상승효과를 촉발시키고 있다.

족보에 신화를 기록하는 것은 '나'라는 존재 그리고 '우리'라는 존재의 각인과 함께 우월성을 확인하는 작업이다. '나'라는 존재가 결코 미약한 존재가 아닌 역사적 면면 속에서 조상에 이어 오늘에 살아 있는 존재이며, 후손들에게도 가치 있는 존재로 승화되고 있다. 따라서 성씨신화에 대한 문학교육은 현재적 자아가 다가올 미래 세계의 원동력이 될 수 있다는 주체성과 긍지를 심어줄 수 있다는 점에서 또 다른 의미를 갖는다.

이렇듯 성씨신화는 성씨제도, 족보를 적절하게 수용하면서 정착된 신

---

22) 김기창, 「구비문학교육의 바람직한 방향」, 『국제어문』 제12집(국제어문학회, 1991), 657쪽.

화이며, 개인보다는 집단적인 삶, 공동체적 삶을 반영한 우리의 전형적인 신화이다. 따라서 성씨신화에는 시조신화의 문학성, 성씨제도의 사회성, 족보의 역사성 그리고 특정 지역에 한정되어 전승되기 때문에서 지역성도 포함된다. 곧 역사흐름 속에서 독자적으로 존재하면서도 시조신화 속에 포용되어 서로간에 긴밀하고도 복합적인 상호작용을 이루고 있는 것이다.

특히 성씨신화는 과거, 현재, 미래에도 혼류하여 흐르는 초역사적인 의미를 지닌 언어로, 그 기층에 흐르는 종교성은 제의를 통해 행위화 된다. 각 성씨의 시조신은 후손들에 의해 1년 단위로 정기적인 의례를 행하고 있다. 시조신 제의는 근본적으로 "의사소통의 한 형태이자 문화의 전수자이며, 사회정보를 소통하는 일종의 언어이며, 이로써 사회의 집단감정을 다시 보충하는 것을 돕고 있는 것이다."[23] 제의를 통해 혈통의 정통성을 수립하고 질서와 결속을 확립하려는 목적에서 의례를 통하여 조상을 상징화하고 있다.

이처럼 시조신에게 올리는 제의는 씨족집단의 원일성을 회복하는 장으로 기능하면서 동시에 씨족집단 구성원과 신이 만나는 접점이 된다. 또한 씨족집단간의 지속적인 결속력을 강화하는 매개 행위이면서 문화의 전수자로 기능하고 있는 것이다. 성씨신화에 대한 문학교육은 오늘날에도 신화가 종교적 형태로 승화되고 있음을 확인시켜 줄 수 있다. 신화가 결코 허황된 망상이 아니라 제의를 통해 끊임없이 재창조되고 환기되는 살아있는 신화임을 보여줄 수 있다는 점에서 교육적으로 의미가 있다.

결국 성씨신화는 시조와 현재의 자신 그리고 미래에 있을 후손의 관계를 긴밀하게 맺어주는 고리와도 같은 것이다. 시조가 있기에 자신이 존재하고 자신이 있기에 장차 후손들도 존재하는 이상적인 구심체를 바로 성씨신화에서 찾을 수 있다. 곧 성씨신화는 자신의 정체성을 확인하며, 현재

---

23) Mary Douglas, 유제분·이훈상 옮김, 『순수와 위험』(서울 : 현대미학사, 1997), 291쪽.

적 자아를 과거와 미래를 연결하는 매개 행위로 해석할 수 있는 것이다.
이상의 내용을 그림으로 표현하면 다음과 같다.

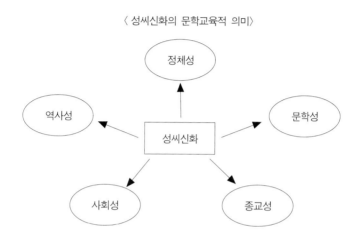

〈 성씨신화의 문학교육적 의미〉

　　이상 성씨신화는 신화에서 드러나는 문학성, 현재적 자아에 대한 정체성,
시조신 제의에서 드러나는 종교성, 성씨제도와 족보 편찬과 같은 역사성,
사회성이 응축되어 있는 신화이다. 이러한 복합적인 의미를 갖는 신화를 인
식하고 이해하며 그리고 교육적 활용을 통해서 진정 자신을 성찰하고 '우
리'라는 공동체의식을 재인식할 수 있는 계기를 마련할 수 있다. 혈연에 의
한 '우리'라는 인식은 나아가 한민족이 한겨레라는 인식으로 귀결된다. 현
실적으로 우리의 정체성이 갈수록 혼미한 상황에서 이러한 신화교육을 통
해 상상력, 창조력을 마련하는 것 외에도 근원에 대한 관심이 결국 자신과
미래에 대한 확신을 심어줄 수 있다는 점에서 의미 있는 일이 될 것이다.

결론 ■

　성씨신화는 성씨 시조에 관한 신화이며, 새로운 성씨집단의 출현을 이야기한 신화이다. 그래서 성씨신화는 특정 성씨의 범위에서 신성시되며 제한된 혈연적 지속성 위에 존재한다. 뿐만 아니라 근원적으로 성씨의 시원을 설명하는 메타포이면서 동시에 시대에 따라 문화적 전통을 고스란히 수용하고 있는 신화이다.

　성씨신화는 성씨의 수만큼 다양하게 전승될 가능성이 많으나 오늘날 남겨진 자료는 그리 많지 않다. 실제 수집된 자료들은 건국신화와는 달리 시조가 탄생하고 그로 인해 성씨가 부여되는 것으로만 이야기가 전개되고 있어, 시조의 탄생이 성씨신화의 핵심을 이루고 있다.

　따라서 본 연구에 선택한 경주김씨, 남평문씨, 하음봉씨, 파평윤씨, 달성배씨, 창녕조씨, 충주어씨, 평강채씨 시조신화는 시조의 탄생과정에 따라 크게 상생담箱生譚과 이류교혼담異類交婚譚으로 나누어, 각각의 성씨신화의 서사구조를 분석하여 그 신화적 상징과 의미를 살펴보았고, 신화 전반에 흐르는 서사문법을 추출하였다.

　상생담은 금궤, 석함, 궤, 금합과 같은 상자를 매개로 하여 성씨 시조가 탄생하는 신화로, 성씨 시조가 태어나기까지 부모의 존재에 대한 구체적인 언급 없이 하늘과 땅에서 일어나는 비일상적인 예조만이 강조된 뒤, 상자와 같은 신체神體를 통해 신이한 아이를 이 세상에 보내는 것으로 시조의 탄생을 이야기하고 있다.

김알지신화인 경주김씨 시조신화, 남평문씨, 하음봉씨, 파평윤씨, 달성배씨 시조신화가 상생담에 해당하는데, 대체로 7~9개의 최소 서사단위로 분절되며 그 전개과정을 예시부, 본담부, 증시부로 나누어 살펴보았다. 이러한 신화의 공통된 주요 핵심은 '예조豫兆 → 상출현箱出現 → 득아得兒 → 양육養育 → 득성得姓'으로 정리된다. 그리고 상생담에서는 성씨 시조를 이 세상에 보낸 진정한 주체자인 하늘의 존재가 강조되며, 왕이나 노파, 단군은 하늘이 보낸 시조를 발견하고 양육하며 성씨를 주어 지상에서 권위를 부여하는 대행자에 지나지 않는다. 따라서 天과 왕·노파·단군 그리고 시조의 관계는 각각 수직적인 삼각구도의 관계 속에서 파악되었다.

한편, 이류교혼담으로 분류한 창녕조씨, 충주어씨, 평강채씨 시조신화는 각각 성씨신화로서의 다양성을 확보하고 있으나, 대체로 특정한 공간에서 인간과 용, 잉어, 거북이 등의 이류와의 교혼交婚에 의해서 아이가 태어나고 그로 인해 새로운 성씨가 부여되는 공통된 줄거리를 갖는다. 따라서 '이류교혼異類交婚 → 잉태 → 성씨 시조'라는 공통된 주요 핵심어를 추출하였다. 그리고 이러한 신화 속에 등장한 인물들의 관계는 각각 혈연관계, 배우관계, 개입관계라는 구도 속에서 파악되며, 여성과 남성, 인간과 비인간이라는 수평적, 수직적인 대립관계를 맺고 있음을 살펴보았다.

역사적 맥락 속에서 살펴보면, 상고시대의 씨족단위로 구가되는 씨족신화가 역사시대에 접어들면서 일부 건국신화로 선택 수용되었다가, 시대를 거치면서 성씨신화로 새롭게 자리 매김하고 있음을 파악하였다. 곧 성씨신화는 씨족신화와 건국신화의 순차적 과정과 혼재를 거쳐 생명력을 유지하며 오늘날 구체화된 것이라 할 수 있다. 비록 성씨신화가 씨족 집단 내에서만 신화로 기능함에 따라 다소 제한된 가치를 두고 있으나, 집단의 세계관을 반영하고 가치관을 함축하고 있는 시조에 관한 신화적인 전승이라 규정지었다.

특히 상생담箱生譚에서의 신화적 공간과 신화적 시간은 건국신화에 비견되는 모티브이다. 시조가 탄생하는 특정의 시간은 비록 역사적 시간일지라도 성스러운 시간이다. 성씨신화를 통해 당시의 원초적 시간으로 환원되며, 역사에 의하여 성씨신화가 그 변이를 거듭하였을지라도, 근대인의 심성에 깊이 숨겨져 있는 신화적 사고는 바로 시원始原에 대한 관심인 것이다. 그리고 시조가 탄생하는 공간 역시 일상적인 공간이 아닌 비일상적인 공간으로 더할 나위 없이 성스러운 공간이 된다.

신화는 이야기 때문에 유지되기보다는 신화적 질서를 다짐하는 기능을 생명으로 하여 전승된다. 이러한 점은 성씨신화에서도 여실히 확인되었다. 나아가 신화적인 의미 외에 전설소의 차용은 신화의 진실성과 신성성을 보강해주는 역할을 하고 있다. 경주김씨 시조신화에서의 개국호改國號와 돌, 남평문씨 시조신화에서의 장자지와 바위, 하음봉씨 시조신화에서의 시조에 관한 유물·유적, 창녕조씨 시조신화에서의 용지 등이 그러한 예이다.

특히 전승과정에서 전설적 변이를 보이는 신화는 이류교혼담에서 쉽게 찾아볼 수 있었는데, 부모의 존재가 인간과 이류라는 점, 즉 이류교혼 모티브에서 드러나는 흥미성으로 인해 다양한 변이가 가능했던 것이다. 성씨신화에서는 이류교혼에 의한 신이한 탄생과 성씨 부여되는 과정이 핵심을 이루었다면, 변이를 이루고 있는 성씨전설에는 이류교혼에 의한 과정이 확대되어 구체적으로 묘사되었다. 그리고 신화에서는 시간, 장소 그리고 인물들이 명시되어 있으나, 전설에서는 이러한 부분들이 축소되거나 생략된 채 지역을 초월한 전국적인 전승을 보이고 있다. 또한 신화에서는 성씨 시조가 되기까지 왕에게서 사성을 받는 것으로 이야기되지만, 전설에서는 부모에 의해, 처녀의 어머니에 의해 그리고 자의로 성을 짓는 것으로 전승되고 있음을 파악하였다.

이러한 문학적 전승의 토대 위에 성씨신화가 전승의 지속성을 마련하고 있는 것은 성씨제도와 족보편찬이 전승집단에게 구심체로 기능하고 있기 때문이다. 우리나라 성씨제도는 단지 혈통의 표시에 끝나지 않고, 사회조직의 기초를 이루고 있어 사상·문화·도덕·관습의 근본이 되고 있음에 따라, 자연 성씨 시조의 근원과 성씨의 유래를 이야기하는 성씨신화는 우리 민족의 문화를 그대로 담아내고 있다. 따라서 오늘날에 전해지는 성씨신화는 성씨제도의 정착과 긴밀한 관련을 맺으면서 신화로서 정착·전승된 것이라 할 수 있다.

족보는 성姓과 밀접히 관련된다. 세월이 흐르고 인구가 늘어나면서 성이 중복되고, 한 성씨를 가진 자손들의 숫자가 늘어나면서 그 계통을 밝히기가 어렵게 되자 그 계통을 일목요연하게 밝히기 위해 계보를 만들었다. 고려시대에 이르러서 비로소 성씨제도가 정착되면서 가계가 기록되기 시작하다가, 조선시대에 들어와서는 여러 가지 사회적 여건의 성숙과 문벌의식 팽창으로 족보편찬이 활발해진다. 이는 조선시대 유교를 숭상하면서 신분질서 강화와 제사의식 등 조상숭배사상이 강조되고 문벌과 남녀의 차별이 굳어지는 시대풍토를 반영한 것이다.

이러한 의식은 성씨신화에도 그대로 드러나는데, 후대에 간행된 족보일수록 시조에 대한 신화적 미화는 심화되고 있다. 그래서 가급적 성씨의 시조를 고래古來로 소급하고, 왕실의 후예나 명문출신임을 강조하고 시조의 관직을 지나치게 과장하여 기록하는 것은 결국 자신이 소속된 가계의 지위를 가급적 높이려는 것이며, 가계 역사의 유구함을 과시하기 위한 노력의 산물이라 할 수 있다. 여기에 성씨신화가 자리하고 있으며, 씨족집단의 결속력과 씨족에 대한 우월의식을 강화시키는 매개체로 기능하고 있음을 알 수 있다. 특히 자료가 없어 말하지 못하는 부분을 성씨신화를 동원하여 증명하고자 하는 것은, 건국 초기의 기록이 신화로 표현되고 있듯이, 바로 신화를 창출하는 원동력이 되며 문학적 상상력의 폭을 확대시켜주고 있다는 점에서 의의가 있다.

이러한 성씨제도, 족보와의 연계 속에서 성씨신화는 시조신 제의의 구술 상관물로써 기능한다. 매년 후손들에 의해 시조신 제의가 거행되는 동안에 성씨신화는 신화적인 성스러운 시간과 공간으로 회귀한다. 비록 신화에서만 시조신이 기억된다 할지라도, 제의를 통해 매번 성씨신화는 환기되며 되살아나고 있음을 파악하였다.

그리고 이러한 제의가 지속적으로 이루어지는 근저에는 성씨신화가 신화로써 그 몫을 다하면서 제의를 촉발시키는 계기를 마련하고 있다. 특히 시조신 외에 해당 조상신에게까지 제의가 확대되고 있는 것은 씨족의 근원을 시조신에게서 찾으면서 면면히 이어온 조상에 대한 제의를 통해 씨족의 정통성과 역사성을 모색하고 있는 것이다.

즉 성씨신화는 성씨제도의 사회성, 족보의 역사성, 시조신 제의의 종교성 등의 복합관계 속에 위치하며, 이러한 문화적 인식이 성씨신화를 거듭나게 하고 있다. 실제 어느 한 가지가 제외된다 하더라도 성씨신화는 신화로서 최소한의 존재가치를 부여할 수 있으나, 이러한 복합적 의미를 수용할 때 비로소 성씨신화가 갖는 문학성이 온전하게 살아나는 것이다.

이처럼 성씨신화는 결코 고대적 산물로 머물러 있지 않고 오늘날에도 신화적 기능을 보유하면서 전승되고 있다. 전승은 같은 것의 되풀이가 아니라 반드시 변화를 내포한다. 일정한 형식과 기본적인 구조는 지키더라도 구체적인 내용이나 수사는 시대에 따라 화자話者에 따라 다르다. 따라서 성씨신화는 내적으로 논리적인 일관성을 가지면서 역사문화적 경험과 인식을 바탕에 두고서 시대적 사실에 부응하며 신화로서 오늘날까지 전승되고 있는 것이다.

특히 시조는 제의를 통해 종교적으로 확대되어 신앙시되고 있다. 매년 후손들에 의해 정기적인 세시의례로 거행될 때마다 성씨신화는 환기되며 되살아난다. 곧 제의를 통해 성씨신화는 전승의 연장선상에 놓이며, 나아가 시조신 외에 해당 조상신으로까지 제의가 확대되어 씨족의 정통성과 역사성을 더욱 견고히 하고 있다.

따라서 혈연과 긴밀하게 관련된 성씨제도, 족보편찬 그리고 시조신 제의 등은 모두가 조상숭배사상을 그대로 투영하고 있는 외면이라 할 수 있으며, 이러한 조상숭배사상이 복합적으로 반영된 성씨신화는 곧 숭조관념崇祖觀念

의 표상인 것이다.

　결국 오늘날 성씨신화는 과거의 시조와 현재의 자신 그리고 미래에 있을 후손의 관계를 긴밀하게 맺어주는 연결고리이다. 시조가 있기에 자신이 존재하고 자신이 있기에 장차 후손들도 존재하는 이상적인 구심체를 바로 성씨신화에서 찾을 수 있다. 그리고 오늘날에도 제의를 통해 현재적 자아를 과거와 미래를 연결하는 매개 행위로 기능하고 있음을 알 수 있다.

　성씨신화는 오늘날에도 신화적 명분을 지니며 전승되고 있다. 그리고 성씨제도, 족보 등의 역사문화가 복합적으로 수용된 성씨신화는 이러한 역사와 문화가 지속되는 한 계속해서 전승될 것이다. 또한 성씨신화는 역사와 문화에 그 신화의 문鬥을 열어놓고 사회적 연대를 확보하고 있는 만큼, 향후 얼마든지 새로운 문화와 의미가 첨가될 가능성을 배제할 수 없음을 파악하였다.

　한편, 이러한 성씨신화를 교육제재로 상정하고서, 성씨신화에 대한 신화교육으로서의 가치, 이를 문학교육에 적용할 수 있는 방법론과 이에 대한 문학교육적 가치와 의미를 살펴보았다. 문학교육에서 구비문학 교육의 중요성이 강조되면서 자연 동화, 민담, 전설 등의 설화가 교육적 가치를 인정받아 그간 교육 제재로 활용되었다. 설화 가운데서도 특히 신화는 모든 문학의 기저이고 문학의 원동력인 만큼, 문학교육적 차원에서 신화교육의 중요성을 강조하였다. 물론 단군신화·주몽신화와 같은 건국신화, 바리공주와 같은 무속신화가 이미 교육 제재로 활용되고 있다. 그러나 여기에 머무르지 않고 성씨신화도 교육과정에서 구비문학 영역의 다양한 텍스트 제시가 될 수 있다.

　성씨신화는 성씨집단 초기의 역사이며, 오늘날에도 살아 있는 신화이다. 그리고 박제화된 건국신화와는 달리 현재에도 끊임없이 사회와 역사 속에서 역동적인 관계를 맺으면서 전승되고 있다. 신화가 오늘날에도 살아 숨쉬면서 특정 집단의 결속력을 신장시키고 자기의 정체성을 확인하는 매개체라면, 이는 분명 신화교육으로 수용할 필요가 있으며, 중추적인 역할을 담당할 수 있음을 파악하였다.

　오늘날 전하는 성씨신화는 시조의 탄생을 통해 씨족집단의 시원을 설명하고 있어 신화적 질서를 충분히 갖추고 있다. 이러한 성씨신화를 교과과정의 기본인 읽기, 듣기, 보기, 쓰기, 말하기 등 다섯 과정으로 나누어 서로 상호보완 관계를 이루면서 교육될 수 있는 방법을 제시하였다. 성씨신화는 신화에서 드러나는 문학성, 현재적 자아에 대한 정체성, 시조신 제의에서 드러나는 종교성, 성씨제도와 족보 편찬과 같은 역사성, 사회성이 응축되어 있는 신화이다. 이러한 복합적인 의미를 갖는 신화를 인식하고 이해하며 그리고 교육적 활용을 통해서 진정 자신을 성찰하고 '우리'라는 공동체의식을 재인식할 수 있는 계기를 마련할 수 있다.

　이처럼 성씨신화를 대상으로 한 문학교육적 적용은 구어 의사소통 능력의 향상과 더불어 창작을 통한 상상력의 증진에 역점을 둔 것으로, 교육현실상 이를 실현시키기에는 어려움이 많을지라도, 이러한 방법이 포괄될 때 진정한 구비문학교육이 실현될 수 있다고 확신한다. 따라서 앞으로도 신화를 포함한 구비문학의 여러 장르에 있어서 다양한 문학교육적 방법론 제시가 지속적으로 필요하다. 그리고 신화를 문학교재로 수용하고 있는 나라들의 선례를 연구함으로써 우리나라의 신화교육 수용방법에 대한 더 깊은 천착이 있어야 할 것이다. 또한 다양한 교육방법론 제시가 현장실습 과정을 통해 장단점을 확인할 수 있도록 실험적 장치가 필요하다는 사실을 강조하고 싶다.

제 **2** 장
한국의 성씨와 시조신화

남평문씨와 문다성신화 ■

I. 머리말

남평문씨[1] 시조는 문다성으로, 문다성의 탄생에 관한 신이한 이야기가 문다성신화, 남평문씨 시조신화이다.[2] 문씨가 역사에 나오기는 고려 현종 때부터라 하는데, 문다성은 신라 20대 자비왕 때 지금의 전남 나주시 남평 읍 풍림리에서 태어나 신라시대에 벼슬을 살았다고 기록하고 있다.[3]

남평문씨 시조신화는 족보와 성씨 관련 자료에 자세하게 수록되어 전한 다.[4] 다른 어느 성씨에 비해 시조의 경이로운 탄생을 활발하게 기록하고 있

---

1) 문씨는 남평문씨 외에 감천문씨와 정선문씨가 있다. 감천문씨는 원래 김알지 후손인 경주 김씨였으나 중국에서 文名을 날림으로써 文姓을 賜姓받고 문씨로 改姓하였으며, 정선문 씨는 원래 全씨였는데, 이 역시 감천문씨와 같이 중국에 들어가 文名을 날림으로써 文姓 을 사성받은 것이라 한다(『한국성씨대관』(서울 : 창조사, 1971), 649쪽).

2) 그동안 학계에서는 문다성의 탄생에 관한 이야기를 문다성설화, 문다성전설로 지칭하고 있 으나, 남평문씨 씨족의 근원을 설명하고 있고 문중에서는 신화로 기능하고 있는 만큼 본고 에서는 '문다성신화' 혹은 '남평문씨 시조신화'라 명명하고자 한다.

3) 『남평문씨내동보』 본문에는 문다성을 '字明遠號三光金紫光祿大夫三重大匡輔國上柱國同 平章事三韓壁上功臣南平開國伯食邑三千戶享年九十八謚武成 夫人金氏新羅王孫號貞順 神毅 按丙辰創譜書三韓壁上二等功臣辛亥始譜詳細書之如是'이라 적고 있다.

4) 이러한 점은 후술할 파평윤씨 시조신화나, 하음봉씨 시조신화 등의 신화에서도 드러나지 만, 남평문씨 시조신화는 『남평문씨대동보』를 비롯하여 『한국인의 족보』(서울 : 일신각,

는 점은 씨족집단의 신화에 대한 인식 태도를 가늠할 수 있는 것 외에도 남평문씨가 중국에서 건너온 외래성外來姓이 아닌 지역적 토대 위에 발현한 토성임을 강조하기 위한 것으로 해석된다.

우리나라 대부분의 성씨는 신라 왕족에 근원을 두거나 중국에서 건너온 것이라 하거나 중국 왕이 사성한 것으로 기록하고 있다. 그런데 남평문씨 시조는 오히려 남평이라는 특정 지역에서 신이하게 태어났음을 자세하게 이야기하고 있어, 신화적 문맥 외에 역사적, 지역적 카테고리 속에서 이러한 맥락을 해석할 수 있다. 후대의 기록인『세종실록지리지』에 남평현의 토성으로 문씨를 비롯한 여섯 개의 성씨를 지역적 토대 위에 발현한 성씨로 기록하고 있는 것을 보아도 알 수 있다.

남평문씨 시조신화처럼 시조의 탄생과 성장 그리고 득성得姓 하기까지의 일련의 이야기를 담고 있는 성씨신화는 성씨 범위라는 제한된 전제 아래 씨족집단의 근원을 찾고자 하는 신화이다. 성씨신화는 씨족신화나 건국신화에서처럼 본질적으로 시조의 생명에 대한 물음을 통해 나의 생명은 어떠한 의미를 가지고 있는가 하는 존재론적 문제의식을 담고 있다. 그리고 성씨는 일정한 인물을 시조로 하여 대대로 이어져 내려오는 단계 혈연집단의 한 명칭이며, 곧 씨족적 관념의 표현이라고 볼 수 있다는 데서 결국 족의 문제와 직접 연결된다.5)

그동안 남평문씨 시조신화는 소략적이기는 하나 문학적 의미를 밝히는 차원에서 여느 성씨신화에 비해 활발하게 논의되었다.6) 남평문씨 시조신화는 후손들의 지속적인 기록을 통해 오늘날에도 신화로 기능한다는 점에서

1977), 456쪽;『한국성씨대관』(서울 : 창조사, 1971), 649쪽 등에 일관되게 기록되어 전한다.
5) 族과 祖의 의미를 세밀히 파악할 때 族은 혈연 중심을 탈피한 인위적인 개념으로 古代로 올라갈수록 그 개념이 강화되지만, 祖는 철저한 혈연을 중심으로 한 개념으로 유교가 도입된 조선시대 이래 더욱 강화된 개념이다.
6) 허경회,『한국씨족설화연구』(광주 : 전남대 출판부, 1990), 149~151쪽.
    김광순,『한국구비전승의 문학』(서울 : 형설출판사, 1988), 21~35쪽.
    천혜숙,『전설의 신화적 성격에 관한 연구』(계명대 박사학위논문, 1987), 60쪽.
    표인주,『남도설화문학연구』(서울 : 민속원, 2000), 58~61쪽.

그 의미가 남다르다. 특히 근래에 활발하게 이루어지고 있는 시조에 대한 성역화, 역사화 작업들은 시조신화에 대한 문학적 의미 외에 사회문화적 시각에서 재조명이 필요하리라 생각된다. 남평문씨 시조신화는 성씨의 근원을 찾는 동시에 시조와 현재의 자신 그리고 미래에 있을 후손의 관계를 긴밀하게 맺어주는 등, 오늘날 시조신화로 기능하기까지 일련의 역사화 과정을 고구함으로써 여느 성씨신화와의 상호관련성을 추론해 볼 수 있다. 나아가 건국신화와는 대별되는 성씨신화만의 특징과 의미 이해가 가능하리라 생각된다.

본고에서는 이러한 관점에서 우선 남평문씨 시조신화의 서사구조를 분석하여 문학적 의미와 상징을 살펴볼 것이다. 그리고 남평문씨 시조신화가 연원을 고대에 두고 있으면서 오늘날까지 후손들에 의해 신화적 전승이 이루어지고 있다는 점에서 고대의 씨족신화와의 비교를 통한 전승의 맥락을 더듬어보고자 한다. 그리고 남평문씨 시조신화는 지금까지 신화적 기능을 유지하면서 더불어 문중에 의해 적극적으로 역사화가 이루어지고 있어, 이에 관한 문헌자료와 관련 내용 검토를 통해 남평문씨 시조신화의 역사화 과정과 그 의미를 살펴보고자 한다.

2. 서사구조 분석

남평문씨 시조신화를 기록하고 있는 자료로 우선 『남평문씨족보』를 들 수 있는데, 비교적 족보 간행이 활발하게 이루어진 헌종 12년인 1846년에 간행한 『남평문씨족보』에 시조에 관한 다음과 같은 이야기가 상세히 적혀 있다.

세승(世乘)에 이르기를 시조는 남평군에 있는 큰 연못 바위 위의 석함 가운데에 강림하셨다고 한다. 이때에 상서로운 자색 기운이 나타나자 신라 왕이 그것을 살펴보고 기이한 징조라 여겨서 그곳의 수령에게 거두어 기르도록 하고 문씨 성을 내렸다[함의 면에 붉은 글씨로 '문(文)'이라고 쓰여 있었던 까닭이다.]. 이로써 남평문씨가 시작되었다(「삼우당실기」에 보인다).

성원(姓苑)에서는 세상에 전하기를 남평군 동쪽에 커다란 연못이 있는데 그 연못가에 바위가 갑자기 10장(丈)이나 일어섰다고 한다. 어느 날 군주가 강 위에서 노닐다가 홀연히 자운이 바위 위로 모여드는 것을 보았다. 그 가운데 어린아이의 은은한 울음소리를 듣고서 군주는 이것을 기이하게 여겼다. 즉시 군주는 사람들을 시켜 배를 대어 바위 위를 올라가 보니 석함이 철끈으로 묶여 있었다. 내려서 열어보니 그 안의 어린아이는 옥같이 흰 피부에 겹눈동자, 그리고 용의 코를 가진 특이한 모습이었다. 거두어 기르고 인하여 문으로 성을 내리고 다성으로 이름을 삼고 명원으로 자를 썼다.[7]

위 기록과 연결선상에서 1995년에 발행한 『남평문씨족보』를 살펴보면 이역시 시조에 관한 신화가 상세히 실려 있다.[8] 두 족보는 150여 년의 시간차이를 보이지만, 시조에 대한 기록은 변함없이 지속적으로 전승되고 있음을 확인할 수 있다. 이러한 족보 외에 남평문씨 시조신화를 언급한 자료로는 『한국인의 족보』[9]를 들 수 있는데, 거기에는 왕과 현주 두 사람이 등장하여 남평문씨 시조의 신이한 탄생을 목격하며 아이의 용모에 대해서는 '엄한 아이'라고 간략히 기록되어 있다. 그러나 『한국성씨대관』[10]에는 군주

---

7) 世乘云 始祖降于南平郡大澤之巖上石函中 時有紫氣之祥 新羅王望之以爲異兆 使縣主收養之 賜姓文氏(函面有丹書文字故) 是爲南平文氏之始 (見三憂堂實記) 姓苑云 世傳 南平郡東有大澤 澤畔巖有斗起十丈 郡主一日游於江上 忽有紫雲融聚於巖上 其中有嬰兒之聲隱隱 而來郡主心異之 卽令搆架使人登視之 有石函以鐵索繫之 而兜下開視之中有小兒肌膚玉雪重瞳龍鼻容貌奇異 收養之 因以文賜姓多省爲名明遠爲字(『南平文氏族譜』, 文氏封貫事蹟, 헌종 12년(1846)).

8) 世說湖之南有南平郡 郡之東有大澤 澤畔有巖屹立千丈 君主一日遊於其下有五雲融聚於巖上忽聞嬰兒之聲隱隱而來君主心異之卽令搆架使人登視之有石函以鐵索繫之而堯下開函視之中有小兒肥膚玉雪容貌奇異遂養之年甫五歲文思自然通達武略迢邁聰明穎悟達於事物之理故因以文爲姓多省爲名(『南平文氏大同譜』, 南平文氏始源記(1995)).

9) 『한국인의 족보』(서울 : 일신각, 1977), 456쪽.

10) 『한국성씨대관』(서울 : 창조사, 1971).

가 석함을 확인하고 있으며, 아이의 용모에 대해서 '피부가 옥설같이 맑고 용모가 아름다운' 것으로 묘사되고 있어 부분적으로 기록의 차이점을 발견할 수 있다.

이 가운데 비교적 자세히 기록되어 전하며 신화적 내용에 충실한 『한국인의 족보』를 토대로 최소의 서사단위로 분절하면 다음과 같다.

ㄱ 전남 나주 남평면 동쪽 장자지(長者池)에 큰 바위가 있다.
ㄴ 장자지에서 자색(紫色)의 서기(瑞氣)가 있어 왕이 현주를 시켜 살피게 하다.
ㄷ 바위 위에 오운(五雲)이 감돌면서 아이의 울음소리가 들려오다.
ㄹ 바위 위 석함 속에 용모가 엄한 아이가 들어 있다.
ㅁ 왕은 하늘이 나를 돕기 위해 내린 것이라 기뻐하며 궁중에서 양육하다
ㅂ 다섯 달이 되니 문무가 빼어나 사물의 이치를 깨달아 '다성(多省)'이라 이름 짓다.
ㅅ 석함 면에 '문'이라 씌어 있어 성을 문씨로 정하다
ㅇ 가물어도 마르지 않은 장자지와 바위가 남아 있다.

이상, 남평문씨 시조신화는 8개의 서사단락으로 나누어지는데, 무엇보다 시조의 탄생과정이 이야기 전개의 핵심을 이루고 있다. 김알지신화에서 김알지가 탄생하기 전 여러 징조를 보인 뒤 금궤에서 나온 아이가 훗날 새로운 성씨집단으로 출현하고 있다는 점[11]에서 남평문씨 시조신화와 유사한 서사구조를 갖는다. 위의 신화의 전개과정은 시조의 탄생을 중심으로 예시부, 본담부, 증시부로 나눌 수 있다. 시조가 탄생하기 전의 징조를 보여주는

---

11) 永平三年庚申[一:中元六年, 誤矣. 中元盡二年而已], 八月四日, 瓠公夜行月城西里, 見大光明於始林中[一作鳩林], 有紫雲從天垂地, 雲中有黃金櫃, 掛於樹枝, 光自櫃出, 亦有白鷄鳴於樹下. 以狀聞於工, 駕幸其林, 開櫃有童男, 臥而卽起, 如赫居世之故事故, 因其言, 以閼智名之. 閼智卽鄕言小兒之稱也. 抱載還闕, 鳥獸相隨, 喜躍蹌蹌. 土(王)擇吉日, 冊位大子. 後讓故於婆娑, 不卽王位. 因金櫃而出, 乃姓金氏, 閼智生熱漢, 漢生阿都, 都生首留, 留生郁部, 部生俱道[一作仇刀], 道生未鄒, 鄒卽王位, 新羅金氏自閼智始(『三國遺事』卷第一, 紀異 第一, 金閼智脫解王代).

㉠~㉢은 예시부에 해당하며, 징조에 이어서 아이가 탄생하고 왕에 의해 양육되는 ㉣~㉥이 본담부, 그리고 시조의 탄생으로 인해 남평문씨라는 새로운 성씨집단이 출현을 예고하는 득성과 그에 관한 증거물이 제시되는 ㉦~㉧은 증시부에 해당된다.

이야기 서두에 전남 나주시 남평읍 동쪽의 장자지라는 연못에 큰 바위가 있다고 하여 구체적인 지명과 장소가 언급된다. 이는 장차 남평문씨 시조가 태어날 장소로 암시된다. 장자지에 자색의 서기가 있어 왕이 현주를 시켜 살피게 했다. 그랬더니 바위 위에 오운이 감돌면서 아이의 울음소리가 들려왔다.

연못과 바위의 신화소는 박혁거세신화와 김수로신화에서 논의된 계욕禊浴과 암석嵒石에 대한 기자의례와 관련 있는 것으로 보거나 못은 물의 상징이고, 바위는 땅의 상징으로서 음양이 상합相合하는 현상으로 수신과 지신의 결합으로 이루어진 씨조氏祖임을 뜻한다고 해석하기도 한다.[12] 한편 "장자못은 지상신의 혈통을, 오운은 천상신의 혈통을 밝혀주는 것이며, 바위는 지상신과 천상신의 매개물로 보고서"[13] 천상신과 지상신의 결합에 의해 남평문씨 시조가 탄생된 것으로 해석하기도 한다.

또한 장자못과 바위가 시조신의 탄강지로 나타나는 이러한 양상은 장자못 전설의 신화적 원형성을 입증해 주는 사실로 보기도 하였다. 신혼상징으로 나타나지 않고 옥함 속에 든 아기 신격의 출현인 점에서 후대적인 변이가 확인되지만, 원래부터 있어오던 지신계 신화의 잔영으로 추정해 볼 수 있다. 그리고 왕에 의해 발견되고 그 왕권을 위해 입공立功하는 영웅담의 형태를 취하고 있어, 천신계의 신적 질서에 화합하는 것으로 보고 있기도 한다.[14] 곧 장자못과 오운은 수신적인 의미와 천신적인 의미를 가진 신화소로, 각각의 상징적인 의미를 파악하기보다는 상호결합 되어 천신계에 화

---

12) 허경회, 앞의 책(1990), 150~151쪽.
13) 표인주, 앞의 책(2000), 59쪽.
14) 천혜숙, 『전설의 신화적 성격에 관한 연구』(계명대 박사학위논문, 1987), 60쪽.

합하는 창조적 관계로 승화시키고 있는 것이다.

　장자지와 바위에 자색의 서기가 있고 오운이 감도는 것은 장차 태어날 아이의 신성함을 표현하는 징표이자, 아이가 세상에 놓여지게 되는 원동력이 된다. 곧 인간 생명의 근원을 하늘에 두는 가운데 하늘과 땅이 합일合一을 이루고 있어, 그로 인해 장자지는 새로운 질서가 확립되는 신화적 공간으로 전이된다. 바위 역시 이제는 그 이전의 바위와 다른, 영웅이 태어나는 특별한 의미를 지닌 바위로 존재하게 된다. 또한 자색의 서기와 오운은 분명 비일상적인 징조이며 신이한 징조로, 장차 태어날 아이의 비범성과 영웅적인 면모를 은유적으로 강조하는 것이다.

　이러한 징조를 발견한 이는 왕이다. 그래서 왕이 현주에게 자세히 살피도록 하였다. 김알지신화에서는 호공이 기이한 징조를 목격하고 이를 왕에게 아뢴다. 그러나 남평문씨 시조신화에서는 현주는 단지 지시를 따르는 수동적인 인물임에 반해, 왕은 새로운 세계가 도래하는 상황을 직감하는 혜안을 가진 인물로 그려진다. 그래서 왕은 새로운 인물의 탄생을 추구하듯 적극적이다.

　예시부에 이어 본담부에서는 석함 출현과 득아 그리고 양육을 이야기하고 있다. 여러 가지 징조에 이어 바위 위 석함 속에는 용모가 엄한 아이가 들어 있다. 자색의 서기와 오운은 결국 석함의 출현을 예고한 것이다. 석함은 김알지신화에서의 금궤, 그리고 석탈해신화의 목궤, 삼성신화의 목함[15]과 같은 류의 것으로 해석된다.

　이처럼 아이가 태어나는 것은 인간이 절대적으로 관여하지 않은 채 천지의 조화에 의해 아이가 이 세상에 바쳐지는 것이고, 이로 인해 새로운 세계가 도래함을 의미한다. 아이가 태어나자 왕은 하늘이 나를 돕기 위해 아이를 내린 것으로 기뻐하는데, 이는 천지의 화합에 대한 인간적인 믿음인 것이다.

---

15) 『高麗史』 57권 지리 2, 나주목 탐라현.

왕은 아이를 거두어 궁중에서 양육한다. 아이가 다섯 살이 되니 문무가 빼어나 사물의 이치를 깨달아 '다성多省'이라는 이름을 얻는다. 시조 이름을 짓게 된 경위를 통해 시조의 비범함과 영특함을 단적으로 설명하는 대목이다. 특히 석함 속에 들어 있는 용모가 엄한 아이를 발견하고 양육하여 성씨를 부여하는 왕은 인간세상을 대변하는 대행자이면서 이 세상을 주도할 영웅적인 인물의 탄생을 갈구하는 존재이다. 이처럼 아이의 존재가 왕에 의해 절대적 가치를 인정받는 내용은 여느 성씨신화에서도 나타난다. 건국신화에서는 독자적으로 자신의 존재 의의를 부여한 반면에 남평문씨 시조신화에서는 왕이 전반적으로 개입되어 있어, 왕권을 인정하고 체제에 순응하는 신화적 모습을 취하고 있다. 그만큼 건국신화에 비해 축소된 세계관을 보여주고 있음을 알 수 있다.

또한 남평문씨 시조신화는 비록 혼인, 이적, 죽음 등은 생략되어 있어 건국신화와는 대별되는 성씨신화의 한계로 받아들여지지만, 시조의 특출함을 보여주는 이 서사단위는 영웅일대기적 삶의 모습을 축소해 놓은 듯 하다. 이미 문다성은 역사적 인물로 그려지기 때문에 탄생에 이어 혼인, 이적, 죽음 등에 관하여 더 이상 신화적 의미를 부여하기에는 한계가 있다. 탄생에 관한 신이한 모습은 문다성의 신이함과 영웅적인 면모를 보여주기 위한 해석의 차원을 넘어서, 그의 탄생으로 인해 새로운 성씨집단이 형성되고 그로 인해 그 후손들은 다른 씨족집단과 변별되는 인식을 갖기 때문에 탄생에 집중되어 기록된 것으로 해석할 수 있다.

본담부에 이어 증시부에서는 성씨 시조와 관련된 증거물들을 나열하고 있다. 우선 성씨의 유래를 밝히고 있는데, 석함 면에 '문文'이라는 글씨가 쓰여 있어 이를 근거로 성으로 삼았다는 것이다. 그리고 오늘날 이러한 시조신화에 연원을 두고 있는 남평문씨 후손들이 무엇보다 가장 큰 증거물이 된다. 증거물 제시는 전설의 성격을 반영하고 있으나, 오히려 이러한 증거물을 통해 문중과 후손을 결집하는 매개체 구실을 하고 있다.

또한 김알지신화에서는 알지가 금궤에서 나왔다 하여 성을 김金으로 삼고 있음에 반해, 남평문씨는 석함 면에 글씨가 쓰여져 있는 것에 의거하여 성씨를 삼고 있어 성씨 유래를 절대적이고 단정적으로 제시하고 있다. 이는 어떤 형상에 의해 성씨를 삼았다는 것과는 달리, 하늘이 제시해준 절대불변의 성향을 의미하는 것으로, 새롭게 형성된 문씨 씨족집단의 불변성을 강조하는 것으로 확대 해석할 수 있다. 그리고 성씨 부여 외에 오늘날에도 마르지 않은 장자지와 바위가 그대로 남아있다는 것은 성씨신화의 사실성을 증명하기 위한 장치로 기능하면서, 남평문씨 씨족집단의 영원불멸성을 또 한번 강조하고 있는 것이다.

문다성이 태어난 시기는 신라 자비왕 때인데, 이 당시의 남평 이름은 미동부리로 백제 땅이었다.[16] 당시 백제 개루왕은 고구려의 공격을 받아 신라의 도움을 받은 일이 있으나 문다성이 활동했음직한 500년대에는 신라와 백제 사이의 싸움이 잦았다. 그런데 남평에서 태어나 신라의 벼슬을 살았다는 것은 무리가 있다. 더구나 이 고을 이름이 남평이 된 것은 고려 때인데도 불구하고 문다성이 남평 개국백의 관작을 받았다고 적고 있는 점 역시 합리성이 부족하다.[17] 이러한 문다성의 기록은 역사적인 관점에서 바라보면 다소 불합리한 기록이지만, 신라의 관작을 받았다는 내용을 부기함으로써 신화를 통해 역사적 사실화를 꾀하고 있음을 알 수 있다. 결국 남평문씨 씨족집단은 시조에 대한 신화적 기록과 전승을 통해 남평문씨만의 조상에 대한 신성성과 정통성 그리고 성씨에 대한 우월성을 표출하고 있는 것이다.

---

16) 남평은 백제 때 무진군의 속현인 미동부리현이었고, 신라 경덕왕 16년(757) 12월에 玄雄縣이 되고 고려 성종 2년(983) 2월에 남평현이라 했으며, 한때 나주목에 편입되었다가 명종 2년(1172)에 다시 현이 되면서 監務를 두었고, 공양왕 2년(1390)부터 화순감무가 남평감무를 겸임하였다. 조선 태조 3년(1394)에 별도로 감무를 두고 태종 13년(1413) 10월에 현감을 두었으며, 고종 32년(1896) 윤 5월 1일 남평군이 되었고, 1914년 3월 1일 廢郡되어 나주군에 편입되었다(『나주목지』(나주시, 1989), 31쪽).

17) 『성씨의 고향』(서울 : 중앙일보사, 1989), 695쪽.

3. 전승의 맥락

우리나라 신화는 아직까지 전하는 자료가 빈약하고, 전한다 할지라도 내용이 극히 한정되어 있다. 그나마 천지창조라든가 인간의 기원 그리고 만물의 원천 등에 관한 신화는 문헌에서는 찾을 수 없다. 단지 무속신화에서 지극히 단편적인 내용만이 전할뿐이다. 다행스럽게도 고조선, 부여, 고구려, 백제, 신라 등의 고대 국가의 시조가 어떻게 태어나서 어떻게 왕위에 오르게 되었는가 하는 건국신화가 현전하고 있다. 그러나 건국신화는 삼국시대의 것이 주류를 이루고 있으며, 시조에 관한 이야기가 대부분이다.[18] 이러한 점은 무속신화에서도 비슷하게 나타나는데, 창시자, 최초의 신들의 탄생과 그 생에 관한 얘기가 신화의 대종을 이루고 있다. 시조에 관한 이야기는 외면상 씨족과 민족의 뿌리에 대한 구체적이고 실체적인 의문과 답을 담고 있지만, 본질적으로 인간이란 생명존재가 과연 어떻게 생겼는가, 나의 생명은 어떠한 의미를 가지고 있는가 하는 존재론적 문제의식도 포함하고 있다는 점에서[19] 신화의 본질적인 이해가 가능하다.

남평문씨 시조신화는 문씨 씨족집단의 기원을 설명하고 있다. 이러한 신화의 시대적 배경이 되는 삼국시대는 씨족사회가 발전하여 이룩된 진정한 국가의 개념이 형성된 시기이다.[20] 이 시기에 진한에서는 육촌 부족의 촌장이 협의하여 박혁거세를 시조로 내세워 신라를 세우게 되고, 병진에서는 이에 대응하여 12촌간이 합의하여 김수로를 역시 시조로 추대하여 가야를 건국하게 된다. 마한에서도 후일 백제가 전쟁으로서 마한을 멸하고 그 토지를 정복하여 통일하였다. 오늘날 우리가 인식하는 최소한 국가체제가 정립

---

18) 이러한 현상은 『삼국유사』, 『삼국사기』, 『제왕운기』, 『동국이상국집』 등 고려조의 문헌을 비롯해서 『세종실록지리지』, 『동국여지승람』 등 이씨 왕조의 문헌들에 정착된 상고대 신화에서 현저하다(김열규, 『신화/설화』(한국일보사, 1975), 12쪽).
19) 이종주, 「동북아 시조신화 화소구성원리와 제양상」, 『동북아 샤머니즘문화』(서울 : 소명출판사, 2000), 123쪽.
20) 최동, 『조선상고민족사』(서울 : 인간사, 1966), 523쪽.

된 것은 삼국시대로, 이 시대에 이르러 비로소 왕권의 세습이 이루어지게 된다. 신라에서는 박씨, 석씨가 교대로 왕위를 계승하다가 후일에는 김씨 성의 왕도 추대되어 왕위를 세습하게 된다.

삼국의 건설은 국가의 규모보다 작은 형태로 자생하였을 씨족이나 부족이 점차 연합하여 하나의 국가형태를 온전히 갖추었음을 의미한다. 그렇다면 각 씨족이나 부족에 있을법한 씨족신화나 부족신화는 국가가 창건되면서 국조신화로 흡수되었다가 훗날 역사를 기록하는 사관들에 의해 문헌에 정착된 것이 오늘날 우리나라의 건국신화라 할 수 있다.

한편 이러한 건국신화가 국가적 규모로 전승되는 것과는 별도로, 국가형성의 원동력이 된 씨족이나 부족은 소규모로 자생하면서 그들이 향유하는 신화나 제의는 씨족단위나 부족단위로 명맥을 유지하며 전승되었을 것이다. 이러한 흔적은 각국의 건국신화와 신라의 육성신화에서 찾아 볼 수 있다.

구체적으로 살펴보면, 단군신화는 고조선의 시조신화이자 환씨 씨족단위의 신화이며, 특히 환웅신화는 환씨시조신화라 할 수 있다. 그리고 동명왕신화는 고구려의 시조신화이자 고씨시조신화이며, 박혁거세, 김알지, 석탈해신화 역시 신라의 시조신화이며, 동시에 각각 경주박씨, 경주김씨, 경주석씨의 삼성씨三姓氏 시조신화이다. 또한 김수로왕신화는 가락국의 시조신화이자, 김해김씨 및 김해허씨의 시조신화이며, 『삼국유사』에 기록된 신라 육성인 이씨, 최씨, 손씨, 배씨, 정씨, 설씨의 신화 역시 성씨라는 씨족집단에 의해서 향유된 시조신화, 씨족신화라 할 수 있다.[21] 이러한 점은 남평문씨 시조신화와 같은 성씨신화와 건국신화의 긴밀한 관련성과 동시성을 찾을 수 있다. 그 자질과 기능면에서 건국신화와 성씨신화의 차별성이 우선 제기될 수 있으나, 그 원류는 같다고 할 수 있다.

육성신화는 신라 알평謁平, 소벌도리蘇伐都利, 구례마俱禮馬, 지백호智伯虎,

---

21) 『三國遺事』 1卷, 1紀異, 新羅始祖 赫居世王.

지타호진祗沱虎珍의 여섯 개 촌락의 촌장이 하늘로부터 각각 표암봉瓢嵓峰, 형산兄山, 이산伊山, 화산花山, 명활산明活山, 금강산金剛山 등의 여섯 산에 하강하였다는 신인에 관한 아주 짤막한 이야기이다. 육촌은 촌장이라고 부르는 지배자가 다스렸는데, 단군신화에서 환웅이 태백산에 하강하는 것과 같은 그 구체적인 모습에 대해서는 기록되어 있지 않다. 다만, 육성신화는 진한 땅에 거주하던 여섯 촌락의 족장들이 각각의 성씨의 시조로 정착되는 과정을 그리고 있다. 오늘날 이씨, 정씨, 최씨, 설씨, 손씨, 배씨 등의 성씨들이 이 육성신화를 근원으로 삼고 있다. 신라가 건국되기 이전에 육촌이 있었고, 가락국 단계에 이르기 전에 구간이 추장 노릇을 하고 있었다는 사료를 통해 당시 삼한시대의 사정을 파악할 수 있으며, 건국시조 이전의 신화 형태를 유추할 수 있다.22)

또한 김알지신화는 박씨, 석씨에 이어 신라의 김씨 왕조를 이룬 김씨 시조신화에 해당되면서 오늘날에는 경주김씨 시조신화로 인식된다. 김알지는 나라를 세운 이가 아님에도 불구하고 박혁거세신화, 석탈해신화와 함께 신라의 건국신화로 자리매김한 것은 김알지의 6대손 미추이사금에 이르러 신라 왕이 되는 일련의 과정이 있었기 때문이다. 김알지신화는 김씨의 시원始原을 설명하는 씨족단위 신화이면서, 신라 초기의 역사를 대변하는 건국신화라 할 수 있다.

이러한 연계선상에 역사적 진위 여부를 떠나, 앞서 살펴본 남평문씨 시조신화 역시 신라시대를 배경으로 하고 있고 시조가 훗날 '남평개국백南平開國伯'이 되었다는 점으로 보아, 남평 일대를 중심으로 한 씨족신화였음을 미루어 알 수 있다. 역사적으로 그 당시의 상황을 살펴보면, 남평을 포함한 영산강유역에는 20여 개의 세력집단들이 독자적인 고대 연맹체를 구성, 유지해가고 있었다는 것을 고대 유적을 통해 확인할 수 있다.23) 그리고 『세종실록지리지』에 남평문씨를 남평현의 토성으로 기록하고 있는 것으로 보아

---

22) 이지영, 『한국 신화의 신격 유래에 관한 연구』(서울 : 태학사, 1995), 56쪽.
23) 『나주시 문화유적』(나주시 · 목포대박물관, 1999), 19쪽.

남평 일대에 확고한 지역적 기반을 유지한 남평문씨 씨족집단이 있음을 알수 있다.

신라 육성신화처럼 남평이라는 특정 지역을 중심으로 집결한 남평문씨 씨족은 그들의 역사적 당위성을 설명하는 신화를 창출하였을 것이고, 신화를 통해 여느 씨족과의 변별성을 강조하였을 것이다. 그리하여 백제, 통일신라시대를 거쳐 오늘에 이르기까지, 남평에 거주하는 씨족이 존재하는 한 신화는 자멸하지 않고 전승의 고리를 이을 수 있었을 것이다. 비록 남평문씨 씨족집단의 초기의 역사를 설명할만한 명확한 자료는 없으나, 오늘에까지 전승되는 시조신화를 통해 충분한 개연성을 갖는다. 다만, 남평문씨 시조신화는 박혁거세신화처럼 건국신화로 발전하지 못한 채, 역사 속에 감추어져 있다가 후손들의 시조신화에 대한 기억과 조선 후기 문중 기록과 유적을 통해 그 명맥이 유지된 것으로 파악된다.

고대로 소급해 보면, 각각의 씨족집단에는 각각의 씨족신화가 존재해 그들을 결속하는 매개체 역할을 했을 것이다. 여기에 강력한 씨족이 국가체제로 정비되면 그 씨족의 신화는 자연 건국신화로 자리 매김 한다. 그러나 건국신화로 발전하지 못한 여타의 씨족신화는 전승집단에 의해 최소한의 신화로서의 기능과 힘을 유지하면서 전승되었을 것이다. 씨족신화는 해당 씨족이 소멸되지 않은 한 영원한 신화이기 때문이다.

따라서 오늘날 전하는 건국신화는 특정 씨족집단의 씨족신화가 발전하여 정착·전승되었으며, 씨족신화는 씨족신화대로 최소한 역사적 맥락을 유지하면서 전승된 것으로 이해할 수 있다. 단 그 내용을 살펴보면 건국신화는 왕업의 사실이 그 주제가 되지만, 씨족신화는 시조의 영웅적인 신이성에 역점을 두고 있어 차이점이 드러난다.

앞서 언급했듯이 박혁거세신화가 고대의 건국신화에서 오늘날에는 경주 박씨 시조신화로 정착되어 전승되고 있고, 김알지신화는 씨족신화에서 오늘날에는 경주김씨 시조신화로 정착, 전승되고 있다. 이외에 각기 신화를 가지고서 오늘날 전승되고 있는 창녕조씨, 충주어씨, 평강채씨, 파평윤씨,

달성배씨, 하음봉씨 시조신화 등은 시대를 소급해 보면 씨족신화로 존재했을 가능성은 충분하다. 남평문씨 시조신화에서도 이러한 생명력을 찾아볼 수 있는 것이다. 따라서 남평문씨 시조신화가 지역적인 기반 위해 형성, 유지되고 있고, 그 근원을 삼국시대까지 거슬러 올라가고 있는 점 등은 고대 씨족집단의 초기의 역사를 대변하고 있는 신화라 할 수 있다.

상고시대에서의 씨족사회나 부족사회는 오늘날과 같은 혈연에 의한 성의 개념이 미약했다. 신라의 육성신화의 말미에 노례왕(유리왕) 9년(A.D. 32)에 비로소 여섯 부의 명칭을 고치고, 또 여섯 성을 주었으며, 지금 풍속에는 중흥부를 어머니로 삼고, 장복부를 아버지, 임천부를 아들, 가덕부를 딸로 삼고 있다. 하지만 그 실상은 자세히 알 수가 없다는[24] 기록이 보인다. 육부에 부모자녀형제 등 육씨족六氏族으로 규정한 것은 가족적인 친화관계를 비유한 것일 뿐,[25] 직접적인 혈연집단임을 말할 근거는 없는 것이다.

따라서 어느 특성 지역을 부로 고치면서 각각의 성씨를 부여하고 있다는 점은 진정한 혈연의 의미보다 정치적인 의도가 혼재된 것으로 해석된다.[26] 오히려 혈연에 의한 씨족집단은 후대에 올수록 성씨라는 제도적 기반이 확고히 마련되면서 한층 강화된 것으로 볼 수 있다. 이러한 시각을 확대해 보면 남평문씨는 남평 일대를 중심으로 한 고대의 씨족집단이 시대를 거치면서 점차 혈연 중심의 성씨집단으로 자리매김 되었고, 오늘날에는 혈연 중심의 성향이 훨씬 강화되었음을 알 수 있다. 비록 이를 증거할만한 구체적인 자료는 없으나, 근래의 문중 조직의 역할과 함께 시조신화에 대한 인식을

---

24) 弩禮王九年, 始改六部名, 又賜六姓. 今俗中興部爲母, 長福部爲父, 臨川部爲子, 加德部爲女, 其實未詳(『三國遺事』 1卷-1紀異 -新羅始祖赫居世王-).

25) 김두헌, 『한국가족제도연구』(서울 : 서울대 출판부, 1980), 43쪽.

26) 성을 최초로 갖는 집단은 왕실, 귀족과 같이 성이 곧 骨, 族과 관련되면서 최상층 지배집단에서 비롯되었다. 6부성을 비롯한 통일신라시대의 성씨 취득이 통일 과정과 그 후 국가체제의 재정비 과정에서 발생했던 것이며, 그것은 또한 각 족단의 세력 변동을 단계적으로 편제하는 과정에서 발생한 것이다. 이들 집단의 성씨 취득과 등장은 비단 6부성에 그치지 않고 신라 하대에 갈수록 현저히 많은 성이 계속적으로 나오고 있음은 6성이 일시에 사성된 것이 아니라 단계적이고 계기적임을 시사한다(이수건, 「한국 성씨의 유래와 종류 및 특징」, 『새국어생활』 제1권 제1호(1991 봄), 27쪽).

통해 그 역사적 가능성은 충분히 가늠할 수 있다.

설화는 그 자체로 역사적 실체이다. 설화는 역사적으로 존재해 왔기 때문에 역사적 실체이며 역사적 사실을 갈무리하고 있기 때문에 역사적 실체이다.[27] 설화 내용이 역사적으로 사실인지를 규명하기보다, 그러한 설화 자체가 역사로 인식되고 이해되는 것이다. 남평문씨 시조신화는 남평문씨 씨족집단에서만 신성시되는 시조에 관한 신화이다. 건국신화에서 드러나는 천강신화의 상징적 구도가 남평문씨의 시조 탄생에 그대로 수용되어 있고, 시조의 연원은 고대로 소급된다. 그리고 오늘에까지 씨족집단에 의해 신화로서 그 기능을 지속하고 있다. 비록 남평문씨라는 특정 성씨 집단에 한정되어 정착되었지만, 시조신화를 통해 건국신화적 자질이나 그 흔적을 찾아볼 수 있다.

고대의 신화가 왕권의 정통성과 국가적 권위를 세우는데 핵심적 구실을 한데 비해서 신화가 그러한 구실을 서서히 역사와 제도 및 종교에 물려주게 되는 시대가 또한 중세이다. 문자 기술이 보편화되고 외래에서 유입된 문명 종교를 국교로 삼았던 이 시대에는 신화가 되살아나더라도 신화적 언술로서의 요건을 온전히 갖추기 어려웠고 아무래도 역사나 전설과 같은 형태의 구속을 받지 않을 수 없었다.[28] 이러한 점에서 남평문씨 시조신화는, 서사분석을 통해 살펴보았듯이, 역사시대에 적합한 곧 역사나 전설을 어느 정도 적절하게 수용하면서 신화적 질서를 모색하고 있는 신화라 해석할 수 있다.

신화는 기록되면서부터 본래의 원형에서 변질을 초래하며, 후세사람들은 기록된 역사에 일부 전승되는 신화만 접하게 된다. 결국 원형적인 신화는 점차 소멸과 변이의 과정을 겪을 수밖에 없다. 그렇다면 남평문씨 시조신화는 혈통을 중심으로 신비한 요소를 간직한 채 신성화를 꾀하면서, 동시에 역사적인 현실 이념에 맞게 합리적인 형태로 점차 변화되어 오늘날까지 전

---

27) 임재해, 「설화 자료에 의한 역사연구의 방법 모색」, 『설화와 역사』(집문당, 2000), 29쪽.
28) 천혜숙 외, 『한국 구비문학의 이해』(서울 : 월인, 2000), 69쪽.

승력을 확보하고 있다. 엄밀히 말해 건국신화는 현재의 관점에서 보면 국가의 소멸로 인해 죽은 신화이다. 그러나 남평문씨 시조신화는 오늘날에도 신화적 기능을 충실히 간직하고 있는 살아 있는 신화이며, 문중·후손이 존재하는 한 영원히 살아 숨쉬는 신화이다.

고대의 신화는 왕조나 국가에만 국한되지 않는다. 국가 단위의 건국신화 외에도 씨족단위의 신화 전승은 얼마든지 가능하기 때문이다. 오히려 씨족신화는 시대를 거쳐 오면서 진정한 혈연을 중심으로 한 성씨의 씨족집단에 의해서 발전적으로 계승되고 있다. 이는 오늘날 전통사회의 결정체인 성씨제도, 족보를 통해 확인할 수 있다. 따라서 오늘에까지 족보와 같은 문헌기록을 통해 남평문씨 시조신화가 전승력을 확보하고 문중, 씨족의 구심점으로 작용하고 있는 것은 이러한 거시적인 전승의 맥락에서 이해할 수 있다.

4. 역사화 과정과 그 의미

신성시되는 이야기는 초월적으로 표현되어야 하는데, 단순한 허황함에 의한 괴기성이 아니라 전승자가 깊은 믿음을 가질 수 있도록 신비롭게 미화된 신이성을 지녀야 한다.[29] 신화가 신성성이라는 고유 영역을 확보해야만 신화로서 기능한다는 것은 신화의 전승자가 신화를 진실되고 신성하다고 인식하는 것과 등가적 관계이다.

남평문씨 시조신화는 족보가 간행된 이래 현재에까지 그 내용을 온전하게 기록하고 있다. 이는 전승자인 남평문씨 씨족집단이 시조신화를 신성하게 인식하고 있다는 것을 의미한다. 그러나 족보에 한하지 않고, 시조 문다성에 대한 신성화와 성역화 작업은 근래에 들어 오히려 강화되고 있기까지 하다. 이는 그만큼 신화를 인식하는 전승자와 전승력이 확보되어 있음을 말해준다.

---

29) 임재해, 『한국·일본의 설화연구』(인천 : 인하대 출판부, 1992), 27~28쪽.

남평문씨 족보는 영조 7년인 1731년 신해보申亥譜가 발간된 것이 가장 오래된 것이며,[30] 1995년에 발간한 『남평문씨대동보』가 가장 최근의 것이다. 앞서 언급한 헌종 12년인 1846년에 간행한 남평문씨족보를 살펴보면, 남평문씨 시조신화는 「삼우당실기」와 「성원姓苑」에 실린 내용을 그대로 '문씨봉관사적文氏封貫事蹟' 부분에서 재인용하고 있다. 그리고 최근에 간행한 족보를 살펴보면, '남평문씨시원기南平文氏始源記'에 시조신화에 대한 자세한 내용을 수록하고 있으며, 이와 관련한 신화 속에 나오는 문암과 장자지 그리고 문암각의 사진들을 수록하여 신화의 진실성을 뒷받침하려고 했다. 두 족보는 150여 년의 시간 간격이 있음에도 불구하고 시조에 대한 기록이 변함이 없음을 알 수 있고, 오히려 최근의 족보가 시조신화에 대한 신뢰성과 적극성을 보이고 있음을 확인하게 된다.

실제 전남 나주시 남평읍 풍림리 사자산 아래에는 시조의 탄강지인 문암이 있으며, 이 문암을 보호하기 위한 '문암각'이 조성되어 있다. 문암각은 근래에 기존의 건물을 헐고 전통적인 기와와 목재로 다시 축조하여 전라남도 민속자료 제32호로 지정되었다. 문암각 옆에는 '문암각낙성기념비'가 서 있고, 그 옆으로 문다성의 시조묘가 호화롭게 단장되어 있다. 그리고 시조묘 아래로는 장자지가 길게 흐르고 있으며, 장자지 앞 들녘에는 장연서원이 있다. 장연서원은 시조를 비롯한 선조의 위패를 모시는 곳으로 조선 후기 이래 지금까지 보존되어 있다. 그리고 인근에 '무성공유허비'가 세워져 있다.

김알지신화에서 알지가 신라 초기의 역사를 대변하는 역사적인 인물이 되어 계림과 알지의 태를 풀 때에 가위를 놓았던 돌, 사당 등이 오늘날 성소로 거듭나고 있다. 그리고 창녕조씨 시조인 조계룡과 하음봉씨의 시조인 하봉우는 각각의 후손들에 의해 시조가 태어난 곳을 성역화하고 있다.

---

30) 辛亥譜(영조 7년, 1731), 戊子譜(영조 44년 1768), 壬子譜(정조 16, 1792), 丁亥譜(순조 27년, 1827), 丙午譜(헌종 12년 1846), 癸丑譜(철종 4년, 1853), 庚午譜(고종 7년, 1870), 乙未譜(고종 32년 1895), 壬寅譜(광무 6년, 1902), 庚申譜(1920), 丙寅譜(1926), 甲午譜(1954), 丁酉譜(1957), 甲辰大同譜(1964), 壬戌譜(1982), 大同系乘譜(1988)(『성씨의 고향』(서울 : 중앙일보사, 1989), 700쪽).

이와 마찬가지로 남평문씨도 시조신화가 역사적 사실임을 증거하듯 문암, 시조묘, 장자지, 서원, 유허비 등을 조성하여 오늘날 후손들에게 성소로 거듭나고 있다. 남평문씨처럼 시조신화를 직접적으로 증거하는 내용물이 이렇게 한 세트가 되어 표현된 경우는 드물다 하겠다.

조선후기 이래 유교문화의 진수이며, 전통사회의 적극적인 산물인 족보[31]는 남평문씨 씨족집단이라는 제한된 범위 안에서 이루어진 기록의 독자성 때문에 무한한 신화를 창출하고 있다. 물론 족보가 철저한 유교주의적 숭조관념의 산물인 만큼, 여타의 족보는 신화나 전설의 존재양식을 부정하고 있어 설화문학적 측면에서는 그 한계를 여실히 드러내기도 한다. 그러나 남평문씨 족보를 비롯한 문헌자료에는 시대적 분위기를 고대로 거슬러 올라간 듯한 착각이 들만큼, 남평문씨 시조에 대한 기록들은 구체적이며 절실하다.

먼저, 『남평문씨대동문헌록』을 보면, 남평문씨 시조에 대한 기록의 이유를 다음과 같이 적고 있다.

시조의 생졸 연대와 벼슬길에 오르신 사적과 배위와 묘소는 일찍이 문헌의 증거가 없으므로 기록치 못하였으니, 후에 그 기록이 없는 것은 대개는 이와 같은 것이다. 근자에 상고한 즉 각처에 간혹 초한 족보와 인출한 족보가 있는데 동경사를 상고한 즉 시조가 신라 자비왕 15년(서기 474, 신라 20대 왕)에 말동부리현에 나시어서 벼슬이 삼광상중대부 상주국 대아손 대원수 남평개국백이며, 시호는 무성이라 하고 또 부인 김씨라 하였는데, 정묘년 가을 경주에 가서 동경사를 상고한 즉 처음부터 실린 것이 없으니 위에서 말한 것은 어디 근거를 두고 한말인지 미상하다. 이대로 아직 기록한 것은 뒤 사람이 상고할 수 있도록 함이다.[32]

---

31) 서양인의 계보가 '나'를 중심으로 하여 '나'의 뿌리를 찾기 위한 것이라면 족보는 하나의 뿌리에서 수 없이 뻗어나오는 가지의 하나 하나를 찾듯이 씨족의 시조를 기점으로 하여 그의 자자손손을 세대와 계파를 밝혀가며 찾자는 데에 그 주목적이 있다(송준호, 「한국에 있어서의 가계기록의 역사와 그 해석」, 『역사학보』 87집(역사학회, 1980), 101쪽).
32) 『남평문씨대동문헌록』 권1(1990), 5쪽.

신화가 역사를 대신하듯, 기록이 없어 알 수 없음에도 불구하고 후손들은 시조의 연원을 고대로 소급하여 남평문씨의 유구한 역사성을 강조하고 있다. 곧 남평문씨 시조신화는 씨족 초기의 역사와 문화를 기억하는 장치인 것이다. 비록 역사적 시간과 장소가 명기되어 있으나, 시조에 의해서 남평문씨는 원초적인 태초의 시간으로 환원되며, 시조신화는 그 당시의 원초적 사건이 되는 것이다.

여기에 후손들이 시조신화를 근거로 시조에 대해 찬한 글을 실어보면 다음과 같다.

송암 이노가 찬하여 말하기를, 석함이 하늘에서 떨어져 기이한 사람이 내렸도다. 근원이 깊고 공적이 두터워서 잠불(벼슬)이 대대로 붉었으며 조정옥서에 구작과 봉작이 찬란하도다. 융성하고 영체한 운수는 후세에 전하는데 있을 것이다.

경암 동도시에 가로대, 하늘이 신인을 내릴 때 석함을 전하여 우리 문씨의 억천 년을 열었도다. 벽상공신의 호는 산하 같고 고려에 복야공의 어짐 별과 북두 같도다. 선조의 지극한 은혜는 후손들에게 넉넉히 주셨는데 후손들은 무엇으로 앞을 빛낼 것인가 연원의 족보를 닦아 책임하니 내 몸을 돌아볼 적에 송구스러울 뿐이로다.[33]

송암은 외손이며 사간원이라 적고 있으며, 경암은 20대손이라 기록되어 있다. 시조의 성스러운 탄생이 있었기에 현재에 이르기까지 남평문씨가 번성하고, 오늘날의 자신이 존재하고 있으며, 나아가 후손들까지도 영원하다는 것이다. 시조가 있었기에 씨족이 번영하고 그 영속성을 강조하는 경향은 남평문씨에만 제한되지 않고, 경주김씨,[34] 창녕조씨[35]에서도 확인된다. 오

---

33) 松巖李魯贊曰 石函川墜 異人斯降 源深績厚 簪紱世絑 台堦玉署 燦爛圭珪 隆替之數 在後宜講 敬庵東道詩曰 天降神人石函傳 啓吾文氏億千年 山河壁上功臣號 星斗麗中僕射賢 先祖至恩能裕後 後孫何德可光前 淵源一譜修而負 回顧屌躬凓凓然(『남평문씨대동문헌록』 권1(1990), 1~2쪽).

늘날 김알지신화는 신라 왕조신화로 규명하기보다는 오히려 특정 씨족집단
인 김씨의 영속성을 강조하는 근거로 삼고 있다. 김씨가 김알지에서 비롯되
었으며, 오늘날 김씨 성을 가진 무수한 사람들은 그들의 구체적인 연원을
금궤에서 탄생했다는 신이한 출생에 집중시키고 있는 것이다. 남평문씨 역
시 시조의 출생에 집중해 남평문씨만의 독자성과 정체성을 확보하고 있다.

  남평문씨 후손들은 시조를 찬한 글에 머무르지 않고, 1777년에 건립된
장연서원36)과 시조 사당인 '상덕사尙德祠'를 지어 지금에 이르기까지 보존,
향사享祀하고 있어 시조에 대한 성역화는 훨씬 강화된다. 시간과 함께 이제
는 구체적인 역사가 되어 후손들에게 그렇게 인식되고 있는 것이다. 또한
'무성공유허비武成公遺墟碑'를 세워 남평문씨 시조신화를 명문화明文化하고
있다. '삼광선생사당기三光先生祠堂記'에 다음과 같은 기록이 적혀 있어 그
일부를 적으면 다음과 같다.

  남평 동쪽에 지석강을 지나 못이 있어 장자못이라 하니 위에 있는 산이 춤추는
나래처럼 내려와서 중엄하게 머물렀으므로 이름 역시 이와 같다. 이 산의 발치에
암석이 높이 솟아 못 위에 임해 있는 것을 문암이라 하니 신라 개국백 남평 문공
휘 다성이 실로 이 땅에서 나셨다. …(중략)… 그 후로 명현과 석덕(碩德)이 역사에
끊어지지 않으니 경정공, 충숙공, 순평국, 삼우당 네 선생 같은 분이 더욱 현저한
분들이다. 대개 공이 앞에 기틀을 열고 제현들이 뒤에 크게 이어서 세세로 그 덕
을 펴었으니 이는 대덕한 분은 반드시 그 탄생함이 다르다. 덕이 두터우면 광명이

---

34) 慶州金氏의 기원은 大輔公 김알지에서 시작한다. 金閼智는 서기 65년 신라 탈해왕 9년 서
   쪽 始林(鷄林)의 나무 끝에 걸려 있던 금궤(金櫃)에서 태어났다. 탈해왕은 이를 기뻐하여
   성을 金으로 하사했는데, 이에서 경주김씨가 시작되었다고 한다(『慶州金氏太師公派大同
   譜』(서울 : 학문사, 1999), 15쪽).
35) 서해숙, 「창녕조씨 시조신화 연구」, 『한국언어문학』 제49집(한국언어문학회, 2002), 103쪽.
36) 장연서원건립이 정조 연간(서기 1777년, 단기 4110)터니 고종 辛未(1871)에 當一 齊毁墩今
   하여 廢院이라 其後에 自成均館으로 至于各郡鄕校히 連署發通하야 舊院址에 復設하
   여 春秋爲苾享之하니 迺儒林主管이요 而子姓守護也라. 『남평문씨대동문헌록』 권1(1990),
   113쪽.

흐른다는 말을 더욱 그 거짓 아님을 알겠다. …(중략)… 이 이치를 미루어 보는데 남평현이 산수의 청숙한 기운이 진실로 반드시 천지 음양의 화기를 모아 간직하였고, 또한 필연코 편결(編結)되어 재덕 있는 민을 강생시켰으니 문씨 일문이 홀로 창명한 기운이 모이어 빛나는 일성같이 흐르고 우뚝함을 함께 하였으니 옛과 지금을 보건데 장하고 성하지 않으랴.[37]

남평문씨 시조 탄강지인 문암 외에 문암각 상량문에도 "어량처 동방에 처음 문자의 성을 얻게 되었으니 암석의 이름이오 새롭고 남평에 장자인을 강생시켰으니 물의 이름 아직 남았더라 액호를 다니 더욱 아름답고 지명으로 이해 좋은 이름 내렸네"[38]로 시작하여 위의 내용과 상통된다. 모두가 탄강한 시조로부터 존재 연원을 찾고 있으며, 그로 인한 남평문씨 씨족집단의 번영과 영광을 추구하는 것으로 일관된다. 신화를 뒷받침하는 문암과 장자지에 이어 서원을 통해, 단지 신화 속에 존재하는 시조가 이제는 역사적으로 면면히 계승되고 있으며, 현재적 의미뿐만 아니라 미래지향적인 의미까지도 함축한다. 이를 인식하는 후손들은 역사인식까지 가미되어 각별할 수밖에 없다.

특히 근래에 새롭게 조성된 시조묘에서 매년 양력 3월 20일 모든 후손들이 모여 정기적인 의례를 집전하고 있는데 이를 '단제'라 한다. 단제를 모신 지는 그리 길지 않다. 과거에는 시조묘가 없었다고 하는데, 대략 20여년 전에 시조묘를 찾아 새롭게 단장한 것이라 한다. 이렇게 시조묘가 조성되면서 단제를 모시게 되었다는 것이다.[39] 그리고 매년 음력 9월 중정일中丁日 날 장연서원에서 시제를 모시고 있다. 오늘날 씨족집단에서는 해당 시조신에 대한 의례를 1년 단위로 지속적으로 모시고 있는데, 이를 시제, 묘제[40]

---

37)『남평문씨대동문헌록』권1, 114쪽.
38)『남평문씨대동문헌록』권1, 116쪽.
39) 문양근 장연서원관리위원회 위원장 구술(2004. 2. 18 현지 면담조사).
40) 時祭는 현재 자기를 기점으로 5대조부터 시조에 이르기까지 모든 조상을 위해 드리는 제사이다. 기제사는 집안에서 그리고 밤중에 4대조까지 모시지만, 시제는 묘소에서 직접 거

라 한다. 삼국시대 이래 건국 시조신에 대한 제의가 문헌상으로만 존재하고
있음에 반해, 성씨 시조신에 대한 제의는 시제라는 제의 행위를 통해 오늘
날에도 지속되고 있다. 따라서 자연 번창한 가문일수록 제의는 성대하게 베
풀어지며, 유명한 현조일수록 많은 후손들이 모여든다.

이렇게 매년 정기적으로 후손들이 제의를 통해 씨족의 근원인 문다성을
기리는 것은 남평문씨 시조신화가 제전의 구술상관물임을 말해준다. "의례
의 집전은 곧 신화의 연출이고, 우리는 의례를 통해서만 신화적인 삶을 체
험할 수 있듯이"[41] 후손들의 정기적인 의례로 인해 그 씨족집단은 신화적
인 삶을 체험하고 있는 것이다. 그리하여 "신은 인간에게로 오고 인간이 신
에게로 가는 중간지점에 신화의 장이 있다. 신화의 장에서 신과 인간은 만
나 원일성原一性을 회복한다. 원일성을 회복하는 행위는 제의이며, 신과 인
간이 만나는 중간지점은 곧 제의의 장이기도 하다."[42]

곧 장연서원과 상덕사, 시조묘는 제의의 장으로써 의례를 통해 원일성을
회복하고 있으며 나아가 조상숭배의 발현으로 굳어져 역사적으로 계승되고
있다. 아울러 시조신화는 신앙적 기반을 바탕으로 생명력이 지속되고 있음
을 알 수 있다. 결국 이러한 것은 남평문씨 시조신화의 진실성과 신성성을
확보하는 구심력이 되어, 후손들은 다른 씨족집단과는 변별되는 자긍심으
로 기능하고 있다. 또한 씨족의 근원을 시조에서 찾고 있으면서 면면히 이
어온 조상에 대한 제의를 통해 씨족의 정통성과 역사성을 모색하고 있는
것이다.

이처럼 남평문씨 시조신화는 오늘날에도 신화적 기능을 보유하면서 전
승되고 있다. 곧 족보가 간행된 이래 지금에 이르기까지 후손들의 꾸준한
역사화 작업은 남평문씨 시조신화를 진정한 신화로, 남평문씨 시조인 문다
성은 역사에 의해 역사화의 길을 걷고 있는 것이다. 전승은 같은 것의 되풀

행되며, 주로 낮에 모셔진다. 그리고 성씨마다 시제 모시는 제일은 각각 다르지만, 주로 10
월 상달을 넘기지 않는다.
41) Joseph campbell, 이윤기 옮김, 『신화의 힘』(서울 : 고려원, 1996), 342쪽.
42) 황패강, 「민속과 신화」, 『한국민속학』 제8집(민속학회, 1975), 108쪽.

이가 아니라 반드시 변화를 내포한다. 일정한 형식과 기본적인 구조는 지키더라도 구체적인 내용이나 수사는 시대에 따라 달리 표현된다. 남평문씨 시조신화는 이렇게 내적으로 논리적인 일관성을 가지면서, 역사문화적 경험과 인식을 바탕에 두고, 시대적 사실에 부응하며 신화인 동시에 역사로서 오늘날 전승되고 있다.

5. 맺음말

이상, 남평문씨 시조신화를 대상으로 서사구조를 분석하여 그 문학적 의미를 살펴보았고, 남평문씨 시조신화가 오늘날 현존하기까지 전승의 맥락과 역사화 과정의 면면을 검토하였다. 남평문씨 시조신화는 문다성의 탄생, 성장 그리고 득성 하기까지 일련의 이야기로, 남평문씨 씨족집단의 근원을 설명하는 신화이다. 신화 내용에서 시조의 탄생은 신이함과 영웅적인 면모를 보여주는 차원을 넘어 새로운 성씨집단의 출현과 변별성을 의미한다. 특히 하늘이 제시해주는 것에 따라 성씨로 삼고 있는 것은 절대불변의 성향과 새롭게 형성된 문씨 씨족집단의 영원성을 강조하는 것으로 해석하였다.

설화는 그 자체로 역사적 실체라 하였듯이, 김알지신화는 김씨의 시원을 설명하는 씨족단위 신화이면서, 신라 초기의 역사를 대변하는 건국신화이다. 그러나 남평문씨 시조신화는 김알지신화처럼 건국신화로 발전하지 못한 채, 후손들의 시조신화에 대한 기억과 조선 후기 문중 기록과 유적을 통해 그 명맥이 유지되었다. 남평문씨 시조신화가 지역적인 기반 위해 형성되고, 그 근원을 삼국시대까지 거슬러 올라가고 있는 것은 남평 일대를 중심으로 한 씨족 중심의 신화였으며, 남평 일대를 지지 기반으로 세력을 떨친 씨족집단의 역사를 대신하고 있는 것으로 파악하였다.

또한 남평문씨 시조신화는 조선 후기 족보가 간행된 이래 현재에까지 그 내용을 온전하게 기록하고 있으며, 남평문씨 시조신화가 역사적 사실임을 증거하려는 듯 문암, 시조묘, 장자지, 서원, 유허비 등을 조성하여 오늘날 후손들에게 성소로 거듭나고 있다. 이러한 시조 문다성에 대한 신성화와 성역화 작업은 특히 근래에 들어 오히려 강화되고 있기까지 하다. 그만큼 신화를 인식하는 전승자와 전승력이 확보되어 생명력이 지속되고 있음을 의미한다. 아울러 남평문씨 시조신화가 화석화된 신화가 아니라 오늘날에도 신화적 기능을 보유하면서 전승되고 있으며, 신화가 역사가 되어 이제는 역사화의 길을 걷고 있음을 확인하였다.

덧붙여, 남평문씨 시조신화에 관한 구전자료를 찾을 수 없다는 점을 고려하여 남평을 중심으로 그 일대의 현지조사를 통해 구전자료의 의미 분석과 함께 문중 외에 지역민들의 시조신화에 대한 인식과 대립된 시각 등을 밝혀보는 작업은 추후 과제로 남긴다.

남원진씨와 진함조신화 ■

I. 머리말

성姓은 혈족관계를 표시하기 위한 제도적 장치로, 언제부터 형성되어 왔는지는 자세히 알 수 없다. 그러나 오늘날 성씨는 제도적으로 강화되어 자신의 존재 근원을 확인하는 최고의 사회적 산물이 되고 있다. 후손들이 시조를 비롯하여 조상에 대한 정기적인 의례를 거행하거나 시조를 기점으로 수많은 선조의 대를 거쳐 자신에 이르는 전 과정을 한 눈에 살펴볼 수 있도록 족보 등을 정기적으로 발행하고 있다.

이는 모두가 조선 후기의 사회적, 문화적 과정에서 축적되어 당위성을 확보한 유산으로, 오늘에 이르러서는 성씨에 대한 인식과 기능이 구체화, 세분화, 체계화되고 있기까지 하다. 또한 최근에는 첨단산업의 영향으로 각 성씨마다 홈페이지를 제작하고 디지털 족보를 발행하며 인터넷을 통해 상호교류 하는 등 시대적 분위기에 상응하여, 각 성씨집단의 단결력은 과거에 비해 훨씬 강화되고 있다.

이러한 사회적 분위기에서 시조에 대한 숭앙화崇仰化는 유형적, 무형적으로 성화聖化되고 있는데, 이는 후손들의 해당 성씨에 대한 우월성과 절대적 가치를 반영하고 있다는 점에서 의심의 여지가 없다. 그리고 시조의 탄생과 성씨 부여에 이르는 일련의 과정을 담고 있는 성씨신화는 시조의 신성화에 중추적인 역할을 하고 있다.

본고에서 다루고자 하는 남원진씨 시조인 진함조신화에서도 시조의 신이한 탄생 과정이 그려지고 있고 이를 증명하듯 증거물은 오늘날 후손들에 의해 성화되고 있다. 그리고 매년 시조 제의를 통해 시조신화는 제의적 구술상관물로 기능하고 있다. 결국 후손들은 시조신화를 통해 남원진씨 씨족의 존재 여부를 증명함과 동시에 씨족의 정신적 구심점으로 작용하고 있음을 미루어 짐작할 수 있다.

남원진씨는 그다지 번성한 성씨는 아니다. 우리나라의 전체 성씨를 대성大姓, 귀성貴姓, 희성稀姓, 벽성 등으로 분류해 보면 진씨는 희성에 해당한다.[1] 1930년도 국세조사 당시 진씨는 전국에 412가구가 있었는데 그 중 329가구가 전북에 집중해 있었으며, 오늘날에도 남원, 임실을 중심으로 한 전북 일대에 밀집해 있다.[2] 이러한 남원진씨는 남원이 단본으로, 고려 현종 때의 사람인 진함조晉含祚를 시조로 하고 있다. 진함조는 『고려사』 기록에도 자주 등장하는 역사적 실존 인물로, 그의 탄생에 관한 신이한 내용이 족보와 관련 문헌에 자세히 기록되어 전한다.

본고에서는 남원진씨 문중에서 전하는 진함조신화를 논의의 중심에 두고서, 시조신화를 기록하고 있는 족보와 관련 문헌자료를 우선 검토하고 더불어 실제 신화의 전승 현장을 직접 탐색하여 후손들이 어떠한 양상으로 성역화 하고 있는 지를 살펴볼 것이다. 그리고 여느 성씨신화 못지 않게 특이한 서사구조를 가지고 있는 진함조신화의 문학적 상징과 의미를 분석하여 신화에 담긴 의식과 세계관 그리고 신화의 전설적 변이 양상 등을 파악하고자 한다.

---

1) 김정현, 『흥하는 성씨 사라진 성씨』(서울 : 조선일보사, 2001), 33쪽.
2) 『한국성씨대관』(서울 : 창조사, 1971), 1006쪽. 1994년 조사에 따르면 남원진씨 성을 가진 전체 인구는 6,071명이라 한다.

이야기는 신성하게 인식하고 있는 전승자에게는 신화로서의 역할과 기능을 충실히 수행하지만, 신성하게 믿지 않은 전승자에게는 한낱 전설이나 민담에 지나지 않는다. 이러한 점은 진함조신화에서도 확연히 드러나므로, 시조 탄생의 진원지인 '옥정玉井'에 관한 이야기가 문중과 비문중에게 어떠한 형태로 인식되는지 그들의 전승인식과 기능도 더불어서 살펴보고자 한다.

2. 문헌 검토와 현장 탐색

『세종실록지리지』에 의하면 양梁, 정鄭, 진晉은 인리성人吏姓이라고 적고 있는데,[3] 인리성人吏姓은 성의 출현出自에 의한 구분으로 토성의 다른 명칭으로 파악된다. 조선 초기 성관姓貫에 관한 대표적인 자료이며, 한국 성씨에 대한 가장 기본적인 자료인 『세종실록지리지』에는 전체 250여 성姓이 기록되어 있다. 특히 성씨를 토성土姓, 차성次姓, 인리성人吏姓, 차리성次吏姓, 백성성百姓姓, 입주후성立州後姓 등의 용어로서 당시까지 현존했던 중中, 외外 및 고금古今의 성씨 관계자료를 총동원하여 각 읍 성관의 내부구조와 그 존재양태 및 그 변화과정을 구체적으로 체계화했다.

그리고 이보다 50여 년 뒤에 나온 『동국여지승람』과 이후에 간행된 『신증동국여지승람』에도 진씨 성은 기록되어 전한다.[4] 『동국여지승람』의 성씨조를 보면 단지 본관을 본읍과 임내任內로 구분해 기재하였고, 특히 토성과 망성을 혼효해서 기재하였다. 이러한 기록을 통해 한국 성관의 변천사를 추적해 보면 중국식 성씨제도가 본격적으로 정착된 고려 초기 이래 성의 생성과 소멸에 따른 성 수량의 증감 폭은 크지 않은 반면 그 성이 딛고 선 지역적 구획인 본관의 연혁은 고려·조선 초기를 통해 복잡한 변천과정을 거쳤다고 볼 수 있다.[5] 또한 『용성지』에 의하면 남원 본래의 토족으로, 진晉,

---

3) 『세종실록』 151 地理誌 全羅道, 496쪽.
4) 『東國輿地勝覽』, 『新增東國輿地勝覽』, 남원도호부.

진陳, 방房, 태太, 형邢, 전全, 복卜 등 7성씨가 있는 것으로 기록하고 있는데, 이는 진씨를 비롯한 6개의 성씨가 남원에 정착하여 토족으로서 세를 누린 성씨임을 미루어 짐작할 수 있다.

이처럼 남원진씨를 포함하여 성씨에 관해서는 앞서 언급한 문헌자료를 통해 성씨의 분화, 발전 등을 유추해 볼 수 있으나 그 내용이 간략하여 더 이상의 추론이 불가능하다.[6] 이에 반해 『남원진씨족보』의 기록을 보면 족보의 성향을 단적으로 말해주듯 진씨성과 본관의 유래에 대해 다음과 같이 단언적으로 기록하고 있다.[7]

우리 진씨는 서기 9세기 말엽 남원의 금강동 옥정에서 발상하였으므로 기원지가 남원인데다 시조 함조께서도 그 무렵 남원에서 강탄하셨으므로 우리 진씨가 남원에서 세거하기 시작한 것은 9세기 말엽부터 그 연유가 되었다. 그 후 고려 고종 5년에 현조 석(錫)께서 남원군에 봉군(封君)되시어 남원에 정착하시면서 본격적인 세거 연유가 된 것으로 1218년부터 기원설이자 관향인 남원을 계속 세거지로 지켜오고 있으며 후손에 이르러 점차 전국 각지로 분포되어 산거(散居)하고 있다.[8]

위의 기록은 남원진씨 시조인 진함조의 탄생에 관한 이야기와 역사적 실존인물로서의 문헌기록이 한데 어우러진 것으로, 철저히 문중의 시각이 반영되어 있다. 실제 진함조가 어떠한 인물인지에 대해 자세히 전하지 않으나, 『고려사』에 기록된 단편적인 내용을 실어보면 다음과 같다.

---

5) 이수건, 「조선초기 '土姓' 연구」, 『민족문화논총』 제17집(영남대 민족문화연구소, 1997), 86쪽.
6) 역사학에서는 姓과 본관 및 족보에 대해 전래의 관념과 기존 자료를 무비판적으로 답습하거나 인용하는 점에 대해 비판적인 입장을 취하고 있기 때문에 그에 관한 연구의 축적이 많지 않은 편이다.
7) 『남원진씨족보』는 乙巳譜(총 2책, 1809년)가 처음으로 간행된데 이어서 己巳譜(총 4책, 1905년), 丙寅譜(총 5책, 1956년), 乙卯譜(총 2책, 1975년), 甲戌譜(1994년)가 간행되었다. 특히 을묘보는 내용상 여러 문제점이 발견되어 문중 회의를 통해 폐간시켰다.
8) 『南原晉氏族譜』 世德篇(1994), 19쪽.

임오일에 왕이 상고전(詳故殿)에 나와서 관등(觀燈)을 하던 중 대부(大府)의 기름 창고에 불이 나서 천추전(千秋殿)이 연소되었다. 왕은 궁전과 창고들이 다 타버린 것을 보고 슬프고 한심하게 생각하던 끝에 병을 얻어 정무를 보지 않았다. 왕사, 국사인 두 승려, 대의(大醫) 기정업(奇貞業), 대복(大卜) 진함조(晉咸祚), 대사(大史) 반희악(潘希渥) 등과 재상들인 참지정사 유진(劉瑨), 중추원사 최항(崔沆), 급사중 채충순(蔡忠順) 등은 은대(銀臺)에서 수직하고 …〈중략〉… 모든 궁문을 닫아 사람들의 출입을 금지하고 오직 장춘, 대정 두 문만 열어 놓았다. 그리고 구명도장(救命道場)을 장춘전(長春殿)과 건화전(乾化殿) 두 궁전에 설치하였다[목종 기유 12년(1009)].

8월 임진일에 진함조(晉含祚)를 호부상서로 임명하였다[현종 무오 9년(1018)].

경신 11년(1020) 봄 정월 계해일에 진함조(晉含祚)를 우복야 겸 도정사로, 최원(崔元)을 호부상서로, 이가도(李可道)를 상서우승으로, 이수화(李守和)를 기거랑(起居郎)으로, 최충을 기거사인으로, 이작충(李作忠)을 우보궐(右補闕)로 각각 임명하였다[현종 경신 11년(1020)].

임오일에 진함조(晉含祚)와 주덕명(朱德明)을 상서 좌우복야로 각각 임명하였다[현종 계해 14년(1023)].

무인일에 내사시랑 진함조(晉含祚)가 죽었다. 함조는 일찍이 음양오행설을 공부하였는데 국가에 일이 있을 때마다 반드시 그에게 성패 여부를 묻게 되었으며 마침내 높이 등용되었으나 당시 여론들은 그를 우습게 여겼다[현종 경오 21년(1030)].

위의 기록은 기유 1009년 1월 임신일 전우殿宇와 부고府庫가 불에 타서 재만 남은 것을 보고 목종이 비탄하여 병을 일으켜 정사를 돌보지 않자, 진함조는 왕사국사王師國師 승僧과 대의大醫 기정업奇貞業, 대사 번희옥, 재신宰臣 참지정사 유진劉瑨, 중추원사 최완, 급사중 채충순 등과 은대에 직숙直宿하면서 모든 궁문을 패쇄하고 계엄하여 왕권 수호에 대처하였다. 그리고 무오 1018년 현종 9년 8월 임진일 호부상서戶部尙書, 경신 1020년 현종 11년 1월 계해일癸亥日 우복야右僕射 겸 도정사都正使, 계해癸亥 1023년 현종 14년 1월 임오일壬午日 좌복야左僕射를 역임하고 경우 1030년 현종 21년 7월 무인일戊寅日 내사시랑內史侍郞으로 죽었다는 내용이다.[9] 곧 고려시대 주요 요직을 담당한 진함조는 음양오행설을 공부했고, 그로 인해 등용되었다고 하는 것으로 보아 기인적인 자질이 엿보인다. 비록 여론이 그를 우습게 여겼다 할지라도 이러한 자질이 결국 시조신화를 탄생시킨 원동력이 되지 않았을까 미루어 짐작해 볼 수 있다.

이러한 진함조 탄생에 관한 이야기는 탄생의 진원지인 '옥정玉井'이라는 제목으로 기록되기도 한다. 그리고 실제 옥정이 있는 남원시 대산면 금강리 금강동 일대의 마을사람들은 지금도 옥정에 관한 이야기를 구연하고 있다. 먼저 『용성지』에 실린 내용을 정리하면 다음과 같다.

    玉井在時羅山蛟龍山下金剛洞 諺傳古有一玉女 偶到玉井變有玉童子 乘木片
    遊於井中女近則童輒隱不見 女怪其異潛伺井邊 乃其出執之及玉人也 與之偕歸

---

9) 『남원진씨족보』에도 이러한 역사적 사실에 근거하여 시조 진함조에 대해서 다음과 같이 기록하고 있다.
    "서기 9세기 말엽 남원에서 강탄하셨다. 어려서부터 식견과 도량이 卓異하고 威儀가 엄정하여 군자다운 풍채를 지니셨다. 10여세 때 역사와 고경에 통달하시고 성장하시면서 문장과 도덕이 당세에 宗主섰고 天文星數와 易學에 정통하여 도참술이 神效하셨다. 우리 성씨를 진으로 본관을 남원으로 창제하셨고 災祥豊凶을 도참으로써 質定하여 매양 국가 有事時마다 크게 공헌하시고, 고려 목종과 현종이 信愛敬重하고 師傅로 예우하며 공의 치술을 국사에 대용하였다. 기유 1009년 1월 임신일 殿宇와 府庫가 불에 타서 재만 남은 것을 보고 목종이 비탄하여 병을 일으켜 정사를 돌보지 않자 공께서는 王師國師 僧과 大醫 奇貞業 대사 번희옥 宰臣 참지정사 劉瑨 중추원사 뢰완 급사중 채충순 등과 은대에 直宿하면서 모든 궁문을 패쇄하고 계엄하여 왕권 수호에 대처하였다. 무오 1018 현종 9년 8월 임진일 戶部尙書 경신 1020년 현종 11년 1월 癸亥日 右僕射 겸 都正使 癸亥 1023년 현종 14년 1월 壬午日 左僕射를 역임하시고 경우 1030년 현종 21년 7월 戊寅日 內史侍郞으로 서거하시니 諡號는 文敬公이시다."

仍作夫婦郎 土着晉姓之先也 其後有含祚在高麗顯宗朝 由中部尚書 爲右僕射兼
都正 晉光仁在麗明宗朝 爲殿中侍御史晉錫在麗高宗初 與金良鏡討契舟大捷有
偉 績封南原君.

'언전諺傳'이라 하여 시조가 태어난 일련의 과정과 그로 인해 진성晉姓이
생기게 된 내력 그리고 시조 진함조의 지위와 후손에 관해 간략히 언급하
고 있다. 이러한 내용은 후대에 발간된『남원진씨족보』에 지속적으로 인용
되어 전하고 있으나, 위의 내용에 한정하지 않는다. 씨족의 기원에 관한 후
손들의 기록인 만큼 그 표현방법이 진지하고 적극적이다.『남원진씨족보』
에 기록된 내용을 적어보면 다음과 같다.

교룡산의 정기가 한데 뭉쳐 이 옥정을 열고 산봉우리로부터 스며 나오는 맑고 깨
끗한 석간수는 이 옥정에 넘쳐흐르면서 샘에서 영기가 감돌아 예로부터 하늘이 정한
상서로운 샘으로 전해져 있었다. 이 샘에서 옥동자가 강탄(降誕)하였다 하여 옥정이
라고 이름한 것이다. 태초의 창시 때 우리 진성(晋姓)의 발상지로 점지되어 억겁의
신비 속에 길상을 태동하여 오던 이 옥정에서 서기 9세기말엽 이른 봄 따스한 어느
날 서기가 서리고 5색이 찬란한 무지개 빛이 일고 있었다. 그 때 마침 한 옥녀가 옥
정 샘가에 이르러보니 한 옥동자가 목편을 타고 샘 가운데서 노닐고 있다가 그녀가
가까이 가자 별안간 숨어버렸다. 신기하게 여긴 옥녀는 샘가에 숨어서 몰래 동정을
살피고 있다가 동자가 다시 물위에 나타나자 재빠른 동작으로 동자를 맞아서 자세히
보니 옥인이었다. 얼굴은 백옥같이 희고 눈은 영롱하게 빛나며 이마는 번듯하고 콧
날은 준수하며 입은 한일자로 다물고 손은 산뜻하게 희며 나이는 15~16세 가량 되어
보이나 키는 훤출하여 대장부다웠다. 이리하여 인연이 된 옥동과 옥녀는 함께 돌아
와서 부부가 되어 토착하니 이 옥동랑(玉童郞)이 우리 진성(晋姓)의 시조[鼻祖]이시
고 옥정은 우리 진씨의 발상지가 되었으며 샘 이름은 옥정이라고 부르게 되었다. 신
조(神祖) 옥동과 옥녀께서 얼마 후에 아들을 낳으시니 이 아드님이 우리 진씨의 시조
함조(含祚)이시다.[10]

---

10)『南原晉氏族譜』世德篇(1994), 18쪽. 이외에도 을사년(1905)에 간행된『南原晉氏世譜』의
　　'玉井記'에도 이러한 내용이 기록되어 있다.

위의 내용을 『용성지』와 비교해 볼 때 기술의 관점이나 구사하는 언어가 다르다. 같은 이야기일지라도 『용성지』에서는 채녀采女, 옥동자玉童子, 승목편乘木片 등으로 어휘 선택이 평이하나, 『남원진씨족보』에서는 시조의 아버지인 옥동자를 '강탄降誕'이라 하고, 옥녀玉女, 대장부大丈夫, 신조神祖 등으로 기술하고 있다. 그만큼 족보의 기록이 가급적 많은 미사여구를 동원하고 있고 해당 내용을 신비롭게 묘사함으로써 그 신이성이 한층 강조되고 있음을 알 수 있다.

이러한 족보의 기록 외에도 '옥정玉井'이라는 제목의 전설이 관련 자료집에 실려 전한다.[11] 이 자료집에서는 나물 캐는 아가씨, 동자, 용왕님, 처녀 등으로 내용 자체에 의미를 두고 흥미 위주로 전하고 있어 족보의 기록과는 차별화 된 모습을 보여주고 있다. 곧 이야기를 구연하는 전승자의 자유분방한 인식이 이야기 속에 확대되면서 그 내용이 속화俗化되어, 오히려 흥미 본위의 증거물이 함께 제시되는 전설로서의 성격이 강화되고 있다고 하겠다.

토성 시조 가운데 의성의 김홍술, 밀양의 손경훈孫競訓, 순천의 김총金惣·박영규朴英規, 곡성의 신숭겸申崇謙처럼 죽어서는 본관의 성황신이 된 경우도 있고, 본관의 고성古城, 산택山澤, 전지田地가 그 토성 시조의 소유였다는 전설이 각 읍마다 산재해 있다. 그러한 것이 비록 후대 전설적인 유래라 하더라도 그것은 또한 각 읍 토성들의 지연성을 강력히 시사해 주는 사례라 하겠다.[12] 비록 남원진씨 시조는 그 지역의 성황신으로까지 숭앙되지는 않았다 할지라도 이러한 이야기를 통해 조선 초기 이래 토성으로서 남원지역의 토착성과 지연성을 가늠할 수 있다.

그렇다면 이러한 이야기가 문중에게는 신화로, 문중 외의 집단에게는 전설로 기능하는 현장을 현지조사를 통해 직접 확인하였다. 전북 남원시 대산면 금강리 금강동의 동편에 위치한 샘이 옥정으로, 샘 주변으로 옥정비, 진

11) 오종근, 『남원지방 민간신앙 연구』(남원시, 1997), 171쪽.
　　『傳說誌』(전라북도, 1990), 333~334쪽.
　　『남원군지』(남원군지편찬위원회, 1975), 642~643쪽.
12) 이수건, 「조선초기 '土姓' 연구」, 앞의 책(1997), 93쪽.

함조의 시조묘, 제각 등이 조성되어 있는데, 조선 후기부터 문중에 의해 성역화 된 현장이라 할 수 있다. 먼저 '옥정비명玉井碑銘'을 살펴보면 다음과 같은 내용이 기록되어 있다.

…(전략) 지나간 기묘년(1819)에 후손 익명이 돌에 기록을 하였는데 우물이 메이고 돌이 깎여져서 세월이 오래 가면 민멸되기가 쉬우므로 손자 태욱과 현손 경하가 종중을 이끌어 옥정을 수치(修治)하고 종의(宗議)에 따라 후손 영봉이 명을 만드니 옛 문헌을 좇아 명하여 가로되, 교룡의 발자취 금강동에 자리한 옥정의 정결한 샘에서 진씨의 신조께서 강생하시었네, 금궤와 석함의 출생이 신기함과 같듯이, 옥정에서 신기하게 기원한 후손들이 고려의 사직을 부축하였는데, 물은 차마 없앨 수 없고, 땅은 차마 거칠게 할 수 없어서 옥정을 돌로 완벽하게 수치하였으니 백세에 더욱 빛나리라. 임자 1912년 여름 4월 일에 행주 기우만(奇宇萬)은 삼가 기록하다.[13]

위의 기록을 보면 이미 1819년 이래 후손 진익명이 여러 종원宗員과 의논하여 시조에 관한 내용을 빗돌에 새겨서 세웠다. 그로부터 백여 년이 지난 1912년에 병의炳儀 종하鍾夏가 다시 고쳐 새겼다고 한다. 옥정을 기념한 이 비각에는 '남원진씨南原晉氏 옥정비玉井碑'라 쓰여 있다. 그 이후로 근래에 이르러서는 옥정 외에 시조묘를 치장하고 1991년에 '옥정재玉井齋' 제각을 짓고 이에 대한 기념비 등을 세웠다. 현재와 같은 시조묘는 1974년 3월 3월 설단設壇한 것이다. 그리고 매년 음력 3월 3일이면 이러한 시조묘에서 제를 모시고 있는데, 시조묘가 설단되기 이전에는 같은 날 옥정에서 후손들이 한데 모여 제를 모셔왔다. 그리고 오늘날 후손들은 '정井'을 남원진씨 종기宗旗로 정하고 있는데, 이는 옥정을 상징함과 동시에 4통通 8달達로 제한 없는 발전을 뜻한다고 한다.

---

13) 『南原晉氏族譜』 世德篇(1994), 22쪽.

이렇게 단지 시조 탄생의 진원지인 옥정에 대한 치장治粧이 조선 후기 이래 오늘에 이르기까지 200여 년에 걸쳐 지속적으로 이루어지고 있다. 이러한 옥정 이외에 진함조 시조묘를 조성하는 것은 신화에 역사성을 부가하는 것이며, 역사적 사실성을 더욱 강조하려는 후손들의 의지 표명이다. 이는 남원진씨만의 현상은 아니다. 그 형태를 달리 할 뿐 여러 성씨 문중에서도 전반적으로 나타나고 있어 일련의 사회적 분위기를 반영하고 있는 셈이다.[14] 이러한 문중의 성역화는 후손들의 존재 근원지에 대한 끊임없는 열망이며, 동시에 성씨에 대한 우월성과 독자성을 확보하려는 후손들의 부단한 노력의 산물이라 할 수 있다.

신화는 오히려 역사와의 관계에서 말한다면 '역사가 쓸 수 없었던 또는 쓰고 싶었던 내면사'이며, 실증의 논리에 의하여 그 실재성 여부가 엄격하게 판단되는 범주를 넘어 서 있는 초월적인 존재에 대한 이야기라 했다.[15] 남원진씨 시조신화는 시조의 존재의미를 밝히고, 이를 후손들에게 인지시키고자 하는 성스러운 이야기이다. 역사에서 말할 수 없는 씨족의 내면사를 밝힘으로써, 그들의 꿈을 진술하는 언어인 것이다.

3. 문학적 상징과 변이

진함조신화는 진함조가 탄생하여 남원진씨의 시조가 되는 일련의 과정을 그린 이야기이다. 남원진씨 시조신화이기도 한 이 이야기는 씨족의 기원을 설명하고 있고, 해당 씨족이 이를 신성하게 인식한다는 점에서 신화라 함은 의심의 여지가 없다. 따라서 신화의 성격을 충분히 반영하고 있는 족

---

14) 남평문씨의 경우 文巖, 始祖墓, 長子池, 書院, 遺墟碑 등을 조성하여 오늘날 후손들에게 聖所로 거듭나고 있는데, 남평문씨처럼 시조신화를 직접적으로 증거하는 내용물이 한 세트가 되어 표현된 경우는 드물다 하겠다.
15) 이재광, 「중국의 신화와 역사」, 『정신문화연구』 23권 1호(78호)(한국정신문화연구원, 2000), 61쪽.

보의 기록 내용을 토대로[16] 우선 최소의 서사단위로 나누어 보면 다음과 같다.

ㄱ 옥정은 태초의 창시 때부터 진씨의 발상지로 점지되어 길상으로 태동하여 오다.

ㄴ 9세기 말엽 이른 봄 따스한 날에 옥정에 서기가 서리고 오색찬란한 무지개가 일다.

ㄷ 옥정에서 목편을 타고 노니는 옥동자를 옥녀가 발견하다.

ㄹ 이를 신기하게 여긴 옥녀는 다시 물위에 나타난 동자를 맞이하다.

ㅁ 옥동자는 얼굴이 희고 이목구비가 수려하며 키가 훤출한 대장부였다.

ㅂ 옥동과 옥녀는 부부가 되어 아들을 낳으니, 이 아들이 남원진씨 시조가 되다.

이상과 같이 여섯 개의 서사단위로 나눌 수 있다.[17] 경주김씨, 남평문씨, 하음봉씨, 파평윤씨 시조신화에서는 시조의 탄생과정이 이야기 전개의 핵심을 이루고 있는 것과는 달리, 남원진씨 시조신화는 시조 부모의 성혼관계가 이야기의 대부분을 장식하고 있다. 위의 이야기는 크게 전반부, 후반부로 나눌 수 있는데, 전반부는 옥동자와 옥녀의 만남, 후반부는 시조의 탄생과 성씨 정착으로 구분된다.

옥녀와 옥동자의 만남이 이루어지는 옥정은 이미 태초의 창시 때부터 예견되었던 길상지였다. 그리하여 마침내 때가 되자 이 옥정에 서기가 서리고 오색찬란한 무지개가 일어난다. 인근 마을사람들이 빨래를 하던 평범한 우물이 옥동자가 출현하기 위한 전조로 인해, 이제는 일상적인 공간이 아닌

---

16) 『南原晉氏族譜』 世德篇(1994), 18쪽.

17) 이러한 서사구조 외에 남원의 대산면에 있는 옥정에 신동이 내려와 놀고 있을 때 교룡산에서 홍교를 타고 처녀가 내려와 부부가 되고 신동은 하늘로 올라갔는데 그 사이에서 태어난 아이가 진씨의 시조가 되었다는 이야기가 기록되어 있다『성씨의 고향』(서울 : 중앙일보사, 1989), 1977쪽). 이러한 이야기는 앞서 언급한 이야기와 동떨어져 문중에(진병두, 남원시 대산면 방동리) 그 여부를 확인한 결과 기록이 잘못된 것으로, 그 당시 책을 만드는 과정에서 삭제해줄 것을 요구하였으나 받아들여지지 않았다고 한다(2004. 8. 10 현지조사).

특별한 장소의 공간으로 전이되고 있음을 의미한다. 이러한 우물에서 목편을 타고 노니는 옥동자 출현은 석탈해가 배를 타고 바다 건너 가락국에 도착하는 것을 연상케 한다.[18] 석탈해가 도래하여 신라의 새로운 세력집단을 형성하였듯이, 옥동자의 출현 자체가 비교적 간단히 표현되고 있으나, 새로운 씨족의 출현을 예고하고 있다.

이러한 옥동자가 기이한 존재임을 옥녀는 단박에 알아본다. 그래서 옥정에서 숨어 지켜보다가 결국 물위에 나타난 옥동자를 맞이하게 된다. 옥동자는 기이한 존재임을 증명하듯 얼굴이 희고 이목구비가 수려하며 키가 훤칠한 대장부였던 것이다. 그리하여 그들은 부부의 인연을 맺게 된다.

위의 이야기의 전반부는 옥정이라는 장소와 옥동자, 옥녀라는 인물로 집약시킬 수 있다. 신화는 가장 풍부한 상상력의 산물이며, 상징적인 모티프와 이미지를 자유자재로 사용하고 있기 때문에 그것들에 대한 천착이 함께 수행되어야 한다. 우선 공통분모인 옥의 의미를 주목해 보면, 옥은 구슬로, 방울, 구형의 자연물이나 원형 조형물과 연관지어 상징성을 찾을 수 있다. 구슬의 가장 큰 유사물은 하늘이고, 그 가장 작은 유사물은 이슬 방울, 눈물 방울, 눈망울 등이다. 구슬을 거시적으로 보면 하늘에서 연상할 수 있는 우주의 축소로서 '작은 우주'를 상징한다. 동시에 해와 달의 모상이라는 점에서 구슬은 복합적으로 강한 우주성 또는 왕권을 상징하게 된다.[19] 남원진씨 문중은 우물, 동자, 처녀 등의 일반적인 표현이 아닌 玉이라는 특별한 용어를 중복해서 사용하고 있는 점은 이러한 옥이 갖는 상징적인 의미, 소우주적 세계관을 표현하고 있는 것으로 해석된다.

그리고 옥동자와 옥녀의 만남이 이루어지는 우물은 생명의 원천이거나 생명의 원천에의 통로이다. 이럴 때 우물은 생생력의 상징이라 부를 수 있다.[20] 우리의 건국신화에서도 주몽의 어머니인 유화부인이 웅심연에서 낳

---

18) 『三國遺事』 卷 第一 紀異 第四代 脫解王.
19) 『한국문화상징사전』(서울 : 동아출판사, 1996), 72쪽.
20) 김열규, 『한국의 신화』(서울 : 일조각, 2000), 116쪽.

고, 신라 박혁거세의 부인인 알영은 알영정이라는 곳에서 태어났다. 이들 유화와 알영은 물이 지닌 풍요와 생명의 신화적 상징성을 가진다. 이처럼 한국의 고대 건국신화에서 강이나 물의 공통 모티프가 발견되는 것은 농경 문화권의 상징이며 물은 생명의 근원이면서 그 젖줄인 강은 신성의 대상이 되기 때문이다. 남원진씨 시조신화에서도 우물은 창조력의 원천이며, 생명의 근원이 된다. 또한 물은 아기 생명의 시원으로 존재하고 있다. 그래서 목편을 타고 노니는 옥동자는 이미 이러한 생명의 근원에 따른 결실이므로, 옥정은 자연 후손들에게 신성의 공간으로 자리 매김하고 있는 것이다.

이러한 옥정에서 옥동자의 출현 → 옥녀와의 만남 → 부부인연의 과정은 결국 진씨 시조의 탄생으로 절정에 달한다. 출생 그 자체는 개체에 있어서 원일성 상실의 첫 경험이자, 그 뒤에 오는 모든 분열의 원인이 된다. 이것은 마치 천지개벽이 우주의 최초의 분열이며 모든 분열의 원인이었던 것과 대비된다. 출생에 의하여 모태라는 환경과 태아는 분열된다. 신화적인 사고로 본다면 출생 그것은 원일성의 상실 즉 낙원의 상실과 대비될 불행이다.[21] 옥동자가 기이한 존재이기에 시조의 탄생은 비록 원일성은 상실될지라도 새로운 세계에서 신이성을 획득하고 신성한 혈통을 부여받은 계기가 된다.

이렇듯 옥동자는 우물에 불현듯 등장하나 생명의 원천인 물에 의해 태어난 존재인 것이다. 그래서 그는 평범한 인간이 아닌 수신의 권능을 부여받음과 동시에 신적 질서에 합류하게 된다. 그리고 옥녀는 평범한 여인일지라도 수신과 결합을 통해 대지, 풍요를 상징하고 다산을 관장하는 지모신으로서의 의미를 부여받는다. 이러한 수부신과 지모신의 결합으로 시조가 출생하는 수부지모형 서사구조는 견훤의 탄생, 서동의 탄생설화에서도[22] 확인된다. 따라서 남원진씨 시조는 수신과 지신의 결합에 의해 태어난 아이로서 부모로 인해 신성성을 부여받는 동시에 월등한 자질을 갖춘 완벽한 인간으로 거듭나게 된다.

---

21) 황패강, 「민속과 신화」, 『한국민속학』 8집(민속학회, 1975), 104쪽.
22) 『三國遺事』 卷 第二, 紀異 第二, 무왕, 후백제 견훤.

신화는 민족의 사상도 문화도 역사도 함께 담고 있는 매우 응축력이 강한 설화다. 그 신화를 말해 온 언중에 관한 제반 사항을 담고 있기 때문에 신화가 가진 세계상을 발견하는 일은 민족의 자기 발견에 해당되는 일이다.[23] 비록 성씨신화는 해당 씨족에 제한되나, 그 씨족의 역사성을 담고 있으며, 이와 함께 조상에 대한 신성성과 성씨 생성에 대한 당위성을 드러내고 있다. 그래서 남원진씨 시조신화 역시 남원진씨 씨족집단에게는 신화로 기능한다. 그러나 전설집에 수록되거나 남원진씨 외의 일반인들이 전하는 이야기는 족보에 기록된 내용과는 다른 서사구조를 보이고 있다. 성씨신화가 씨족집단을 벗어나면 얼마든지 전설로 변이 될 수 있다는 점은 남원진씨 시조신화를 통해서도 확인된다. 우선 해당 전설을 최소 단위로 나누어보면 다음과 같다.

<가>
① 옛날에 옥정의 물이 좋아 뱀장어가 많이 살다.
② 어느 날 처녀가 옥정에서 혼자서 늦게까지 빨래를 하게 되다.
③ 갑자기 잔잔한 샘물에서 이상한 소리가 들리더니 홍안의 동자가 나와 처녀가 혼절하다.
④ 그 후 처녀는 배가 불러 아들을 낳다.
⑤ 아들을 하늘이 내려주신 것이라 하여 쯥이라 부르다.

<나>
① 옛날 금강리에 자식이 없는 아낙이 있었다.
② 어느 여름에 옥정에서 아들을 점지해달라고 치성을 드리다.
③ 옥정에서 갑자기 뱀장어가 튀어 나와 아낙은 정신을 잃다.
④ 그 후 아낙은 아들을 낳다.
⑤ 뱀장어를 보고 아들을 얻었다 하여 진씨라 부르게 되다.[24]

---

23) 민속학회, 『한국민속학의 이해』(서울 : 문학아카데미, 1994), 327쪽.
24) 『傳說誌』(전라북도, 1990), 333~334쪽.

이러한 이야기는 실제 현지조사를 통해서도 다양한 변이를 확인하였는데, 앞서 언급한 족보의 기록과는 상응된다. 마지막에 성씨의 유래를 밝히고 있으나, 시조에 대한 언급은 없다. 특히 서사내용의 전개가 전승자의 태도면에서 신화가 지녀야 할 신성성이나 진실성이 없으며, 그런 점에서 전승자들도 신화로 인식하지 않는다. 신화는 일상적인 경험 이전에 또는 일상적인 합리성을 넘어서 존재한다고 믿고 그 진실성과 신성성을 의심하지 않을 때 비로소 신화는 신화로서의 생명을 가질 수 있다.

위의 이야기는 밤늦게 빨래하는 처녀 앞에 뱀장어가 동자로 변신하여 나타난다. 그리하여 교혼을 통해 낳은 아들의 성을 진씨로 했다는 것이다. 그리고 또 다른 이야기는 옥정에서 아들을 점지해 달라고 기도하는 아낙에게 뱀장어가 직접 나타나 교혼하여 낳은 아들의 성을 진씨로 하였다는 것이다. 모두 이류교혼 모티프를 가지고 있다. 앞서 신화에서는 진씨로 성을 삼게 된 연유가 밝혀져 있지 않지만, 위의 전설에서는 오히려 자세하다.

신화에서는 옥정에 출현한 옥동자가, 전설에서는 뱀장어가 홍안의 동자로 변하거나 뱀장어 그대로 표현되고 있다. 창녕조씨, 충주어씨, 평강채씨 시조신화는 이류와의 교혼을 통해 시조가 태어나서 그로 인해 하늘이나 왕이 사성을 함으로써 새로운 성씨 시조가 시작되는 반면, 신화의 성격이 상실되면서 전설로 속화(俗化)되어 지역과 집단을 초월하여 전국적인 전승을 보이고 있다.[25] 이는 남원진씨에서도 그대로 나타나는데, 다만 그 이류의 정체가 뱀장어라는 점이다. 따라서 남원진씨 시조신화와 시조전설의 서사내용은 다음과 같이 구분되어 정리할 수 있다.

남원진씨 시조신화 : 결혼 → 잉태 → 성씨 시조
남원진씨 시조전설 : 이류정체 → 교혼 → 작성(作姓)

---

25) 서해숙, 「창녕조씨 시조신화 연구」, 『한국언어문학』 49집(한국언어문학회, 2002), 98~99쪽.

신화가 원초적이고 근원적인 것에 대한 고대인들의 존재론이고 인식론이라는 것이 사실이라 하더라도, 그들의 신화구조가 신성을 향한 믿음과 같은 종교에서 유래되는 것인 만큼, 신화가 신성을 바탕으로 하지 않는다면 이미 그것은 세속화되고 그래서 신화는 쉽사리 전설과 비슷해진다.[26] 곧 전설이 사실로 여김의 이야기라면, 신화는 사실로 믿음의 이야기이다.[27] 시조신화에서는 추상화되고 미화된 내용이 전설에서는 전승자의 단순한 허황함이 가미되어 구체적으로 형상화되고 있다.

신화에서의 옥동자는 평범한 인간이 아니고, 일상적인 모습이 아니기 때문에 신성하게 인식한다. 그래서 옥녀와의 교혼은 더할 나위 없이 신성한 것이며, 교혼에 의해 탄생한 시조 역시 평범하지 않은 영웅적인 면모를 과시하고 있다. 그래서 시조는 성씨 시조로 좌정하게 된다. 그러나 전설에서는 이류의 정체가 드러나고, 그로 인해 태어난 아이의 성을 짓는 것으로 이야기가 전개된다. 이류의 정체가 뱀장어로 표현되고 있는 것으로 보아 신화로서 기능하는 신성성과 신화적 질서가 결여된 채 전설로 속화되어 구전되고 있음을 알 수 있다. 따라서 전설에서는 이류의 정체로 인해 성씨 시조가 아닌 단지 성을 짓는 것으로 의미가 축소되고 있는 것이다.

"전설화의 과정에는 전승적 요소, 화자, 사회의 삼자가 상호 동시에 작용한다. 전승적 요소란 사상에 대한 믿음에 깊게 관련된다. 그러나 전설화 과정에서 다양한 변이가 일어남은 그 믿음에 인간의 합리적이고 일상적인 인식이 함수로 작용하기 때문이다. 전설의 각 편은 그러한 상호 영향관계의 한 점에 위치한다."[28] 인간의 합리적인 사고와 일상적인 인식이 신화의 변이를 가져온 것이며, 따라서 온전한 신화를 이야기할 수 없게 된 것이다.

---

26) 이상일, 「설화장르론」, 『민담학개론』(서울 : 일조각, 1982), 64쪽.
27) 임재해, 「존재론적 구조로 본 설화갈래론」, 『한국·일본의 설화연구』(인천 : 인하대 출판부, 1992), 17쪽.
28) 천혜숙, 「장자못전설 재고」, 『민속어문논총』(대구 : 계명대출판부, 1983), 664쪽.

4. 전승자의 인식과 기능

이상 살펴보았듯이, 남원진씨 시조신화는 여느 성씨신화처럼 초월적으로 표현되며 전승자인 후손들의 깊은 믿음에 바탕을 두고서 신비롭게 미화된 신이성을 지닌 신화이다. 남원진씨 후손들은 옥정과 시조묘에 대한 성역화를 통해 다른 씨족과는 변별되는 그들만의 신성성을 확보하고 있다. 실제 남원진씨 문중의 시조신화에 대한 전승의식의 단면은 족보 곳곳에 표출된다. 이러한 표출은 각 성씨의 문중마다 보편화된 모습일지라도, 어떠한 양상으로 그려지고 있는 지는 각기 다르다. 우선 '옥정제玉井祭 축문祝文'과 '옥정비명玉井碑銘'을 살펴보면 다음과 같은 내용이 언급된다.

백두산 정기 한데 뭉쳐 교룡산에 내리고 그 정령이 금강동 옥정에서 인간으로 환생하시니 오직 우리 비조이십니다.

산과 물이 서로 접촉하여 통합하고 복되고 즐거운 길한 조짐이 서로 일치하게 대응하니

하늘이여 땅이여 탯자리를 편안하게 하여 주소서.

대대손손 집안 명성이 영세에 떨치도록 하여 주소서.

우리 가문을 발상시켜 주신 윤덕(倫德)에 보답해야 할 은혜가 하해(河海)같이 크고 넓어 그지 없사옵니다.[29]

옛 선비가 이르기를 천지의 기운이 건부(乾父)와 곤모(坤母)에서 발생하여 이 두 사이에서 출생되는 것이 거개가 다 그런 것인데, 더욱 친첩극색(襯貼克塞)한 기운이 이 땅과 저 경계가 없이 출생하는 바로서 혹 나무 아래서 출생하기도 하고, 혹은 토혈(土穴)에서 출생하기도 하며 금궤(金櫃)와 석함(石函)에서 나온 일은 이미 가히 증거가 되는 것이 진씨의 신좌 옥정에서 나온 것과 같은 것이나. 내개 이른바 인봉

---

29) 白頭鍾氣 龍山降精 一區金岡 玉井是靈 鍾生異人 惟我鼻祖 山水交感 瑞祥照應 乾兮坤兮 胎地是安 子也孫也 家聲永傳 欲報倫源 河海岡極(『南原晉氏族譜』 世德篇, 1994, 21쪽).

(麟鳳)의 출생은 마땅히 보통과는 다른 것이다. 그 출생함이 다르므로 그렇게 개원 (開元)한 집안의 후손에게서 심한 광현(光顯)이 생기는 것이니 상서(尙書) 함조(含 祚) 시어(侍御) 광인(光仁)이 대를 이어 고려의 명신이 되었고 남원군 석(錫)이 거란 을 토벌하여 사직에 공이 있었으며 자손들이 그 그늘에 자리잡아 문행(文行)과 과 관(科官)이 대대로 끊치지 아니하였는데, 모두 옥정으로 조기(肇基)를 하지 않음이 없었다.30)

옥정에서 남원진씨의 비조鼻祖가 나타나고 이어서 시조가 탄생한 것은 하늘과 땅의 자연 섭리에 의한 필연적인 산물이며, 이 땅과 경계 없이 나무 아래, 토혈土穴, 금궤, 석함에서 출생하는 여느 성씨신화처럼 하등 다를 바 가 없다는 것이다. 여기에서 사실 여부는 중요하지 않다. 후손들은 오히려 복되고 즐거운 징조가 있음으로 인해 문행文行과 과관科官이 끊이지 않고 계속되기를 소원하며, 대대손손 영세 누리기를 갈망한다.

오늘날 시조묘는 옥정의 상원上原에 위치해 있는데, 1974년 3월 3일에 시 조 문경공을 비롯하여 현조顯祖 어사공御史公 광인光仁, 현조顯祖 남원군南原 君 석錫 등 3위位를 각각 설단設壇하고 단비壇碑와 석의石儀를 갖추었다.31) 남원진씨 외에도 이러한 문중의 조상에 대한 치장작업은 근래에 들어와 심 화되고 있어, 족보 편찬과 함께 사회적·역사적 분위기로 이해된다. 이렇게 단소壇所를 설단한 이래 매년 음력 삼월 삼진날이면 후손들은 이곳에서 한 데 모여 제의를 올리고 있다. 제의를 통해 시조를 비롯한 조상은 신으로 격

---

30) 先儒謂 天地之氣 生之乾父坤母 生於兩間者 擧然而此 尤襯貼克塞 無此疆爾界所生 或樹 下 或土穴 金櫃石函 己事可微 若 晉氏之祖 生於玉井 蓋所謂 麟鳳之生 宜異於凡 其生異 故 啓于後者 甚生光顯 尙書 含祚 侍御 光仁 連世爲高麗名臣 南原君 錫 討平契丹 功存 社稷 子孫席蔭 文行科官 世世不絶 未始不以玉井爲肇基『南原晉氏族譜』世德篇, 1994, 23쪽).

31) 남원군에 이르러 비로소 남원진씨가 남원을 중심으로 정착하게 되었다고 한다. 현재 남원 시 대강면 방동리는 남원진씨의 대표적인 집성촌으로 600여 년의 역사를 가진다. 방동리에 는 현재 남원진씨가 80여 가구 정도인데, 과거에 비하면 축소된 편이다(진병두,『芳洞誌』, 1995).

상·인식되고 있는데, 무엇보다 이러한 제의의 한가운데 시조신화가 있음은 더 말할 나위가 없다.

신화와 제의는 복합적인 문화현상이다. 신화는 신앙을 기저로 하여 형성되고, 신앙은 신화를 기저로 하여 믿어진다. 신화는 곧 종교적 상관물이다.[32] 남원진씨 시조신화가 과거, 현재, 미래에도 혼류하여 흐르는 초역사적인 의미를 지닌 언어인 만큼, 그 기층에 흐르는 신앙을 구체적으로 행위화한 것이 시조신 제의라 할 수 있다. 그래서 시조신화는 결코 고대적 산물로 머물러 있지 않는다. 후손들은 제의를 통해 매년 시조신화를 환기하며 되살리고 있다. 그리고 이에 근거하여 후손들은 씨족의 정통성과 역사성을 모색함과 동시에 씨족의 결속력을 더욱 강화하는 매개 행위로 기능하게 된다. 동시에 씨족의 정신적 구심점으로 작용하고 있는 것이다.

결국 남원진씨 시조신화는 씨족의 우월성과 가문 중시 경향의 한 정점을 차지한다. 신화의 전승자인 후손들은 시조신화를 믿고 신성시 여기면서 동시에 시조신화가 남원진씨 문중의 과거, 현재, 미래를 연결하는 매개체로 작용하고 있는 것이다. 현재적 자신의 고결함과 신성함을 위해 시조신화는 존재하며, 나아가 후손 번성과 가문 영달을 위해 시조신화는 계속해서 존재하게 된다. 그러기에 후손들은 지속적으로 족보의 기록과 제의를 통해 이를 아낌없이 표현하고 있는 것이다.

이러한 시조신화에 대한 후손들의 인식과는 달리 일반 전승자들에게는 신화가 아닌 전설에 지나지 않는다. 특정 지역의 우물에 얽힌 이야기일 뿐이다. 실제 남원시 대산면 금강동에 살고 있는 사람들은 이를 어떻게 구연하고 있는 지 현지조사 결과, 대부분 다음과 같은 이야기를 들려주었다.

(그 우물에서) 처녀가 빨래를 빠니까 진 것이 나와서 애기를 나아서 진씨가 많이 퍼져갖고. 손이 퍼졌다고 그래. 시금 시제를 모셔. 동네 처녀들이 빨래 빨려면 그 우물에 가서 빨았지.[33]

---

32) 나경수, 「신화의 개념에 대한 攷」, 『한국민속학』 제26집(민속학회, 1994), 159~160쪽.

옛날에 시조 때 진대다고. 그래서 진 뱀이 나와 갖고 큰애기 몸뚱이를 감어갖고. 그래서 진씨래. 거기서 새끼가 퍼졌데야. 그래서 진씨라고 그랴. 뱀이 처녀 몸을 감아서. 옛날에는 그 시얌에서 빨래도 허고 그랬는디. 큰 애기가 거가서 빨래를 헌디 진 뱀이 나오드래. 뱀이 나와갖고 큰애기 몸뚱이를 감아갖고 새끼를 퍼뜨렸데. 몸뚱이를 감었응게 새끼를 낳았을테지. 그 샘은 옛날 옛적부터 있었대. 진거에서 새끼를 퍼졌응게 진씨라고 그러제.[34]

거기 시얌이 있는데, 빨래하러 갔어 처녀가. 씨얌 쪽에서 가물치가 인도환생 해갖고 나타났어. 말하자면 뱀장어 뱀장어지. 인도환생 해갖고 사람이 되어갖고. 그래갖고 태어난 것이 말하자면 시조여 시조. 그래서 진씨라고 그렸어.[35]

처녀가 빨래를 갔대. 그래갖고 뱀장어와 교미를 해서 남원진씨 시조가 나왔다고. 시조가. 진씨들을 뱀장어라고 그래 뱀장어.[36]

옛날에 이야기를 들어보믄요. 조그만한 옹달샘이 있었다 그 말이여. 지금처럼 보존 안되어 있고 원체(*워낙) 샘물이 좋으니까. 마을에서 터를 잡고 사는 사람들이 거그 가서 빨래 같은 것을 하고 오고 그런디. 아가씨가 인자 이 마을에 사는 아가씨가 거그로 빨래를 허러 갔는디. 인자 뱀장어가 시얌에서 나와서 그래가지고 남자로 말하자면 되어가지고 여자하고 결실이 되어가지고. 거그서 탄생하는 것이 남원진씨여. 말하자면 그 여자가 태아를 낳은 것이 남원진씨 씨가 거그서 나온 것이지. 거기서 남원진씨가 시작되었지요 말하자면. 어렸을 때 어르신들한테 들었어.[37]

이처럼 옥정이라는 동일한 사물에 얽힌 이야기가 구연자마다 다양하게

33) 김봉남(여, 80세), 2004. 6. 24 남원시 대산면 금강동 현지조사.
34) 김보덕(여, 76세), 2004. 6. 24 남원시 대산면 금강동 현지조사.
35) 이기덕(남, 80세), 2004. 6. 24 남원시 대산면 금강동 현지조사.
36) 장동섭(남, 67세), 2004. 6. 24 남원시 대산면 금강동 현지조사.
37) 이정만(남, 63세), 2004. 6. 24 남원시 대산면 금강동 현지조사.

표현되고 있으며, 앞서 전설집에 기록되어 있는 자료보다 더 구체적이고 현장감이 살아 있다. 그리고 구연자가 남자이고 나이가 젊을수록 구술이 자세하고 논리적임을 확인할 수 있다. 이러한 이야기를 구연하는 이들은 남원진씨와는 아무런 관련이 없다. 그래서 시조가 누구인지가 중요하지 않다. 우물에서 남원진씨가 시작되기까지의 과정을 묘사함에 있어 앞서 신화에서의 신이성은 자연 배제될 수밖에 없는 것이다. 그래서 신화에서의 시조의 강탄 降誕이, 전설에서는 이류와의 교혼에 따른 결과일 뿐이다. 그리고 구연자에 따라 이류가 뱀장어가 아닌 뱀이 되기도 한다. 이는 구연자의 착오일지라도 전설의 다양한 변이를 초래하는 이유가 된다.

일반적으로 전설은 일정한 사실에 근거를 두고 꾸며낸 이야기로서 사실 해명의 기능을 지니고 있다. 꾸며낸 이야기이기 때문에 전설은 문학이지만, 객관적인 사실을 근거로 하고 있다는 점에서는 역사와도 만난다. 자연히 전설은 문학성과 역사성을 함께 지니게 된다. 위의 전설에서도 옥정과 남원진씨 시조라는 두 층위를 통해 전설이 갖는 문학성과 역사성을 동시에 확인할 수 있다.

결과적으로 이들 전승자에게 옥정은 시조의 탄강지가 아닌, 과거 빨래하던 곳으로 기억되는 장소일 뿐이다. 그래서 옥정은 이류인 뱀장어와 처녀가 교혼했던 공간이기에, 오늘날에도 호기심과 흥미를 유발하는 전설의 현장으로 구전되고 있는 것이다.

5. 맺음말

지금까지 남원진씨 시조신화인 진함조신화를 중심으로 신화를 기록하고 있는 문헌과 신화의 전승현상을 탐색하고, 이를 토대로 시조신화의 문학적 상징과 의미 그리고 전설적 변이 등을 살펴보았으며, 아울러 시조신화와 시조전설을 구연하는 전승자의 인식과 기능을 검토하였다.

문헌에 따르면 남원진씨는 조선 초기 이래에 남원에 정착하여 지금에 이르고 있다고 한다. 남원진씨는 비록 번성한 성씨는 아닐지라도 시조신화에 근거하여 성역화 작업은 어느 성씨 못지 않게 활발하게 이루어지고 있다. 시조인 진함조는 역사적 실존 인물로 『고려사』에 간략하게 언급되어 전하는데, 역사에서 말하지 못한 내용이 신화에서는 오히려 자세하다. 시조가 태어나기까지의 일련 과정 그로 인해 진성晉姓이 생기게 된 내력을 설명하고 있는 신화는 시조의 존재 의미를 후손들에게는 인지시키고자 하는 성스러운 이야기이다. 역사에서 말할 수 없는 씨족의 내면사를 밝힘으로써, 그들의 꿈을 진술하는 언어라 할 수 있다.

이러한 시조신화는 『남원진씨족보』에 지속적으로 기록되어 전하는데, 후손들에 의한 기록인 만큼 그 표현방법이 진지하고 적극적이며 해당 내용을 신비롭게 묘사함으로써 그 신이성이 한층 강조되고 있음을 알 수 있다. 또한 시조신화의 현장인 전북 남원시 대산면 금강리 금강동에는 조선 후기 이래 오늘에 이르기까지 200여 년 동안 옥정을 비롯하여 옥정비, 시조묘, 제각 등이 조성되어 있다. 이는 자신의 존재 근원지에 대한 문중의 성역화 작업으로 그만큼 성씨에 대한 우월성과 독자성을 확보하려는 후손들의 부단한 노력의 산물이라 할 수 있다.

한편, 시조신화의 서사구조는 전반부는 옥동자와 옥녀의 만남, 후반부는 시조의 탄생과 성씨 정착으로 구분할 수 있다. 옥동자가 생명의 원천인 우물에 출현하는 것은 곧 물에 의해 태어난 존재로 수신의 권능을 부여받으며, 옥녀는 수신과의 결합을 통해 풍요와 다산을 상징하는 지모신으로서의 의미를 부여받는다. 따라서 남원진씨 시조는 수신과 지신의 결합에 의해 태어난 아이로서 부모로 인해 신성성을 부여받는 동시에 월등한 자질을 갖춘 완벽한 인간으로 거듭난다. 그러나 시조전설에서는 이류의 정체를 확인하고 그로 인해 성을 짓는 것으로 의미가 축소되고 서사 내용 역시 신화적 질서가 결여된 채 속화되어 있음을 알 수 있었다.

남원진씨 시조신화는 여느 성씨신화처럼 과거뿐만 아니라 현재, 미래에도 살아 있는 신화이다. 과거의 기억으로 머물러 있지 않고, 시조신 제의를 통해 신화는 매년 기억된다. 그리하여 후손들은 신화를 통해 남원진씨만의 정통성과 역사성을 확보하면서 동시에 씨족의 정신적 구심체로 작용하고 있다. 그러나 이러한 후손들의 인식과는 달리 일반 전승자들에게는 시조신화는 신화가 아닌 전설에 지나지 않으므로, 구연자마다 다양하게 표현하고 있다. 곧 신화에서의 신성성과 신이성이 전설에서는 호기심과 흥미를 유발하는 기능을 할 뿐 더 이상 신화일 수가 없는 것이다.

경주최씨와 최치원설화 ■

I. 머리말

오늘날 최치원은 우리나라를 대표하는 대문장가이다. 최치원은 다른 인물에 비해 유독 많은 소설과 설화 속의 주인공으로 회자되고 있는데, 특히 최치원 관련 설화는 전국적으로 유포되어 민중들 가슴 깊이 각인된 인물이기도 하다.

최치원은 12살의 나이로 당나라에 건너가 17세 때 과거에 급제, 승무랑시어사내공봉承武郞侍御史內供奉에 이르고 자금어대紫金漁袋를 하사받았으며, 제도행영병마도총諸道行營兵馬都總인 고린高騈의 종사관을 역임한 뒤 귀국하여 시독 겸 한림학사 수병부시랑 지단서감사侍讀兼翰林學士守兵部侍郞知端書監事가 된 뒤 대산, 천령, 부성 등지의 태수를 지냈다. 그 뒤 시무 10조를 올려 아찬에 이르렀으나 난세를 비관, 벼슬을 버리고 전국을 유랑한 뒤 말년을 해인사에서 보냈다. 고려 현종 대에 이르러 내사령에 추증되었고, 13년 문창후에 추봉되었다. 이처럼 최치원은 신라 말업에 당나라에까지 문명文名을 떨칠 만큼 그 명성은 대단하였으나 결국 정치 사회적인 제약에 부딪쳐 현실의 삶을 외면한 인물이다. 역사적으로 보면 최치원은 실패한 인물임이 분명하다.

최치원에 관한 문헌자료로는 『삼국사기』가 가장 오래되고 신빙성 있는 기록으로 인정되고 있는데,[1] 그의 가계는 사전史傳이 남아 있지 않아 자세히 알 수 없다고 기록되어 있다. 더구나 그 후의 문헌들, 즉 『삼국유사』, 『파한집』은 모두 『삼국사기』의 기록을 바탕으로 쓰여진 것이기 때문에 최치원의 역사적 실제 모습을 재구하기는 사실상 어렵다. 그 외 최치원에 관한 기록은 『계원필경桂苑筆耕』, 『해동명신록海東名臣錄』, 『대동운부군옥大東韻府群玉』, 『태평통재太平通載』, 『해동잡록海東雜錄』, 『해동이적海東異蹟』, 『해동전도록海東傳道錄』, 『대동야승大東野乘』, 『택리지擇里志』 등에 실려 있는데, 후대에 올수록 기록자의 관심에 따라 전체적인 것보다 어느 한 부분만을 다루고 있으며, 초현실적인 신이성을 강조하는 설화적인 요소가 점차 확대되고 있다. 『태평통재』에서 최치원이 쌍녀분을 지나가다 유령과 만나 시로 화답하는 이야기는 그 대표적인 예가 될 것이다.

이러한 문헌자료 외에도 최치원에 관한 구전설화들은 오늘날에도 면면히 전승되고 있는데, 최치원의 탄생, 성장, 죽음에 이르기까지 그 양상이 다양하다. 문헌에 최치원의 출생과 죽음이 어떠했는지 그 구체적인 과정이 언급되지 않았기에 민중들에게 무한한 설화화說話化를 가능하게 하였을 것이다. 우선, 최치원 관련 설화가 어떠한 양상으로 전승되고 있는지를 수집된 자료를 토대로 다음의 표와 같이 정리하였다.[2]

---

1) 『삼국사기』 권 제46, 「열전」 제6, 신라본기 최치원조.
2) 최상수, 『한국민간전설집』(서울 : 성문관 1958), 238~240쪽.
   임석재, 『한국구전설화』 충청남북편(서울 : 평민사, 1990), 40~41쪽.
   문화재관리국, 『한국민속종합조사보고서』 전북편(1971), 596쪽.
   필자조사, 전북 군산시 옥도면 신시도, 2000. 4. 22일 현지 조사.

번호	제목	조사지역	제보자	출 전	話素
①	최치원선생	경북 동래	송재환	한국민간전설집	사또 부인, 명주실, 뒷산 바위굴, 금빛 돼지, 잉태, 棄兒, 경주최씨 시조
②	최고운 출생담	충북 보은	서재호 (남, 79세)	한국구전설화	원님 부인, 명주실과 바늘, 금단산 큰 굴, 금돼지, 녹피가죽, 잉태, 최고운
③	최치원	전북 진안	박기상 (남, 60세)	한국민속 종합조사보고서 -전북편	원님 부인, 명주실, 체계산 굴, 금돼지, 사슴가죽, 잉태, 棄兒, 파경노, 옥함 속 알아맞추기
④	최치원의 출생과 성공	충남 대덕	정인운 (남, 75세)	대계 4-2	원님 부인, 명주실, 산 돌문, 돼지, 숯검정, 잉태, 棄兒, 새 보호, 育兒, 破鏡奴, 옥함 속 알아맞추기, 입신양명
⑤	최고운탄생과 중국사신 물리치기	전남 장성	안재운 (남, 74세)	대계 6-8	원님 부인, 큰 바위, 금돼지, 말가죽, 잉태, 棄兒, 학 보호, 중국사람과 문장 겨루기
⑥	최치원	전북 정읍	전병옥 (남, 86세)	대계 5-5	현감 부인, 명주실, 좌천대 바위, 잉태, 棄兒, 학 보호, 중국사람과 문장 겨루기
⑦	돼지 자손 최고운	강원 영월	엄기복 (남, 73세)	대계 2-8	원님 부인, 실과 바늘, 지리산 큰바위, 돼지, 鹿皮, 잉태, 최고운
⑧	금돼지가 낳고 학이 키운 최고운	경남 의령	한진식 (남, 61세)	대계 8-11	원님 부인, 명주실과 바늘, 돌섬 굴, 금돼지, 잉태, 棄兒, 새 보호, 破鏡奴, 석함 속 알아맞추기, 입신양명
⑨	금돼지 자손 최고운(1)	전남 승주	조기현 (남, 54세)	대계 6-4	금돼지 자손 최고운, 파경노, 석함 속 알아맞추기
⑩	금돼지 자손 최고운(2)	전남 승주	김용수 (남, 65세)	대계 6-4	돼지자손 최고운, 棄兒, 학 보호, 破鏡奴, 함 속 알아맞추기
⑪	최고운 선생이 꽂은 가야산 작지	경북 성주	이원희 (남, 69세)	대계 7-5	가야산 은거, 작대기를 통해 죽음 예고
⑫	최고운선생	전북 고군산도	박상률 (남, 76세)	필자 조사	원님 부인, 명주실, 금돼지굴, 鹿皮, 잉태, 棄兒, 학 보호, 중국사람과 문장 겨루기, 가야산 산신
⑬	최치원 이야기	경북 일성	이석춘 (남, 79세)	대계7-1	부인, 금돼지굴, 잉태, 破鏡奴, 가야산 산신
⑭	최치원 이야기	전북 부안	박정서 (남, 44세)	대계5-3	원님 부인, 명주실, 깊은 산 동굴, 鹿皮, 잉태, 棄兒, 학 보호, 破鏡奴, 중국과 지혜겨루기, 신선, 금돼지 자손

이외에도 최치원에 관한 구전자료는 얼마든지 찾아진다. 위의 표를 살펴보면, 제보자에 따라 최치원의 일대기를 구술하거나 특정 부분만을 기억하여 구술하고 있는데, 대체로 최치원의 탄생이 성장, 죽음에 관한 이야기보다 더 많이 구전되고 있음을 알 수 있다. 그리고 위의 표를 통해 알 수 있듯이 강원, 충북, 충남, 전북, 전남, 경북 등에 유포·전승되고 있어 그 전승이 특정지역에 한정된 지역전설이 아닌 전국적으로 전하는 광포전설이라 할만하다.

그동안 최치원설화는 대체로 전설이나 민담의 범주에 묶어놓은 채 그 범주 안에서 분석하고 고찰하는 정도였으며, 최치원설화의 전승양상과 함께 주로 소설 『최고운전』과의 상호관련 속에서 그 의미를 파악하는 차원이었다.[3] 최치원설화는 최치원이 신이한 탄생과정을 거쳐 경주최씨 시조가 되고 경주최씨 씨족집단에서는 최치원을 시조로 삼고서 성화聖化되고 있다는 점, 최치원의 성장과정과 그에 따른 기이한 행적 그리고 죽음에 대해서는 어느 건국신화 못지 않은 영웅적 일대기를 묘사하고 있다는 점에서 충분한 신화적 접근과 해석이 가능하다.

신화는 그 설화 자체 안에 내용을 지닌다. 그리고 그 이야기는 스스로의 규범성과 의미 혹은 가치를 외면하고 운위될 수는 없다.[4] 실제 최치원은 역사적 인물이기에 그에 관한 이야기가 가급적 사실성에 근접하려는 흔적들이 많으나 다양한 구전 자료들을 통해 설화 속에 내재된 다양한 신화소를 추출할 수 있다.

이러한 고구考究는 최치원설화가 단지 전설이나 민담으로 인식되는 한계

3) 장덕순, 「최치원과 설화문학」, 『한국 민속과 문학』(서울 : 박이정, 1995)
   현승환, 「최치원설화의 형성」, 『백록어문』 11집(백록어문학회, 1995)
   윤경수, 「『최고운전』에 나타난 신화·설화의 탐구」, 『도해 조선조소설의 신화적 분석』(서울 : 태학사, 1998)
   윤재근, 「고운 최치원의 수용양상」, 『어문논집』 제24·25 합병호(고려대, 1985)
   성현경, 「최고운전연구」, 『문리대학보』 제11집(영남대, 1978)
   최삼룡, 「최고운전의 출생담고」, 『어문논총』 제22집(고려대, 1985)
   한선하, 「최치원설화 전승 연구」(영남대 석사학위논문, 2000)
4) 정진홍, 『종교학서설』(서울 : 전망사, 1990), 110쪽.

를 뛰어넘고자 하는 것이며, 설화 속에 내재된 신화로서의 의미를 탐색함으로써 최치원설화가 지향하고 있는 세계관으로까지 나아가고자 함이다. 따라서 본고에서는 우선 최치원설화에서의 최치원의 탄생, 성장, 사후死後에 이르는 서사내용을 분석하여 신화로서의 자질과 의미를 살펴보고, 이를 토대로 최치원설화에서 함의하는 성씨 시조신으로서의 면모와 민족 영웅신으로서 면모를 밝힘으로써 최치원설화의 신화적 전통과 의미를 재구하고자 한다.

2. 최치원설화의 서사 분석

1) 탄생

『삼국사기』, 『삼국유사』의 문헌자료에서는 최치원의 탄생에 대한 그 어떠한 언급도 없으며, 최치원의 아버지가 누구인지 조차 알 수 없다. 그러나 구전설화에서는 전승자에 따라 그의 탄생과정이 구체적이고 생동감 넘치게 표현되어 있다. 우선, 위의 표에 제시한 최치원설화 자료를 토대로 최치원의 탄생과정과 그로 인해 성씨 시조가 되는 일련의 이야기를 기본적인 서사단위로 나누면 다음과 같다.

    ㉮ 어느 고을에 원님이 부임해서 오면 부인이 사라진다.
    ㉯ 자원한 원님은 부인의 치마자락에 명주실을 매달아 놓다.
    ㉰ 명주실을 따라 금돼지 소굴을 찾아내다.
    ㉱ 원님은 부인을 납치한 금돼지를 퇴치하다.
    ㉲ 그 뒤 부인은 잉태하여 아들을 낳다.
    ㉳ 원님은 그 아이를 내다 버리니 노파가 주워서 기르다.
    ㉴ 이 아이가 경주최씨의 시조요, 금돼지 자손인 최치원이다.[5]

앞 설화의 핵심은 최치원이 금돼지와의 교구에 의해 탄생하고, 기아棄兒의 과정을 거쳐 훗날 경주최씨 시조가 되었다는 점이다. 특히 이류와의 교혼에 의한 탄생이 구전의 중심이 되고 있어 자연 최치원의 비일상적인 탄생을 강조하고 있다.

위의 ㉮의 서사단위에서 고을의 이름이 구체적으로 언급되지 않으나, 어느 특정 고을에 원님이 부임해 오면 그 부인이 사라지는 해괴한 사건이 벌어진다. 이러한 상황을 자원한 원님은 부인의 치마 자락에 명주실을 매달아 놓아 그 해결책을 찾고자 한다. 어느 고을에 벌어지는 혼돈과 무질서의 세계를 질서의 세계로 회귀시키려는 원님은 부임해 온 원님들과는 다른 모습으로 비춰지며, 부인 역시 다른 원님 부인과는 변별성을 갖게 된다.

그리하여 명주실을 실마리로 하여 금돼지 소굴을 찾게 된다. 명주실은 야래자전설에서 흔히 나타나는 화소인데, 여기에서도 명주실은 이류의 정체를 확인하는 중요한 도구로 이용된다. 실을 매개로 하여 인간과 이류와의 세계가 연결되고 있는 것이다. 그리하여 원님은 부인과 지혜를 짜내어 녹피鹿皮, 말가죽 그리고 숯검정 등을 이용하여 부인을 납치한 금돼지를 퇴치하게 된다. 이러한 이야기는 지하국대적퇴치전설과 동궤를 이룬다.[6]

금돼지가 기거하는 장소는 굴, 바위굴, 깊은 산 동굴 등으로, 인간들이 쉽게 범접하기 어려운 공간이며, 다른 세계의 공간이다. 여기에서 바위는 굳고 단단한 생김새와 거대한 몸체 그리고 지상의 부위와 지하에 묻힌 부위 등이 종합적으로 작용하여 고대부터 신앙의 대상이나 전설의 증거물이 되어 왔다.[7] 특히 바위 밑에 굴이 있다는 측면에서 바위가 지닌 외형이 지상에만 국한되지 않고 지표면과 지하면이 있고 이 두 외형을 연결하는 고리로서 굴이 설정되어 있다고 볼 수 있다.[8] 따라서 부인의 납치와 원님의 동

---

5) 앞서 언급한 설화자료 가운데 번호 ⑪를 제외한 대부분은 최치원의 탄생에 관해 상세히 구술하고 있다. 특히 최치원의 탄생에 이어 최치원이 경주최씨의 시조이고, 최치원과 경주최씨 후손들이 금돼지 자손임을 강조하는 설화는 번호 ①, ②, ⑦, ⑧, ⑨, ⑩, ⑭ 등이다.

6) 장덕순, 『한국문학의 연원과 현장』(서울 : 집문당, 1986), 244쪽.

7) 박용식, 「암석숭배설화고」, 『어문논집』 24 · 25합집(고려대 국문학과, 1985), 625쪽.

굴 잠입으로 인해 금돼지가 기거하는 장소는 두 세계를 연결하는 통로의 구실을 하게 된다.

성씨신화에서는 성씨 시조가 용, 잉어, 거북이 등 이류와의 교혼을 통해 탄생하고 있어 수신적인 질서체계를 살펴볼 수 있는데,[9] 최치원설화에서는 이류로 금돼지가 출현한다. 금돼지라 함은 일반적으로 우리가 인식하는 돼지에 대한 이미지를 초월한다. 그렇지만 설화 내용 가운데 금돼지가 사슴가죽에 의해 퇴치되는 것은 지하 세계라는 공간에 대한 부정적인 시각이 반영된 동물로 인식될 수 있으며, 아울러 인간세계와 지하세계의 단절을 의미한다. 그러나 금돼지에게 납치된 뒤 부인의 잉태는 부정을 통한 긍정적인 의미로 환원된다. 마치 굴은 최치원이 잉태되는 공간으로, 어머니의 자궁과 같다. 여인의 굴속에서의 생활은 새로운 생명을 잉태하는 과정이며, 이러한 과정에서 태어난 아이는 분명 신이한 아이임을 무의식적으로 설명하고 있는 것이다. 그래서 굴속에서의 부인의 탈출은 카오스에서 코스모스 세계로의 전환을 의미한 것으로 새로운 재생과 부활의 과정이고 그 꿈을 실현시키는 욕구로 기능하고 있다.

결국 이류인 금돼지와 교구한 결과로 부인은 아이를 잉태하고 이어서 출산을 하게 되나 아버지에 의해서 아이는 버림을 받는다. 이 부분에 대해서 『최고운전』에서는 원님 부인이 금돼지에게 피랍被拉되기 이전에 이미 잉태하고 있어 최충의 자식 즉 인간의 자식임을 보여주고 있는데, 이는 소설이기 때문에 합리성과 타당성을 드러내기 위한 의도적인 장치이다.[10] 그러나 설화에서는 금돼지의 자손임이 오히려 아이의 신이성과 비범성을 강조하는 모티프가 될 뿐이다.

그리하여 버려진 아이가 학의 보호를 받게 되고 이를 발견한 노파가 아이를 기르게 된다. 기아棄兒는 신화의 중요한 화소로 기능하며 신이하게 태

---

8) 박현국『한국공간설화연구』(서울 : 국학자료원, 1995), 133쪽.
9) 서해숙,『한국의 성씨시조신화 연구』(전남대 박사학위논문, 2002), 51~72쪽.
10) 최삼룡,「최고운전의 출생담고」,『어문논집』제24 · 25집(고려대, 1985), 820쪽.

어난 아이의 시련을 나타낸다. 기아棄兒 모티프는 주몽신화에서와 같이 주인공의 일시적 시련에 의하여 그 영웅성이나 신성성을 검증받게 하는 구실을 한다. 최치원설화에서도 기아棄兒 모티프를 통해 평범한 인간이고 현실적인 아버지의 존재를 부정하고 오히려 금돼지가 그의 진정한 父의 존재임을 드러내게 된다. 그래서 기아에 이어 학의 보호를 받는 일련의 과정은 시련과 그 시련이 극복되는 과정으로 장차 예사롭지 않은 인물이 될 것임을 암시한다.

이렇듯 이류와의 교혼에 의한 신이한 탄생 그리고 기아의 과정을 거친 최치원은 성장과 사후에도 예사롭지 않은 인물로 그려진다. 대문장가로서 역사에 길이 추앙 받는 최치원의 탁월한 능력은 금돼지의 신이성에 영향을 입었다는 의식이 설화 속에 잠재적으로 반영된 것이다. 다시 말해 최치원은 금돼지라는 신령한 존재의 정기를 받아 탄생한 인물이기에 훗날 문장으로 천하에 이름을 떨칠 위인이 될 것임이 이미 예견되고 있는 것이다.

2) 성장과 사후

먼저, 『삼국사기』에 수록된 최치원의 행적을 중심으로 그에 관한 내용을 간략히 요약하면 다음과 같다.[11]

㉮ 최치원은 사량부에서 태어났으나 사전(史傳)이 없어 세계를 알 수 없다.
㉯ 어려서 정민하여 학문을 좋아하다.
㉰ 12세에 당나라에 들어가 과거 급제하여 벼슬직에 오르다.
㉱ 격황소서(擊黃巢書)로 중원에 문명을 떨치다.
㉲ 황제의 조서를 받고 28세에 귀국하다.
㉳ 유당시절에 깨달아 얻은 바를 펴보려 하였으나 그 뜻을 이루지 못하다.
㉴ 스스로 불우한 처지를 한탄하며 산림에서 풍월을 읊다.

---

11) 『삼국사기』 권 제46 열전 제6 최치원.

⑩ 뒤에 처자를 데리고 가야산에 은거하다.

㉑ 훗날 문창후에 추대되어 문묘에 배향되다.

위의 기록을 보면 최치원은 당나라에서의 왕성한 성년기의 활동을 통해 문장으로 그의 비범성이 강조되고 있으나 정작 고국에 돌아온 최치원의 모습은 궁색스럽기까지 하다. 결국 최치원은 그 뜻이 꺾이면서 경주 남산, 금오산과 강주 빙산, 합주 청량사, 지리산 쌍계사, 김포의 월영대, 동해 해운대 등을 다니면서 기울어져 가는 신라의 국운을 한탄하며 산림에 묻혀 풍월을 읊게 된다. 그러다 마침내 가솔을 거느리고 가야산에 은둔하여 그가 언제 죽었는지 조차 세간에 알려지지 않다가, 훗날 문창후에 추대되어 문묘에 배향됨으로써 점차 후대인들의 가슴에 살아있는 인물로 기억된다.

이러한 문헌자료에서의 최치원은 시련과 고난 그리고 좌절로 점철된 모습으로, 실패한 위인에 지나지 않는다. 그러나 오히려 이러한 연유로 인해 어려서부터 그의 문재가 탁월하여 중국에까지 명성을 떨쳤다는 점, 그리고 그러한 명성에 비해 스스로 불우한 처지를 한탄하며 결국은 가야산에 은거하여 그 후의 행적을 알 수 없다는 점 등이 더욱 크게 부각되면서 다양한 설화를 창출한 것으로 미루어 짐작된다. 우선, 앞서 제시한 구전자료를 토대로 최치원의 성장기에 관한 설화를 요약하면 다음과 같다.

㉮ 대감집 딸의 거울을 깨버려 파경노(破鏡奴)가 되다.

㉯ 중국에서 옥함 속에 무엇이 들어있는지 알아 맞추도록 하다.

㉰ 대감이 이 문제로 고민에 휩싸이다.

㉱ 최치원은 대감에게 사위로 삼으면 문제를 해결하겠다고 한다.

㉲ 사위로 삼자 재치로 중국을 누르다.[12]

---

12) 앞서 표로 제시한 설화자료 가운데 번호 ③, ④, ⑧, ⑨, ⑩, ⑬, ⑭ 등이 이러한 내용을 포함하고 있다.

위의 설화는 최치원의 문재文才에 관한 이야기이면서 혼인담이라고도 할수 있다. 설화 속의 최치원은 더 이상 신라 육두품의 불우한 지식인이 아니다. 최치원은 그러한 기득권을 벗어 던지고서 민중들에게 가까이 다가선 노비이며, 노비에서 대감의 사위라는 적극적인 신분 상승을 꾀하는 인물이다. 이는 인물전설에 흔히 나타나는 현실에 좌절하고 비극으로 결말짓는 것과는 달리 자발적이고 적극적인 삶의 모습이라 할 만하다. 곧 대감집 딸의 거울을 깨버린 노비 즉, 파경노破鏡奴가 되어 그 시대의 기득권인 지배계급에 당당히 맞서고 있는 것이다. 마침 중국에서 옥함 속에 무엇이 들어 있는지 알아 맞출 것을 요구하자 지배층은 이 문제로 고민에 휩싸이게 되며, 이 때 일개 노비에 지나지 않은 최치원이 재치로 중국을 누르게 된다.

이렇듯 최치원이 지배층의 표상인 대감조차도 알아 맞추지 못하는 옥함 속의 물건을 알아 맞추는 등 기재奇才를 발휘하고 대감의 딸과 결혼하는 것은 일찍 중국에 건너가 과거에 급제하여 그의 정치精緻함을 떨치던 사실과도 일맥상통한다. 그만큼 최치원의 영민함과 예지력이 부각되고 있는 것이다. 이외에 최치원이 어린 나이에 문재文才를 발휘하는 또 한편의 설화를 요약하면 다음과 같다.

　㉮ 최치원이 일곱살 때 자천대에서[13] 책을 읽다.

　㉯ 글 읽는 소리가 중국에까지 들리다.

　㉰ 중국사신이 누구인지를 알기 위해 서해에 이르다.

　㉱ 중국사신과 문장을 겨뤄 이기자 사신이 그냥 돌아가다.[14]

앞서 언급한 이야기와 마찬가지로 문文과 관련되며, 그의 비범성이 한층 강화되고 있다. 그의 능력은 시재詩才를 중심으로 전개되는데,[15] 이 시들의

---

13) 자천대는 전북 군산시 옥구에 위치한 유적으로 그에 관한 설화가 전승되고 있다(이중환, 『택리지』八城誌 全羅道 條 自天臺).
14) 앞의 표 가운데 번호 ⑤, ⑥, ⑫, ⑭ 등이 이러한 내용을 포함하고 있다.
15) 백구비백구비 잠잠복복 백구비(白鷗飛白鷗飛 潛潛伏伏 白鷗飛) 비상하비상하 비비상상하

공통점은 시의 내용보다 순간적인 재치에 중점을 두고 있으며, 대부분 대구법과 반복법을 사용하고 있어 누구든지 쉽게 구연할 수 있다.16) 이러한 시들은 그가 창작한 작품과는 전혀 상관이 없는 것으로, 실제 작품으로서의 가치는 떨어지며 글을 안다면 누구나 이해할 수 있는 정도의 글귀들이다. 즉 최치원이 남긴 작품은 작품 그대로 남아 있는 채, 설화 속에서 전승자들은 최치원을 매개로 하여 글을 짓고 그의 능력을 찬양하고 있는 것이다.

특히 최치원이 일곱 살의 어린 나이임에도 불구하고 중국 사신과 문재文才를 겨루어 이기는 모습은 당당하기 이를 데 없다. 그의 비범한 능력으로 어려움을 해결하여 나라를 구하고 중국 사신을 물리치고 있어 백성들의 구원자로, 민족의 자존심으로 존재하기에 이른다. 특히 무술이나 도력道力이 아닌 문장력을 통한 구원은 문인이 세력을 과시하는 시대적 분위기를 반영하듯, 설화 전승자에게는 자기편에 가까이 다가와 있는 영웅이나 다름이 없다. 그래서 고대신화에서의 영웅들과는 차원을 달리하고 있는 셈이다.

이러한 최치원의 성장과정에 보여주는 영웅적인 모습은 그의 죽음에 이르는 이야기에서도 확인된다. 그에 관한 이야기를 요약하면 다음과 같다.

   ⑦ 최치원이 식솔을 거느리고 가야산에 들어가다.

   ⑭ 그 후 산신이 되다.

   ⑮ 들어갈 때 지팡이를 거꾸로 꽂아놓다.

하 화간이 농황(飛上下飛上下 飛飛上上下下 花間弄鵲)(『대계』 5-5, 581~582쪽).

단단석중물(團團石中物)은 둥굴고 둥근 독 가운데 물건은 둥글고 둥근 독 가운데 물건은 단단석중물은 반옥반황금(半玉半黃金)이라. 반은 옥이고 반은 금이더라. 그렇게 쓰고 그 다음에는 지시사신조(知是辭晨鳥)허니, 아니 함정미토음(含精未吐音)허니, 뜻을 머금고 패었들 못했지(『대계』 5-3, 127~128쪽).

"도천파천월(棹穿破天月)." 그랬어. 파천월. 돛대가 달을 구멍을 뚫었다 그말이여. 응, 이렇게 썼은게, …(중략)… 인제 서슴치 않고 "선압수궁천(船押水中天)." 베는 물 가운데 하늘을 눌렀다고 했은게, 달 구멍 뚫는 것보다 겁나게 커버렸다 그말이여. 그래 천자 읽었다는 놈이 그럴 적에 한국을 나오면 개망신을 허것다 그말이여(『대계』 6-8, 134쪽).

16) 『태평통재』, 『대동야승』에서는 최치원의 문재 발휘에 대해서 설화보다 복잡하고 어렵게 기술되어 있다.

㉑ 그 지팡이에 잎이 피어 살아나다.

㉮ 지금도 그 나무가 보존되어 있다.[17]

최치원의 활동기에 비해 그의 종생終生에 관한 이야기는 가야산의 산신이 되었다는 것으로 신비롭기까지 하다. 설화에서는 이러한 내용이 간략하나,『대동야승』,『최고운전』등에서는 초현실적 신이성을 띤 선사상仙思想이 반영되어 보다 기인奇人, 이인異人적인 모습이 구체적으로 기술되어 있다. 위의 이야기처럼 종생終生에는 증거물이 함께 제시되는데, 증거물은 지팡이 외에도 해인사의 탄금대에서 최치원이 가야금을 치고 놀았다는 이야기와 백로가 없어지면 내 영혼도 없어진다는 이야기, 신선은 이슬을 먹고 사는데 이슬이 없으면 자기도 없다는 등의 이야기들이 전승된다.[18]

이러한 증거물은 전승자에게 최치원이 결코 죽지 않은 영원불멸성과 신이성을 강조하는 매개체가 된다. 그리하여 최치원은 영원한 생명을 부여받은 존재인 초인적인 인물이나 신선으로 존재하면서 그들이 위기에 처할 때마다 언제나 구원자로서 나타날 것이라는 전승 주체의 적극적인 기대를 담고 있다. 곧 최치원은 전승자의 의식 속에 영원히 존재하는 지속성과 현재성이 공존하는 구원자로서의 의미를 지향하고 있다는 것이다.

3. 최치원설화의 신화적 전통과 의미

1) 성씨 시조신으로서의 면모

최치원은 오늘날 경주최씨의 실질적인 시조이다. 경주최씨는 그 본원을

---

17) 설화자료 ⑪이 이러한 내용으로 구전되고 있으며, 이외에도 최치원의 죽음을 언급한 설화는 번호 ⑫, ⑬이다.

18)『대계』 5-3, 130쪽, 전북 군산시 옥도면 신시도 필자조사(2000. 4. 22).

고래로 거슬러 올라가 신라의 육성신화에서 언급되는 소벌도리蘇伐都利에서 찾고 있는데,[19] 이러한 육성신화를 바탕으로『경주최씨대동보』의 서두에는 '득성조得姓祖 소벌도리공蘇伐都利公 사적事蹟'이라 하여 기록하고 있으면서 도[20] 최치원에게서 실질적인 의미를 부여하고 있다. 최치원의 가계에 대해서는『삼국사기』에서는 구체적인 기록 없이 경주 사량부 사람이라고 기록되어 있고,[21]『삼국유사』에서는 구택舊宅이 황룡사 남쪽에 있다는 언급과 함께 최치원이 본피부 사람이고, 본피부가 최씨 시조의 근거지임을 전제로 하고 있다.[22]

이렇듯『삼국사기』,『삼국유사』의 기록을 토대로 재차 기록한 족보의 자료를 살펴보면, 이 역시 최치원의 출생과 활동 그리고 사후에 관한 이야기는 가급적 역사적 사실만을 충실하게 기록하려 했기 때문에 설화적인 분위기를 찾을 수 없다. 그러나 구전자료는 앞서 언급한 바와 같이 최치원에 대해 알려지지 않은 사실을 말해주듯 탄생, 성장, 죽음에 이르기까지 그에 관한 일대기가 전승되고 있다. 그리고 설화를 통해 최치원은 경주최씨의 시조이고 경주최씨 후손은 금돼지 자손이라는 내용을 전승주체에게 선명하게 인식시키고 있다.

사실 최치원은 신라 초에 최씨로 사성 받은 실산고허촌實山高墟村[沙梁部]의 촌장 소벌도리蘇伐都利의 24세 손으로 전해지고 있다. 그러나 선계先系가 요원하여 확실한 계대를 알 수 없어, 최치원을 시조로 하여 득성조得姓祖로

---

19)『三國遺事』卷 第1 박혁거세조.
20) 공께서 처음 兄山으로 내려와 突山高墟村長이 되시었다. 이 때에 조선 유민이 東海濱 山谷間에 흩어져 살아 임금이 없고 육촌장만이 있더니 단기 2277년 甲子 夏四月丙辰에 公께서 五村長과 더불어 신라 시조 박혁거세를 임금으로 세우시다. 開國佐命의 功으로 고허촌을 사량부라 하고 촌장을 大人이라 하다. 유리왕 9년 임진에 육부의 姓氏를 줄 때 사량부에 최씨를 주었다. 법흥왕 3년 丙申에 諡號를 忠宣君이라 하고 태종무열왕 3년 병진에 文烈王을 追封하다(『경주최씨대동보』권1(대전 : 譜典출판사, 1982), 9쪽).
21) 崔致遠 字孤雲 或云海雲 王京沙梁部人也 史傳泯滅不知其世系(『삼국사기』권 제46,「열전」제6, 최치원),
22) 四曰 觜山珍支村[一作賓之又賓子又氷之] 長曰智伯虎 初降于花山 是爲本彼部崔氏祖 今曰通仙部 柴巴等東南村屬焉 致遠乃本彼部人也 今皇龍寺南 味呑寺南有古墟 云是崔侯古宅也(『삼국유사』권1 기이 제1 신라시조 혁거세왕).

부터 대대로 경주에 세거하였으므로 후손들이 본관을 경주로 삼게 되었다고 하였다.[23] 그러나 최치원은 가야산에 들어간 후 행적을 알 수 없고 그 후손 역시 행방을 알 수 없음에도 불구하고 오늘날 엄연히 성씨 시조로 좌정하고 있다. 이는 최치원을 내세워 자신들 혈통의 우월성을 드러내고자 하는 것으로 진정 혈연 이상의 의미를 내포하고 있다.

우리나라 씨족은 유명한 인물의 후손들에 의해서 형성 발전된 것이라 한 것처럼,[24] 경주최씨는 최치원이라는 역사적으로 추앙받는 유명한 인물의 후손임을 자처한 씨족집단인 것이다. 이는 최치원에게 실린 역사적 무게에 의해 최씨 후손들이 이를 시조로 받들고 있는 것으로 설명된다. 이러한 점이 성씨 시조에 대한 다양한 신화적 내용을 창출하는 원동력이 된다. 따라서 최치원의 탄생과 기아의 과정에 이어 성씨 시조로 좌정하는 일련의 최치원설화는 성씨신화로서, 최치원은 성씨시조신으로서 면모를 충분히 갖추고 있다 하겠다.

성씨신화는 특정 성씨의 범위에서 신성시되는 신화이며, 오늘날 성씨라는 제한된 혈연적 지속성 위에 존재한다. 성씨신화의 전승자는 그 성씨를 지닌 특정의 씨족집단이다. 씨족들은 시조신화를 통해 씨족의 신화적 연원을 밝히고 있고, 나아가 이를 통해 자기 조상을 신격화하고 조상에 대한 신성성과 성씨에 대한 당위성을 표출하기 때문에 성씨신화는 신화적 질서를 충분히 갖추고 있다. 또한 성씨신화는 국가적인 범위보다는 작은 성씨의 씨족집단에서 향유하고 있는 신화이지만 건국신화 못지 않은 규범과 의미, 그리고 가치를 충분히 찾을 수 있다.

그러나 최치원설화가 앞서 언급한 문헌자료에서는 이류교혼에 의한 신이한 탄생 과정이 기술되어 있지 않고, 역사적 현실을 감안한 최치원의 삶의 모습을 연상시키는 내용들뿐이어서 신화적 의미의 부재를 아울러 동반

---

23) 『성씨의 고향』(서울 : 중앙일보사, 1989), 2010쪽.
24) 송준호, 「한국의 씨족제에 있어서의 본관 및 시조의 문제」, 『역사학보』 제109집(역사학회, 1986), 119쪽.

하게 된다. 경주최씨 문중은 최치원의 가계가 사전史傳에 남아 있지 않아 자세히 알 수 없다고 명시하는 반면, 족보에는 역사적으로 남아 있는 최치원의 글에서부터 최치원을 찬讚한 문인들의 기록까지 상세히 적고 있다.

실제 선조의 세대를 상세히 파악하는 일은 쉬운 일이 아니며, 더구나 시조의 연원을 파악하는 것은 더 어려운 일이다. 파악되었다 하더라도 그 정확성에 대한 의구심은 남는다. 그러면서도 족보에는 가급적 성씨의 시조를 고대로 소급하고, 왕실의 후예나 명문출신임을 강조하고 시조의 관직을 지나치게 과장하여 기록하는 것은 결국 자신이 소속된 가계의 지위를 가급적 높이려는 것이며, 가계 역사의 유구함을 과시하기 위한 노력의 산물이라 할 수 있다. 여기에 성씨신화가 자리하고 있는 것이다. 곧 자료가 없어 말하지 못하는 부분을 이처럼 역사적 허구인 성씨신화를 동원하여 증명하고자 하는 것은 바로 신화를 창출하는 원동력으로 문학적 상상력의 폭을 확대시켜 준다.

신화란 어떤 사실에 대한 후세적 설명설화이다. 신화의 후세적 형성은 다시 구두 전승되는 후세에 또 후기의 문화요소가 첨가될 수 있는 법이다.25) 그래서 신화를 일어나지 않은 비역사적 사실에 대한 이야기로만 처리할 수 없다. 적어도 그것은 신화적 사실로서의 현존성과 허구적 구성물로서의 설화적 실재성을 아울러 지니기 때문이다.26) 성씨신화는 성씨가 있기까지의 사실事實에 대한 설명설화로써, 언어의 상징체계를 통해 설화적 정체성과 실재성을 확립하고 있다. 그러면서도 성씨신화는 역사와 문화에 그 신화의 문을 열어놓고 사회적 연대를 확보하고 있기 때문에, 향후 얼마든지 새로운 문화가 첨가될 가능성 또한 배제할 수 없는 것이다.

최치원이 경주최씨 시조임은 일반적인 사실이다. 그리고 경주최씨 씨족집단은 매년 음력 10월 1일이면 최치원에 대한 제의를 거행하고 있다. 의례의 집전은 곧 신화의 연출이고, 신화를 통해서만 신화적인 삶을 체험할 수

---

25) 장주근, 『풀어쓴 한국의 신화』(서울 : 집문당, 1998), 257쪽.
26) 정진홍, 앞의 책(1990), 114쪽.

있는 것처럼,27) 제의가 행해지는 동안에는 신화적인 성스러운 시간과 공간으로 회귀한다. 비록 신화에서만 시조신이 기억된다 할지라도, 제의를 통해 매번 성씨신화는 환기되며 되살아나는 것이다.

결국 최치원이 경주최씨 씨족집단의 시조로 좌정하고 있으며, 이에 연원한 후손들은 시조에 대한 제의를 통해 역사적인 혈맥을 찾고 있는 셈이다. 이는 씨족 단위의 조령숭배祖靈崇拜 관념이 확대되면서 이러한 성씨신화를 파생시켰을 것이다. 나아가 가정보다는 큰 규모의 시조에 대한 제의를 수행하면서 그와 관련한 최치원설화는 씨족집단의 정신적인 구심점으로 작용하여 전승되었을 가능성을 유추할 수 있다. 이러한 전승의식이 후손들에게는 혈통의 차원을 넘어 최치원을 경주최씨의 시조로 받드는 정당성을 확보하게 된 근저根底가 된 것이다. 그래서 최치원의 탄생과 기이담이 역사적 의미 이상의 신화성을 지니고서 성씨신화로서의 의미와 기능을 충분히 발현하고 있으며, 경주최씨 씨족집단에 의해 신성성을 확보하고서 신화적 전통을 지속시키고 있는 것이다.

2) 민족 영웅신으로서의 면모

영웅이란 현실에 존재하고 있는 질서에 적극적으로 부딪친 사람이다. 이인과는 달리 자신이 가지고 있는 능력을 모두 보여주며 현실 속에서 자신을 제약하는 요소들과 정면으로 부딪히려고 한다. 이인이 현실의 사소한 문제 해결에 만족하는 데 비해 영웅은 현실에 존재하고 있는 질서를 바꾸어 보려고 노력하는 사람이다.28) 이러한 인물을 신화화한 것이 영웅신화이다. 역사적인 인물의 신화화는 신화를 사는 사람들이 나름대로 역사를 갈무리하는 방식이라고 할 수 있다.29)

---

27) Joseph campbell, 이윤기 옮김, 『신화의 힘』(서울 : 고려원, 1996), 342쪽.
28) 홍태한, 『인물전설의 현실인식』(서울 : 민속원, 2000), 174쪽.
29) 민긍기, 「신화의 실체를 구명하기 위한 몇 가지 점검」, 『연민학지』 제8집(연민학회, 2000), 19쪽.

실제 문인文人들 가운데 최치원만큼 설화화 되어 전해지는 인물도 드물다. 실존인물이 신으로 숭앙 받는 최영장군, 남이장군, 임경업장군 등은 모두 무인武人들로, 자신의 뜻을 펴지 못하고 억울하게 죽음을 당한 이들이다. 대체로 문인은 무인에 비해 어느 정도 사회적 기반을 갖추어야만 가능하기 때문에 설화 속 주인공이 되기에는 어려움이 많은 것이다.

엘리아데에 의하면 역사적인 인물은 그의 신화적인 모델(영웅 등)과 동화되고, 역사적인 사건은 신화적인 행동의 범주와 일치된다고 하였다. 이는 역사적 사건이나 인물조차도 신화의 형식으로부터 자유롭지 못하다고 한다. 이는 역사적 사건이나 인물이 신화화되기 때문에 그러하다는 것이다.[30] 문헌자료에서의 최치원은 거대한 권력 앞에 좌절한 뒤 비극적으로 살다간 인물이었으나, 앞서 살펴보았듯이 설화에서는 오히려 이를 부정하듯 당당한 모습으로 탈바꿈되어 구전되고 있다. 그래서 전개되는 그의 삶이 시련과 고난의 연속일지라도, 결국은 이러한 시련과 고난을 모두 이겨내는 영웅적인 모습으로 그려지고 있다.

최치원설화는 자아가 세계의 벽에 부딪쳐 좌절하는 다른 인물전설과는 달리 세계와 맞서서 당당하게 자아를 실현해 가는 민담적 영웅 이야기로서의 성격도 파악된다.[31] 또한 최치원은 철저한 사대부 지식 문인이었지만, 설화에서는 반당反唐주의자로 인식되고 있다. 인물 전승에서 그는 범인이 지닐 수 없는 탁월한 능력을 지니고 있는데, 여기서 그가 이인임이 두드러지게 나타나며 중국에 대한 강한 반항의식과 애족하는 민중들의 영웅으로 전승되고 있는 것이다.[32]

최치원이 문재文才를 발휘하고 문文으로써 중국을 극복하는 것은 단순한 이인의 모습을 넘어 지난 모든 시대를 아우르는 영웅적인 모습으로 신화화되고 있다. 이는 영웅이되 고대 주몽신화에서의 영웅이나 무인들에게서 보

---

30) M. 엘리아데, 정진홍 옮김,『우주와 역사』(서울 : 현대사상사, 1979), 70~71쪽.
31) 한석수,『최치원전승의 연구』(서울 : 계명문화사, 1989), 230쪽.
32) 한선하,「최치원설화 전승 연구」(영남대 석사학위논문, 2000), 62쪽.

이는 영웅의 모습과는 다른 문신文神으로서의 문화영웅적인 면모를 보여준다. 곧 최치원은 역사적 사실에 부합되는 그 시대에 요구된 영웅의 모습으로 새롭게 재탄생되어 설화 속에 존재하고 있는 것이다. 그래서 최치원이 옥함 속의 수수께끼를 풀고 중국 사신과 대결하는 것으로 우리나라의 지배계층을 위시해서 중국에까지 그 영역을 확대하여 제압하고 있다. 또한 사후에는 가야산 산신으로 좌정하여 영원히 존재하는 구원자의 모습으로 그려진다. 이는 모두 민중적인 심리가 최치원설화에 그대로 투영된 것이라 할수 있다. 결국 최치원은 설화를 통해 민중들의 인식과 사상을 담아내고 있는 민족 영웅신의 모습으로 전승자들에게 인식되고 있는 것이다.

또한 최치원설화가 특정 지역에 한정되지 않고 전국에 걸쳐 전승되고 있다는 것은 최치원이 오랜 역사를 두고 우리 민족에게 영웅으로 추앙받고 있음을 의미한다. 또한 중국에 으레 당하기만 하고 무시당하던 지식인들마저 결국 최치원을 통해 중국을 극복하고 문제를 해결하고자 하는 것 역시 최치원이 민족 영웅신으로서의 신화적 전통과 의미를 확보하고 있음을 의미한다. 따라서 최치원설화는 민족성을 지향하는 신화임을 알 수 있다.

한편, 앞서 언급한 바와 같이 최치원설화는 탄생에 이어 혼인, 이적, 사후 등 영웅적인 일대기가 묘사되어 있다. 현실로부터 벗어나 모든 것이 미분화된 비현실의 세계야말로 인간들이 지향하는 세계이다. 인간이 가지고 있는 모든 갈등이 사라지고 모든 고리가 풀리는 것이 비현실의 세계인데 그곳에는 제약이 존재하지 않는다.

최치원설화는 이러한 비현실과 현실의 세계의 과정을 보여주고 있다고 하겠는데, 그의 탄생과정은 부분적으로 인간의 세계가 개입되어 있으나, 그로 인해 최치원의 탄생으로 이어지는 일련의 과정을 그리고 있는 세계는 비현실계, 신성한 세계이다. 그리고 그의 성장과정은 신이한 탄생과정이 있었기에 가능한 여러 특출한 능력을 발휘하게 되는데, 이는 현실세계에서 벌어지는 일련의 이야기로 현실에서 꿈꾸는 이상적 세계이다. 그러다 그의 종생終生에 이르러서는 현실세계를 거쳐 비현실계로 다시 환원하고 있어 인간들이 지향하고자 하는 세계에 도달해 있다. 이를 출생, 혼인, 활동, 사후의 과정으로 나누어 표로 정리하면 다음과 같다.

신화 / 구분	출생	혼인	활동	死後
최치원설화	금돼지 자손	대감집 딸	文才겨루기	가야산 산신
	비현실계→	→현실계→		→비현실계

신화는 지역에 따라 다르고, 시대에 따라 변화한다. 자연에 절대적 법칙이 없듯이, 신화 역시도 인간 경험의 총화에 비례해서 변화될 수밖에 없는 것이다. 신화의 가변성은 집단적 경험에 근거한다.[33] 최치원설화는 시대에 따라 전승자들의 집단적 경험에 맞게 변모되었을 뿐, 지금까지 살펴본 것처럼 비현실계와 현실계가 구현된 영웅신화로서의 면모를 고스란히 간직하고 있다. 나아가 문재文才를 발휘하는 최치원은 문신文神으로서 그리고 민족 영웅신으로서 민중들 가까이 다가와 있으며 지금도 민중들 가슴 속에 살아있다.

4. 맺음말

지금까지 최치원에 관한 구전자료를 중심으로 설화 속에 드러난 탄생, 성장, 사후에 관한 서사 내용을 분석하고 이를 토대로 최치원설화에 내재된 신화적 전통과 의미를 파악하였다.

최치원설화에서 이류와의 교혼에 의한 신이한 탄생 그리고 기아의 과정을 거치는 일련의 과정은 금돼지라는 신령한 존재의 정기를 받아 탄생한 인물임을 암시하며, 훗날 문장으로 전하에 이름을 떨칠 위인이 될 것임을

---

33) 나경수, 『한국의 신화연구』(서울 : 교문사, 1993), 149쪽.

예견하고 있다. 그리고 최치원이 성장과정에서 옥함 속의 물건을 알아맞추어 나라를 구하고 어린 나이에 중국 사신과 문재文才를 겨루어 이기는 모습은 백성들의 구원자로, 민족의 자존심으로 존재하기에 이른다. 또한 최치원의 사후에 관한 이야기는 결코 죽지 않은 영원불멸성과 신이성을 강조하는 것으로 초인적인 인물로 승화되고 있다. 곧 전승자의 의식 속에 영원히 존재하는 지속성과 현재성이 공존하는 구원자로서의 의미를 지향하고 있다.

이렇듯 문헌자료와는 달리 구전자료에는 최치원의 탄생, 성장, 죽음에 이르기까지 일대기가 전승되고 있고, 설화를 통해 최치원은 경주최씨의 시조이고 경주최씨 후손은 금돼지 자손이라는 내용이 선명하게 부각되어 있다. 특히 최치원이 후손들에 의해 성화聖化되는 것은 최치원이라는 역사적 인물로서의 가치와 무게가 크게 작용하였다. 이는 최치원설화가 씨족집단의 정신적인 구심점으로 작용하면서 동시에 역사적 의미 이상의 신화성을 지닌 성씨신화로서의 면모를 충분히 발현하고 있음을 의미한다. 또한 최치원의 일대기 묘사는 시련과 고난을 극복하고서 결국은 승리에 이르는 영웅신으로서의 면모를 충분히 갖추고 있다. 성장기의 최치원이 문재文才를 발휘하고 문文으로써 중국을 극복하여 민족의 자존심을 지키고, 사후에는 가야산의 산신이 되어 민중들에게 영원불멸성과 지속성을 드러내고 있는 것은 단순한 이인의 모습을 넘어 역사적 사실에 부합되는 그 시대에 요구된 민족 영웅신으로 존재하고 있음을 파악하였다.

견씨와 견훤설화 ■

I. 머리말

　오늘날 견훤은 역사의 패배자로 기록되고 있다. 『삼국유사』와 『삼국사기』를 살펴보면, 사론史論에서 견훤은 궁예와 함께 천하의 원흉이고 도적이며 대죄인으로 이들로 인해 화가 일어났는데 이는 스스로 자처한 것이며 모두가 인과응보임을 이야기하고 있다.[1] 이렇게 극단적으로 묘사되고 있는 것은 『삼국유사』와 『삼국사기』가 모두 왕건의 나라인 고려 때의 기록이므로 지배권의 의도적인 첨삭이 있었을 것으로 생각된다.

　견훤은 후백제의 국조國祖이다. 견훤이 세운 후백제는 불과 45년을 끝으로 역사의 뒤안길로 사라졌지만, 그의 탄생과 행적에 관한 내용들은 문헌상에 산재되어 오늘에 전하고 있다. 특히 『삼국사기』에 비해 『삼국유사』는 견

---

1) 甄萱起自新羅之民, 食新羅之祿, 而包藏禍心. 幸國之危, 侵軼都邑, 虔劉君臣, 若禽獮而草菅之, 實天下之元惡大憝. 故弓裔見棄於其臣, 甄萱産禍於其子, 皆自取之也, 又誰咎也.(『三國史記』 卷 第五十 甄萱).
　甄萱起自新羅之民, 食新羅之祿, 而包藏禍心. 幸國之危, 侵軼都邑, 虔劉君臣若禽獸, 實天下之元惡. 故弓裔見棄於其臣, 甄萱産禍於其子, 皆自取之也.(『三國遺事』 卷 第二 紀異 第二 後百濟 甄萱).

훤의 탄생과 성장에 관한 이야기가 비교적 자세하게 기록되어 있어 주목할 만하다. 이러한 문헌자료 외에도 오늘날 채록된 구전자료를 살펴보면 문헌 자료에서는 언급되지 않은 견훤에 관한 다양한 설화들을 찾을 수 있다.

신화는 신화시대라고 할 수 있는 시기의 산물이다. 신화시대는 인류가 아직 사회적 분화를 격심하게 경험하지 않고, 과학보다는 상상에 입각하여 공동의 지표를 설정하던 시기이다.[2] 단군신화, 주몽신화, 박혁거세신화, 김 수로왕신화 등은 이러한 신화시대의 산물로, 모두 문헌에 기록되어 오늘에 전하지만 구전은 이미 오래 전에 중단되었다. 신화시대 이후 역사시대에 들 어서면서 인위적으로 형성된 신화로는 고려와 조선의 국조신화를 들 수 있 다. 여기에 덧붙여 후백제 견훤의 국조신화가 있으나, 오늘날에는 신화로서 인정하기보다 오히려 전설의 범주에서 다루어지고 있다.

엄밀히 말하면 견훤의 이물과의 교구혼에 의한 신이한 탄생과 성장과정 은 단군신화, 주몽신화, 박혁거세신화에서 드러나는 신화적 성격과 그 궤를 같이 하고 있어, 신화적 일면을 갖춘 국조신화라 할 만 하다. 그러나 오늘날 신화라기보다 전설로 다루는 것은 "신화적인 구조를 온전히 갖추고 있는데 도 그것이 후대의 것이라서 신화적 질서가 결여된 것"[3]으로 보기 때문이다. 또한 견훤은 한 나라를 건국한 왕이었지만 동시에 역사적으로 패배한 사실 이 뒷받침되어, 견훤설화의 신화적 상징이 완화되고 이에 반해 전설적 성격 이 강화된 것으로 볼 수 있다. 오히려 견훤설화의 이러한 점 때문에 민중들 에 의해 끊임없이 구연된 것으로 보인다. 지역에 따라 역사적인 사실과 함 께 구체적인 증거물이 결부되어 온전한 전설의 성격을 드러내고 있는 견훤 설화가 구전자료를 통해서 얼마든지 확인되기 때문이다.

견훤설화[4]는 밤에 정체불명의 사나이가 처녀 방으로 들어와서 자고 간

---

2) 장덕순 외, 『구비문학개설』(서울 : 일조각, 1971), 32쪽.
3) 천혜숙, 「전설의 신화적 성격에 관한 연구」(계명대 박사학위논문, 1987년), 16쪽.
4) 견훤의 신이한 탄생과 성장에 관한 이야기는 분명 신화적 상징을 내포하고 있다. 그러면
   서 견훤에 관한 이야기는 구체적인 증거물과 함께 구전되는 전설적인 특성도 아울러 가
   진다. 따라서 본고에서는 신화와 전설의 개념을 포괄하는 의미에서 '견훤설화'라 명명하

다는 모티프로 구성되어 있다. 그래서 견훤설화를 '이물교구전설', '야래자
전설'이라 부르며, 이물교구전설을 '견훤식전설'[5]이라 명명하기도 한다. 그
러나 이물교구전설이 견훤설화가 될 수는 없다. 견훤설화는 이물과의 교구
에 의해 견훤이라는 인물이 태어난다는 점에서 이물교구전설의 하위 개념
인 것이다. 따라서 본고에서 다루고자 하는 견훤설화는 견훤이라는 인물에
초점을 두고서 그와 관련한 설화를 중심으로 살펴보려 한다.

그동안 견훤설화는 야래자전설의 범주 안에서 설화 내용과 함께 전파
경로, 생성배경 그리고 일본과의 비교를 중심으로 논의되어 왔다.[6] 그 가
운데 야래자전설을 백제신화로 간주하여 그 신화적 성격을 마한의 오월
제, 변이양상, 전라도 지역의 줄다리기와 관련하여 설명하면서, 서동설화
와 그 궤를 같이 하고 있음을 지적하기도 하였다.[7] 이러한 기존의 논의는
야래자전설의 맥락에 있는 견훤설화의 전승양상과 신화적 성격을 다각적
인 시각에서 검토할 수 있을 것이다. 또한 견훤설화에 의해 야래자전설이
파급되었다고 하기보다는 그 당시 설화의 한 유형을 이룬 야래자전설의
양식이 견훤설화에 이입되어 구전된 것으로 설화의 역사성을 소급해 볼
수 있을 것이다.

따라서 본고에서는 문헌자료 이외에 기존의 구전자료를 토대로 견훤설
화의 전개양상을 우선적으로 검토하고자 한다. 그리고 신화적 상징을 내포
하고 있는 견훤신화가 전설적 변이를 이루고 있는 점과, 역사적인 기틀 속
에서 견훤설화가 어떻게 역사인식을 하고 있고 오늘날 견씨시조신화로서
자리매김되고 있는 지에 대해서 구체적으로 살펴보고자 한다.

고자 한다.
5) 손진태, 『한국민족설화의 연구』(서울 : 을유문화사, 1947년)
6) 손진태, 앞의 책(1947), 장덕순, 『한국설화문학연구』(서울 : 서울대 출판부, 1978년), 소재영,
『한국설화문학연구』(서울 : 숭실대 출판부, 1984년), 노성환·노현송·최광우, 「한일 야래자
설화의 일연구」, 『연구논문집』 15-2(울산공과대학, 1984년)
7) 서대석, 「백제신화연구」, 『백제논총』제1집(백제문화개발연구원, 1985년)

2. 견훤설화의 전개양상

『삼국유사』에는 견훤설화에 관한 다음의 기록이 전한다.

또 고기에는 이렇게 적혀 있다. 옛날에 한 부자가 광주 북촌에 살고 있었다. 그에게는 딸이 하나 있었는데, 그 딸은 용모와 몸가짐이 매우 단정하였다. 하루는 그 딸이 아버지에게 "밤마다 자줏빛 옷을 입은 남자가 와서 관계를 하곤 합니다" 하고 말하였다. 아버지는 "너는 긴 실에 바늘을 꿰어 그 남자의 옷에 꽂아두어라" 하니 딸은 그 말대로 하였다. 날이 밝자 그 실이 간 곳을 따라 찾아보니, 바늘은 북쪽 담 밑에 있는 큰 지렁이의 허리에 꽂혀 있었다. 이로부터 태기가 있어 사내아이를 낳았다. 그 아이는 열다섯 살이 되자 스스로 견훤이라 일컬었다. 경복 원년 임자에 이르러 왕이라 일컫고 완산군에 도읍을 정하였다. 나라를 다스린 지 43년 청태 원년 갑오에 견훤의 세 아들 즉 신검, 용검, 양검이 반역하므로 견훤은 고려 태조에게 항복하였다. 아들 금강이 즉위하여 천복 원년 병신에 고려 군사와 일선군에서 싸워서 패하니, 이로써 후백제는 아주 없어졌다.

처음에 견훤이 나서 포대기에 싸여 있을 때 아버지는 들에서 밭을 갈고 어머니는 아버지에게 밥을 갖다 주려고 아이를 수풀 아래에 놓아두었더니 호랑이가 와서 아이에게 젖을 먹였다. 마을사람들은 이 말을 듣고 이상하게 여겼다. 아이가 장성하자 체격과 모습이 웅장하고 기이했으며, 뜻이 커서 남에게 얽매이지 않고 비범했다.[8]

위의 기록은 견훤의 신이한 탄생과 성장에 관한 내용으로 다른 문헌에 비해 비교적 상세히 기술되어 있으며, 이외에 견훤이 후백제를 세워 패망에

---

8) 又古記云 昔一夫富人居光州北村, 有一女子, 姿容端正. 謂父曰每有一紫衣男到寢交婚 父謂曰 汝以長絲貫針刺其衣 從之, 至明尋絲於北墻下, 針刺於大蚯蚓之腰. 後因姙生一男, 年十五, 自稱甄萱. 至景福元年壬子稱王, 立都於完山郡. 理四十三年, 以淸泰元年甲午, 萱之三子簒逆, 萱投大祖. 子金剛卽位, 天福元年丙申, 與高麗兵會戰於一善郡, 百濟敗績, 國亡云.初萱生孺褓時, 父耕于野, 母餉之, 以兒置于林下, 虎來乳之. 鄕黨聞者異焉. 及壯 體貌雄奇, 志氣倜儻不凡(『三國遺事』卷 第二. 紀異 第二. 後百濟甄萱).

이르는 역사적 사실을 기록하고 있다. 그러나 『삼국사기』[9]는 자료의 성격 상 견훤의 이물교구에 의한 신이한 탄생은 제외되고, 견훤의 고향이 상주라 는 것과 호랑이가 견훤에게 젖을 먹였다는 부분만 간단히 서술하고 있다. 또한 『동국여지승람』[10]에서는 인물편에 아자개를 소개하면서 견훤의 탄생 에 관한 내용을 언급하고 있으나, '此與本傳異恐不足信'라 마지막에 덧붙 임으로써 강한 불신을 드러내고 있다. 이러한 문헌자료 이외에 오늘날까지 구전된 견훤에 관한 설화 자료를 살펴보면, 오히려 문헌자료 보다 구체적이 고 사실적이다. 이를 표로 정리하면 다음과 같다.

번호	제목	조사지역	출전	話素
①	지렁이의 아들	전남 광주	한국민간 전설집 (최상수)	부자집딸, 붉은옷을 입은 남자, 실과 바늘, 큰지 렁이, 담밑
②	견훤이는 천상에서 귀 양온 지네아들	전북 남원	대계 5-1	부자집딸, 보라색옷을 입은 남자, 실과 바늘, 큰지네(天上仙童), 굴, 호랑이가 젖을 줌.
③	견훤 탄생	전북 정읍	대계 5-6	김장자의 딸, 바람처럼 나타났다 사라지는 남자, 실과 바늘, 금돼지, 굴속, 호랑이가 젖을 줌.
④	견훤은 지렁이 소생	전북 옥구	대계 5-4	과부, 남진일색, 실, 큰지렁이, 장독대
⑤	지렁이 자손 견훤	경북 안동	대계 7-9	명주실, 지렁이, 바위 밑, 견훤을 소금물로 죽임.
⑥	지렁이장군과 삼태사	경북 안동	대계 7-9	지렁이가 화한 장군, 소금물, 삼태사
⑦	견훤을 물리친 삼태사	경북 안동	대계 7-9	지렁이자손 견훤, 소금물
⑧	견훤을 막은 삼태사	경북 안동	대계 7-9	지렁이자손 견훤, 소금물
⑨	견훤전설	경북 상주	대계 7-8	과년한 여자, 남자, 바늘과 실, 지렁이, 덤불
⑩	지렁이의 아들 견훤	경북 상주	대계 7-8	처녀, 초립동, 명주실, 지렁이.
⑪	견씨의 유래	충북 영동	대계 3-4	부자집 딸, 초립동, 바늘과 실, 큰지렁이 서쪽 돌 담밑, 견씨 유래.

9) 尙州加恩縣人也. 本姓李, 後以甄爲氏. 父阿慈介, 以農自活, 後起家爲將軍. 初萱生孺褓 時, 父耕于野, 母餉之, 以兒置于林下, 虎來乳之, 鄕黨聞者異焉(『三國史記』권50 列傳 제 10 弓裔 甄萱).

10) 阿慈介 加恩縣人以農自活後起家爲將軍有四子皆知名於世 卽其一也初 生父耕野母餉之 于林下虎來乳之鄕黨聞者異之.古記昔一富人居武珍北村有一女子姿容端正謂父曰每有一 紫衣男到寢交婚 父謂曰汝以絲貫針刺其衣從之至明尋絲於北墻下針刺於大蚯蚓之腰因有 身生萱此與本傳異恐不足信(『동국여지승람』제29권 문경현 인물조).

위의 표는 견훤이라는 구체적인 이름을 언급하면서 구연된 설화만 나열한 것이다.[11] 그렇지만 구연자가 직접 견훤이라 언급하지 않아도 견훤설화임을 미루어 짐작할 수 있는 자료들도 다수 수집되었다.[12] 여기에서 위의 표를 자세히 살펴보면, 전북 남원과 정읍에서 채록된 설화가『삼국유사』의 기록과 거의 흡사한 점을 발견하게 된다. 이러한 점은 문헌설화와 구전설화의 상호관련성을 유추해 볼 수 있는데, 견훤설화가 문헌설화로 정착되기 이전부터 구전되었거나 기록된 이후에 그 기록을 토대로 전승되어 왔을 가능성을 암시하고 있다. 한편 견훤이 후백제를 세워 나라의 기틀을 확고히 한 완산주, 지금의 전주지역에서 견훤설화가 다수 채록될 여지가 있지만,『삼국유사』의 기록을 재인용한 것 외에 기존의 조사 자료에서는 찾을 수 없음을 지적해 둔다.

위의 설화 내용을 토대로 견훤설화의 기본적인 서사단락은 두 가지 유형으로 나누어진다.

---

11) ⑨번의 견훤전설에는 견훤의 탄생에 관한 설화 이외에도 오누이 힘겨루기전설과 용마전설, 천안산성의 유래, 왕건과의 전투, 후백제의 멸망, 견훤의 죽음에 이른 이야기가 덧붙여진다. 황인덕은 ⑨번의 설화를 중심으로 이야기꾼의 구비창작의 개성적인 측면을 살피면서 구비창작담의 서사적 성격과 지역성의 반영양상 등을 고찰하고 있다. 이를 토대로 견훤전설 역시 화석화된 것이 아니라 오늘날 살아있으며 늘 새롭게 표현되고 해석될 수 있음을 지적하고 있다(황인덕,「견훤전설의 구비창작담적 성격」,『후백제와 견훤발표요지문』(2000. 9)).

12) 그에 해당하는 내용은 주로 지명과 관련되어 있고, 주로 충청도 일원지역에서 전승되고 있다는 점을 지적할 수 있다(네번째 설화는 김광순 편저,『한국구비전승의 문학』(서울 : 형설출판사, 1988), 131~134쪽에서 인용).

제목	조사지역	출 전	話素
염바들 유래	충북 중원	대계 3-1	대가집 딸, 초립동, 바늘과 실, 큰지렁이, 연못, 소금물, 지리왕 죽임, 염바다들 유래
어림동 유래	충북 충주	대계 3-1	으림장군, 연못, 지렁이, 소금, 궁터닭은 御林동 유래(염바다)
계족산 유래	충북 충주	대계 3-1	무남독녀딸, 몸이 찬 짐승, 바늘과 실, 지렁이, 염바다, 지리왕, 소금물, 계명산 유래
지렁이 장수	경북 상주	한국구비전승의 문학	과부, 준수한 청년, 바늘과 실, 지렁이, 딸과 아들, 오누이힘겨루기, 아들은 장수가 됨, 소금물, 성터 흔적

㉮형

A. 시집가지 않은 부자집 딸이 있다.

B. 정체 모를 남자(야래자)가 밤마다 찾아오다.

C. 남자에게 실과 바늘을 꽂아두다.

D. 야래자의 정체는 큰지렁이(지네, 금돼지)이다.

E. 처녀는 임신하고 아이를 낳다.

F. 호랑이가 아이에게 젖을 주다.

G. 아이는 장성하여 왕이 되다.

㉯형

A. 견훤은 지렁이 자손이다.

B. 견훤은 강물에 들어갔다 나오면 힘을 얻는다.

C. 견훤을 잡기 위해 소금물을 풀어놓아 죽인다.

D. 지금도 그 지명이 남아있다.

위의 유형분류를 통해 견훤이라는 동일한 인물에 대해 두 가지 유형의 설화가 전해지고 있음을 알 수 있다. 그리고 앞서 제시한 표를 통해서 ㉮형의 설화는 전라도 일대에서 채록되어 있고, ㉯형의 설화는 경상도 일원지역에서 채록된 점을 특징적으로 지적할 수 있다.[13] 그렇지만 견훤의 고향인 경북 상주지역과 충북 영동에서도 ㉮형의 설화 유형이 수집되는 점은 설화의 전파론적인 시각에서 생각해 볼 수 있을 것이다.[14]

㉮형의 설화는 '결핍 → 위기 → 해결 → 시련 → 해결'의 과정으로 구성되어 있다. 결혼하지 않은 부자집 딸에게 밤마다 찾아오는 야래자가 있었는

---

13) 견훤설화 전승의 지역적 차이에 대해서는 박현국에 의해 언급되었다(박현국, 『설화의 신화적 구조와 상징연구』, 중앙대 박사학위논문, 1992년, 107쪽).

14) 손진태는 『삼국유사』, 『청구야담』에 실려있는 문헌설화와 전북 금산, 경상도, 함북 회령과 성진의 견훤식전설을 언급하면서 이 유형은 세계적으로 분포한 설화라 하였다(손진태, 「견훤식전설」, 앞의 책(1947), 155~204쪽).

데, 실과 바늘을 매개로 야래자의 정체를 확인한다. 그리고 난 뒤 처녀는 임신하여 집에서 내쫓김을 당하고 아이를 낳는다. 그렇게 태어난 아이에게 호랑이가 젖을 주며, 이 아이는 장성하여 왕이 된다는 유형이다(번호 ②, ③). 이는 『삼국유사』에 수록된 견훤설화와 거의 흡사하며, 오히려 문헌자료보다 구연이 상세하고 현장감이 살아 있다. 그렇지만 처녀가 임신하여 아이를 낳고, 호랑이가 아이에게 젖을 주고, 아이가 장성하여 왕이 된다는 ㉮형의 E, F, G의 단락이 탈락된 채, 단지 야래자의 정체를 확인하는 것으로 끝이 나기도 한다(번호 ①, ④, ⑩, ⑪). 그리고 야래자의 정체를 확인하고 왕이 되는 과정을 그리면서 오누이 힘겨루기 전설과 용마전설 등의 유형과 결부되어 전하는 이야기와(번호 ⑨) 야래자와의 교구로 탄생한 견훤에 의해 견씨가 유래되었음을 덧붙이는 이야기 등이 있다(번호 ⑪).

이처럼 ㉮형의 설화는 부자집 처녀와 야래자의 교혼에 의한 견훤의 신이한 탄생이 중심을 이루면서 첨가와 탈락의 형태로 전승되고 있다. 평범한 남자와의 일상적인 결합이 아닌 인간으로 화한 야래자와의 비일상적 결합은 분명 장차 태어날 인물의 비범성을 암시한다. 신이한 탄생을 통해 그 신화적 진실을 이야기하고 있는 것이다.

그러나 ㉯형의 설화는 ㉮형의 설화와는 사뭇 다르다. ㉯형의 설화는 '문제제기 → 해결시도 → 문제해결'의 과정으로 이루어져 있다. ㉯형의 설화는 지렁이와 교구하여 견훤이 탄생했다는 이야기를 전제로 한다. 그래서 지렁이 자손인 견훤은 전쟁을 하다가 지치면 강물에 들어가 다시 힘을 얻는다. 그 사실을 알게 된 사람들은 강물에 소금을 풀어 견훤을 죽이며, 그 강물은 지금도 남아있다는 것으로 이야기가 구성된다.

앞서 ㉮형의 설화가 견훤의 신이한 탄생에 초점을 두고 있음에 반해, ㉯형의 설화는 견훤의 죽음에 초점을 고정시키고 견훤의 비극적 결말을 이야기하고 있다. 후백제를 세웠으나 일찍 패망한 역사적 사실이 뒷받침되어 지렁이의 자손이므로 견훤의 죽음은 당연한 것이며, 이를 증명하듯 그 지명이 지금도 남아있다는 것이다.[15]

㉮형 설화가 견훤의 신이한 탄생에 초점을 두고 있다는 것은 견훤에 대한 긍정적인 인식의 소산이라 할 수 있다. 비록 야래자의 정체가 지렁이·금돼지로 확인되거나 야래자를 죽임으로 인해 견훤의 신이한 탄생은 퇴색되지만, 후백제를 건국한 견훤의 영웅적인 면모를 무의식적으로 강조하고 있는 것이다. 그에 반해 ㉯형의 설화는 견훤의 죽음에 이르는 과정을 통해, 견훤은 마땅히 죽을 수밖에 없는 인물로 묘사된다. 죽음에 이른다는 것은 견훤에 대한 부정적인 시각을 그대로 반영한 것이다. 이렇게 견훤의 탄생과 죽음 둘 중에 어디에 초점을 두고 전승되느냐에 따라서 견훤설화의 전개양상은 확연히 달라지고 있다.

따라서 ㉮형의 설화는 신이한 탄생과 성장을 통해 견훤설화의 신화적 진실을 내포하며, ㉯형의 설화는 견훤의 비극적 죽음을 통해 역사적 사실을 함의하고 있다. 그러면서 견훤이라는 동일한 인물에 대하여 신화적 진실과 역사적 사실이 서로 상호작용을 이루고 있다. ㉮형의 설화는 견훤이 이물과의 교구에 의해 태어났다는 ㉯형의 설화를 전제로 한 이야기이다. 그리고 ㉮형의 설화는 지렁이 자손이므로 결국 죽게 되는 ㉯형의 설화를 뒷받침하고 있다.

즉 ㉮형의 설화를 통해 견훤이 이물교구의 신성혼神聖婚으로 탄생하고 호랑이의 보호를 받는 이러한 신화적 진실이, 패망이라는 역사적 좌절을 겪으면서 결국 지렁이 자손으로 전락·퇴색된다. 영웅은 영웅이되 이미 패배한 영웅인 것이다. 그래서 ㉯형의 설화는 견훤이 후백제를 세우나 일찍 패망한다는 역사적 사실이 신화적 좌절로 연결되어 견훤의 아버지는 결코 용이될 수 없는 것이다. 따라서 "견훤의 실패와 좌절은 용신의 후예임을 부정해야 하는 필연성을 지니게 된 것이며,"16) 역사적 사실이 견훤은 지렁이의 후

---

15) 소금물이 흘렀다 하여 지금도 '간수내'라 부르고, 견훤이 숨었던 모래를 '진모래'라고 한다. 진모래는 안동시 상아동에 위치하고 있는 넓은 모래펄이다. 이곳은 현재 유원지로 이용되고 있고 근처에는 안동댐이 사리잡고 있다(이도학, 『진훤이라 불러다오』(서울 : 푸른역사, 1998), 236쪽). 그리고 『한국구비문학대계』 7-9 '지렁이 자손 견훤'의 이야기는 결국 '가수내'의 지명이야기로 귀결된다.

16) 정병헌, 「백제 용신설화의 성격과 전개양상」, 『구비문학연구』 제1집(한국구비문학회, 1994), 211쪽.

손일 수밖에 없다는 점을 확인시켜 주고 있는 셈이 된다.

3. 견훤신화의 전설적 변이

견훤설화의 핵심은 무엇보다도 야래자인 이류와의 교혼으로 견훤이 탄생하고 야래자의 정체를 확인하는 부분이다. 인간과 이류와의 결합은 비일상적 상징을 보여주는 것으로써, 근원적으로 신성혼의 성격을 내포한다. 엄밀히 말하면 견훤설화 주인공은 견훤이 아니다. 오히려 주인공은 부자집 딸이거나 장자의 딸, 처녀이며, 간혹 과부가 주인공으로 등장하기도 한다. 딸은 시집갈 나이가 찬 여인이다. 여인이 설화의 중심인물로 등장하는 것은 여성이 지닌 생산성에 의한 상징적인 표현이다. 특히 시집갈 나이의 젊은 여성은 풍요로움의 극치이며, 풍성한 대지의 생산력을 대변한다. 그리고 생산력의 상징인 이 여인에게서 태어날 아이는 장차 큰 인물이 될 것임을 암시한다.

이러한 여인에게 야래자가 찾아온다. 야래자의 형상은 단지 붉은 옷을 입은 남자, 바람처럼 나타났다가 사라지는 남자, 초립동, 남진일색의 단아한 남자 등으로 표현된다. 야래자가 오는 시간은 밤이다. 인간들이 활동하지 않은 시간에 인간의 공간인 여인의 방으로 찾아온다. 그러나 야래자가 들어오고 나간 흔적이 없다.

주몽신화의 경우는 어머니 유화가 동생들과 함께 물 밖으로 나와서 노는데 남자 하나가 오더니 자기는 천제의 아들 해모수라 하면서 유화를 웅진산 밑 압록강 가의 집으로 유인하여 남몰래 정을 통하고 가더니 돌아오지 않았다.[17] 여기서 해모수는 유화를 자기의 거처로 유인하여 정을 통하는 등 적극적이다. 그러나 견훤설화의 야래자는 인간이 활동하지 않은 밤에 인

---

17) 『삼국유사』 권 제1 기이 제1 고구려.

간의 형상을 하고서 조용히 인간세계에 나타난다. 그리고 여자와 동침하고서 날이 밝기 전에 서둘러 자기가 거처하는 곳으로 돌아가 버린다. 야래자의 모습은 해모수에 비해 소극적이면서 아울러 시간의 제약을 받고 있다. 이는 인간세계와 야래자의 세계인 이류계가 철저히 분화되어 있음을 말해준다. 그래서 밤이라는 시간에만 야래자는 인간의 세계에 들어왔다가 날이 밝으면 서둘러 거처하는 곳으로 사라진다.

야래자가 돌아간 곳은 북쪽 담장, 담밑, 굴, 장독대, 덤불 등으로 인간들이 쉽게 접근하지 않는 곳이다. 이러한 공간은 제의적 공간이나 신성한 장소로서의 의미를 지닌다. 야래자가 새로운 변신을 꿈꾸는 곳이며 부활을 위한 거룩한 장소이다.[18] 특히 야래자가 기거하는 담장이나 덤불은 집안과 집밖을 가르는 경계선이다. "경계선에 놓인 상태는 이도 저도 아닌 어중간한 곳이라는 상황과 관련되는 것이다. 경계적인 상태는 엄밀한 논리의 법칙이 적용되지 않는 말하자면 신비적 상태이다."[19] 즉 인간계와 이류계가 분리되는 그 경계선에 야래자가 있는 것이다. 그 외 야래자가 기거하는 곳으로 구연되는 굴 역시 신화적으로 재생과 부활을 상징한다. 단군신화에서 웅녀가 동굴에서 삼칠일 동안 머무른 뒤 인간이 되었던 것처럼, 야래자가 있던 굴은 지렁이나 지네에서 초인으로 변화할 수 있는 신성한 공간이라 할 수 있다.

이러한 신화적 상징을 보여주고 있는 견훤설화에서 간과할 수 없는 것은 야래자의 정체를 밝히려는 인간의 적극적인 의지가 설화의 중심축을 이루고 있다는 사실이다. 정병헌의 언급처럼 "견훤탄생설화를 이물교혼의 모습으로 보느냐 아니면 야래자의 정체 파악에 초점을 두느냐 하는 것은 이 설화를 인식하는 중요한 분기점"[20]이 될 수 있다. 설화 속에 나타난 인간의 호기심은 언제나 비극을 초래한다. '우렁각시'의 전설처럼 인간의 호기심으

---

18) 박현국,『한국공간설화연구』(서울 : 국학자료원, 1995), 115~117쪽.
19) Edmund Leach, 신인철 옮김,『성서의 구조인류학』(서울 : 한길사, 1996년), 96쪽.
20) 정병헌,「백제 용신설화의 성격과 전개양상」, 앞의 책(1994), 202쪽.

로 인해 결국 불행한 결말을 초래하듯, 이제 견훤설화는 야래자의 정체를 밝히려는 인간의 적극적인 개입으로 인해 더 이상 야래자와의 신성혼을 이야기하지 않는다. 야래자에 대한 인식 변화를 초래한 것이다.

견훤설화는 앞서 말했듯이 신화시대의 산물이 아니다. 역사시대에서 신화를 이야기하려 했지만 온전한 신화를 이야기할 수가 없었다. 온전한 신화를 이야기 할 수 없는 것은 인간의 이성적인 의지 때문이다. 야래자에 대한 신성성은 인간의 호기심과 반비례된다. 인간의 적극적인 행동으로 인해 신성성이 상실됨으로써 야래자는 더 이상 두려움의 대상이 아니다. 오히려 탐구의 대상으로 전락된다.

견훤설화에서는 이러한 호기심과 탐구의 매개체로 여인의 필수품인 실과 바늘이 적극적으로 활용되고 있다. "하찮을 수 있는 실타래에 의하여 인간의 자유와 해방이 획득되기 때문에 여기에서의 실타래는 단순한 실타래가 아니다. 그것은 다른 세계를 연결시키는 단서로 인식될 수 있는 것이다."[21] 특히 바늘은 야래자를 살해하는 도구로 이용되기도 한다. 수집된 견훤설화 가운데 야래자의 생존 유무가 명확하게 밝혀지지 않는 경우도 있지만, 대부분 여인이 찌른 바늘에 의해 야래자는 죽고 만다. "야래자가 목숨을 잃는다는 것은 절대적인 신의 권위를 지닌 사신蛇神의 위치가 실추되는 것을 의미할 뿐 아니라 그들 앞에 무기력했던 인간들에게 있어서도 신앙의 변화를 말하는 것으로 받아들여질 수 있을 것이다."[22] 또한 사류蛇類는 철을 무서워하므로 바늘에 찔려도 죽는 것으로, 사류蛇類나 귀류鬼類 용교龍蛟 등이 금속을 외피畏避한다는 신앙은 아주 오래 전부터 존재했다고 한다.[23] 따라서 야래자의 정체를 파악하고자 하는 인간의 호기심에 대한 적극적인 해결책이었던 바늘은 무기가 되어 오히려 야래자를 퇴치해야 하는 대상으로 인식하고 있음을 알 수 있다.

---

21) 정병헌, 「백제 용신설화의 성격과 전개양상」, 위의 책, 203쪽.
22) 노성환, 「삼륜산형전설의 신혼변이고」, 『비교민속학』 제1집(비교민속학회, 1985), 68쪽.
23) 손진태, 앞의 책(1947), 207~209쪽.

야래자가 퇴치의 대상이 되었다 함은 더 이상 인간계와 이류계가 통합될 수 없음을 의미한다. 이제는 철저한 인간계만 존재하게 되는 것이다. 그래서 야래자는 용신과 같은 신성성을 갖지 못하며 또한 더 이상 용이 될 수 없음을 확인할 뿐이다. 더 나아가 야래자가 지렁이라는 미물이므로 급기야 죽여야 하는 것으로 발전하게 된다. 결국 야래자가 돌아간 곳은 더 이상 신비한 곳이 아니다. 신도 아니고 인간도 아닌 어정쩡한 존재가 자리한 곳으로 변질되고 만다.

이러한 인간의 적극적인 의사개입으로 밝혀진 야래자의 정체는 주로 지렁이로 묘사되며 그 외에 금돼지, 지네 등으로 구전된다. 야래자의 정체가 왜 하필 지렁이인가에 대해 의견이 분분하다. 지렁이는 그 형태뿐만 아니라 재생성 때문에 쉽사리 남성과 결부되는 것으로 지룡과 상통한 것으로 보거나,[24] 왜소한 지렁이 또는 지네의 모습은 후대의 인식에 의한 왜곡된 기술일 뿐, 용신과 결합될 때에만 그 진정한 해석이 가능한 것으로 보기도 한다.[25] 이에 반해 보다 현실적인 시각에서 지렁이는 진훤[甄萱]이라는 이름의 여운에서 조작된 것으로 보기도 한다.[26] 지렁이는 뱀과 유사하게 생생력을 지닌 달동물로 신화적 상징을 내포한다. "지렁이의 재생력은 고대인의 연상작용에 의해 불사신의 생명력으로 간주할 수 있다."[27]

그러나 신화적 상징은 역사시대에 접어들면서 거듭 변하게 된다. 견훤은 고려를 세운 왕건과 동시대인이다. 용의 후손임을 자처하는 왕건신화가 있는 한 역사의 패배자인 견훤은 결코 용의 후손이 될 수 없다. 오히려 지렁이 후손이기 때문에 후백제가 빨리 망할 수밖에 없다는 역설적인 논리를 견훤설화를 통해 환기시키고 있는 것이다. 또한 지렁이라는 야래자의 정체 확인이 견훤설화에 이입되어 구연하는 민중들에게 혐오감을 조장하고 있다. 이상적으로 용의 위엄성과 지렁이의 혐오스러움이 민중들에게 인지되

24) 조희웅, 『설화학강요』(서울 : 새문사, 1989), 180쪽.
25) 정병헌, 「백제 용신설화의 성격과 전개양상」, 앞의 책(1994), 201쪽.
26) 김상기, 「견훤의 家鄕에 대하여」, 『동방사논총』(서울 : 서울대 출판부, 1984), 1999쪽.
27) 한국문화상징사전편찬위원회, 『한국문화상징사전』 지렁이조(서울 : 동아출판사, 1992).

면서 왕건과 견훤에 대한 역사적 무게가 부가되고 있는 것이다. 그래서 앞서 제기한 ㉯형의 설화처럼 지렁이 자손인 견훤은 아무리 장수라 할지라도 결국 소금물에 배를 뒤집고 죽고 마는 것이다.

이렇듯 여인을 통한 인간의 지적 탐구가 배가됨으로써 야래자는 신성성을 박탈당하여 인간보다 못한 하찮은 미물로 전락하게 된다. 그러면서 야래자와의 교혼으로 장차 태어날 아이는 영웅이 될 것이라는 화자의 의도적인 의미를 부여해 보지만,[28] 이미 신성성의 박탈로 인해 태어날 아이는 온전한 영웅이 되지 못함을 암시하게 된다.

한편, 견훤이 강보에 있을 때 호랑이가 와서 견훤에게 젖을 먹여주었다는 이야기가 탄생설화에 이어서 첨부되어 있어, 그의 비범성을 강조하고 있다. 그러나 신이한 탄생에 앞서 인간의 적극적인 행동으로 인해 이미 신성성이 실추됨에 따라, 영웅은 영웅이되 결국 실패할 영웅임을 뒷받침할 뿐이다.

4. 견훤설화의 역사인식

견훤의 고향에 대해서는 논란의 여지가 많다.『삼국사기』권50 견훤전에는 '甄萱 尙州加恩縣人也'라 기록되어 있다. 상주 가은현은 지금의 문경시를 말한다. 그리고『삼국유사』에는『삼국사기』처럼 상주尙州사람으로 언급하지만, '昔一夫富人居光州北村'으로 시작하는 부분은 광주 북촌에 사는 어머니에 의해 태어난 것으로 전해져 광주사람으로 인식된다.

경북 상주시 화서면 하송 1리 청계부락에서는 견훤의 위패를 모시고 정월 대보름과 팔월 보름에 산신제를 모신다. 제를 지내는 목적은 견훤장군의 공덕을 기리며 마을의 안녕과 복을 축원하기 위해서이다. 제사의 순서는 먼

---

28) "니 뱃속으 든 것이 이 천하 왕이 될텐데 이 조선의 조선 천하 왕이 될턴디 에 삼한의 왕이 될 턴디에 일국왕베끼 못헌다."(『대계』5-6, 639쪽).

저 술 석 잔을 드리고 '후백제대왕'의 소지를 올린 다음에 동민 각 호당 호주명으로 소지를 올린다. 그리고 마지막으로 우마의 소지를 올리면 제는 끝이 난다.[29] 이 마을에서의 견훤은 마을신으로 숭앙되고 있다. 그리고 상주지역에는 견훤과 관련한 지명인 '아개', '금하굴', '견훤성', '진훤궁터' 등이 지금도 남아 있어[30] 견훤과 이 지역과의 깊은 상관성을 보여주며, 아울러 이러한 자료들을 근거로 견훤의 고향이 상주라는 사실을 확연하게 뒷받침하고 있다.

   역사기록을 살펴보면, 견훤은 세력기반을 확충하여 무진주를 습격하고 스스로 왕이 되었으나, 감히 왕이라 일컫지는 못하다 서쪽으로 순행하여 완산주에 이르러 스스로 후백제 왕이라 일컫고 벼슬과 직책을 나누어 설치하였다고 한다.[31] 견훤이 거사하여 제일 먼저 무진주를 습격한 것에 대해 무진주와 견훤은 처음부터 유다른 연고가 있는 것으로 보았다. 그래서 견훤의 출신지는 백제 영역인 무진주나 또 그 인근지역임을 상정하고 있다. 또한 견훤의 사위요 또 최후까지 견훤에게 충성을 다한 박영규와 시종이 전라도 승주 사람인 것을 토대로 견훤 역시 이 지역의 출신으로 보기도 하였다.[32] 그러나 견훤의 고향은 상주지역임을 전제로 그의 탄생설화는 혼인사실을 반영해주는 기록이며, 혼인을 통해 상주호족과 광주호족이 결합된 것으로 보았다.[33] 이는 견훤의 탄생설화를 보다 역사적인 차원에서 해석한 것이라 하겠다.

---

29) 『한국민족문화대백과사전』(한국정신문화연구원, 1990), 89쪽.
30) 『경상북도 지명유래총람』(경상북도 교육위원회, 1984).
31) 唐昭宗景福元年, 是新羅眞聖王在位六年, 嬖竪在側, 竊弄國權, 綱紀紊弛. 加之以飢饉, 百姓流移, 群盜蜂起. 於是萱竊有叛心, 嘯聚徒侶, 行擊京西南州縣, 所至響應, 旬月之間, 衆至五千. 遂襲武珍州自王, 猶不敢公然稱王, 自署爲新羅西南都統行全州刺史兼御史中承上柱國漢南國開國公, 龍化元年己酉也. 一云景福元年壬子. 是時北原賊良吉雄强, 弓裔自投爲麾下. 萱聞之, 遙授良吉職爲裨將. 萱西巡至完山州, 州民迎勢, 喜得人心, …(중략)… 遂自稱後百濟王, 設官分職. 是唐光化三年, 新羅孝恭工四年也(『삼국유사』 권 제2 기이 제2 후백제 견훤).
32) 김상기, 「견훤의 家鄕에 대하여」, 앞의 책(1984), 200~201쪽.
33) 김수태, 「후백제 견훤정권의 성립과 농민」, 『백제연구』 제29집(충남대 백제연구소, 1999), 98쪽.

나아가 이미 상주호족과 연결되어 있던 견훤이 새로이 광주호족과 연합한다는 것은 그의 세력 확대를 위해 매우 의미 있는 일로, 왕건이 부호의 딸인 나주 오씨나 정주 유씨와의 혼인을 통해 세력 확대를 꾀한 호족연합정책과 비슷한 현상이라는 것이다.[34] 즉 견훤은 서남해 군인세력을 배경으로 일어났기 때문에 지역적 지지 기반이 약하여 이를 보완하기 위해서 혹은 경제적 기반을 확보하기 위해 지방의 세력층과 결합했다는 것이다. 따라서 광주는 견훤이 정치경제적 기반을 확보인 곳이지, 견훤이 태어난 곳은 아니라는 결론이다. 아무튼 견훤의 고향이 어디인지 간에, 이러한 역사적 배경을 토대로 견훤설화에 대한 또 다른 접근이 가능하다.

광주는 견훤이 완산주인 전주로 천도하기까지 10여 년 동안 세력을 확대해 나갔던 곳으로 후백제를 건국하는데 중요한 역할을 담당한 곳이다. 견훤이 신라에 반기를 들고 세력확보를 위해 초창기에 활동하였던 곳이 광주이고, 이를 기반으로 전주에서 후백제를 굳건히 건국할 수 있었던 것이다. 그렇다면 이를 근거로 추론할 수 있는 것은 견훤의 고향이 비록 광주는 아니다 할지라도 초기의 세력 확보를 위해서 그 곳 지역민들에게 정신적 공감대를 형성할 이유는 충분했다.

견훤은 후백제를 세우면서 백성들에게 이렇게 말한다. "백제가 나라를 시작한 지 육백여 년에 당나라 고종은 신라의 요청으로 소정방을 보내서 수군 13만 명이 바다를 건너오고 신라의 김유신은 있는 군사를 거느리고 황산을 거쳐 당나라 군사와 합세하여 백제를 쳐서 멸망시켰으니 어찌 감히 도읍을 세워 옛날의 분함을 씻지 않겠는가?"[35] 견훤이 후백제를 세우는 당위성을 백제의 멸망에서 찾고 있듯이, 후백제 왕으로 자처한 견훤은 백제와의 어떤 형태의 연결고리가 필요했을 것이다.

---

34) 신호철, 「견훤정권의 지방지배와 호족연합정책」, 『한국사상의 정치형태』(서울 : 일조각, 1993), 93쪽.

35) 謂左右曰 : "百濟開國六百餘年, 唐高宗以新羅之請, 遣將軍蘇定方, 以舡兵十三萬越海, 新羅金 庚信, 卷土歷黃山, 與唐兵合攻百濟滅之, 予今敢不立都, 以雪宿憤乎"(『삼국유사』 권제2 기이 제2 후백제 견훤).

따라서 견훤은 백제의 위업을 이어 후백제를 건국한 왕으로서 국가적 위엄을 지키기 위해, 특히 백제의 전통성을 계승하려는 정략적 차원에서라도 자신의 출생을 신성화할 수 있는 신화적 장치가 필요하였을 것이다. 이러한 점에서 견훤설화보다 시대적으로 앞선 무왕설화를 음미할 필요가 있다. 과부인 어머니가 못에 사는 용과 관계해서 서동을 낳아 훗날 백제의 무왕이 되었다는 설화는[36] 견훤설화와 함께 '야래자전설' 유형에 포함된다. 서대석은 야래자전설이 씨족의 신화, 부족국가의 시조 출생담으로서 시조신화의 성격을 가짐을 지적하고, 마한의 옛 신화형태가 후대에 이르러 백제의 무왕 및 후백제의 견훤에 이르기까지 지속적으로 이어지고 있다고 보았다.[37]

이처럼 야래자설화를 시조신화적 성격으로 파악하는 데는 무왕설화와 견훤설화가 한 나라의 국조가 되는 공통성 외에도 백제의 권역임을 염두에 둔 것이다. 따라서 무왕설화와 견훤설화는 역사적으로 연결고리가 되어 전라도 일대의 신화사적 양태를 파악할 수 있는 근거가 된다. 앞서 언급한 것처럼 유독 전라도 일대에 ㉮형의 견훤설화가 집중적으로 나타나는 것은 이러한 연결선상에서 파악된다. 나아가 견훤설화를 시조신화로서 인정하고 받아들여졌으나 역사시대의 산물인 만큼 신화적 상징을 상실하고 역사적 사실이 결부되면서 후대적 변용을 겪은 것으로 이해할 수 있다.

한편, 견훤은 930년 지금의 안동에서 고려 태조와 크게 접전을 벌여 결국 왕건에 패하고 물러나게 된다. 이 전투를 계기로 후백제는 급격하게 쇠락의 길을 걷게 된다. 견훤은 지렁이 자손이므로 소금물로 죽었다는 ㉯형의 설화가 안동을 중심으로 집중적으로 채록되는 것은 이러한 역사적 사실과 밀접한 관련을 갖는다.

견훤을 패퇴시킨 권·김·장씨 세 장군이 영웅으로 묘사되며, 왕건은 그 공로로 세 사람에게 작위를 내리고 특히 김행金幸에게는 '能炳幾達權'하다

---

36) 第三十武王名璋 母寡居築室於京師南池邊池龍交通而生(『三國遺事』 卷 第二. 紀異 第二. 武王).
37) 서대석, 「백제신화연구」, 앞의 책(1985), 40~50쪽.

는 뜻으로 권성權姓을 하사하게 된다.[38] 또한 안동에서는 견훤과의 싸움에서 차전놀이, 곧 동채싸움이 시작되었다고 전한다.[39] 설화 속에서 견훤을 죽인 인물들이 견훤보다 이야기의 중심을 이루고 영웅으로 묘사되고 있다. 또한 견훤과의 전투를 승리로 이끈 놀이의 생성유래에 관한 쪽으로 이야기를 구체화하고 있다. 결국 후백제를 멸망에 이르도록 만든 안동전투의 역사적 상흔으로 인해 오늘날 삼태사묘와 차전놀이가 그 역사적 산물로 남아 있으며, 그와 상호관련한 ⓛ형의 견훤설화가 전승되고 있는 것이다.

이처럼 견훤설화는 역사적 카테고리 속에서 전승되는 것 외에도 오늘날 견훤설화에 대한 기록화는 지속되고 있다. 『한국성씨대관』의 견씨 부분에는 다음과 같은 기록이 언급되어 있다.

견씨는 1960년도 국세조사 당시 인구 4백여 명으로 성별 인구 순위는 제 153위가 된다. 문헌에는 황간견씨(黃磵甄氏)와 상주견씨(尙州甄氏)의 이본(二本)이 나와 있고, 견훤과 아자개가 각각 시조로 되어 있지만, 아자개는 견훤의 아버지이니 결국 마찬가지이다. 아자개는 원래 본성이 이씨(李氏)로서 농사를 짓다가 신라 말기에 사불성[沙弗城(지금의 상주)]에 웅거하여 스스로 장군이 되어 고을을 다스렸다. 그러니까 신라 말기에 세력을 떨치던 호족이었다. 그의 아들 견훤은 유명한 후백제의 왕이다. 『삼국유사』 후백제 견훤조에 의하면 견훤은 상주 가은현 사람으로 본성은 이씨였는데 뒤에 견(甄)으로 성을 삼았다. 그의 아버지 아자개는 신라 진흥왕의 후손이 되는데, 견훤이 아직 젖먹이였을 때 밭에서 일을 하면서 그를 수풀밑에 두었더니 난데없이 호랑이가 나타나 아기에게 젖을 먹이는 것이었다. 그는

38) 本新羅古陀耶郡 景德王 改名古昌郡 高麗太祖 與後百濟王甄萱 戰於郡地敗之 郡人金宣平金幸張吉 佐太祖有功 拜宣平爲大匡 幸吉各爲大相 因陞郡爲府(『동국여지승람』 제24권 안동대도호부 건치연혁조). 本姓金 新羅大姓也 當羅季 守古昌郡時 甄萱入新羅弑王 幸謀於衆曰 萱義不共戴天 蓋歸王公以雪我恥 遂降高麗 太祖喜曰 幸能炳幾達權 乃賜姓權 陞安東郡爲府(위의 책, 인물조).

39) 이 고장 古老에 따르면, 신라 말년에 자립하여 후백제 왕이 된 견훤이 고려 태조와 자웅을 결하고자 이곳에 쳐들어 왔을 때 이 고을사람인 권행, 김선평, 장길 三氏가 荷車와 같은 수레 여러 개를 만들어 타고서 이를 격파한 데서 비롯하였다고 말한다(『한국민속대관』 4(고려대 민족문화연구소, 1982), 444쪽).

점차 자라면서 체모가 웅기하고 지기(志氣)가 특립(特立)하여 범상치 않았다는 것이다.[40]

위의 기록을 보면 견씨 시조인 견훤에 대해 부분적이나마 『삼국유사』의 기록을 재인용하고 있다. 비록 견훤의 이물교구에 의한 신이한 탄생은 탈락되었으나, 호랑이가 나타나 아이에게 젖을 주었다는 그 성장에 얽힌 내용을 온전히 수용한 견씨 성의 시조신화로 자리매김하고 있다.[41] 다시 말해 오늘날 견훤설화는 엄연히 성씨 시조와 관련한 설화로 기록되고 있는 것이다. 그리 많지 않지만 구전자료에도 견씨의 유래에 관한 이야기가 전해진다. 이물교구에 의한 견훤의 탄생설화와 함께 그로 인해 견씨가 유래되었다고 하는 이야기다.[42] 다만 황간 원님이 "서쪽 돌담 풀 속에서 아버지가 나와 가지고 낳았으니 서西, 토土 와瓦자 해가지고 견甄을 맹글어라"라고 사성을 내린 것으로 구전된다. 후백제 왕인 견훤에 의해 견씨 성이 시작되었다는 기록에 비해, 구전자료는 시골 원님이 사성을 내린다는 점에서 그 차원을 달리한다.

성과 본관이 같은 집단을 씨족집단이라 하는데, 이러한 집단의 시조가 성씨를 얻게 되기까지의 유래를 밝힌 이야기를 성씨신화[43]라 명명할 수 있다. 견훤이 이씨였으나 뒤에 견甄으로 성을 삼았다는 것은 기존의 체제를 부정하고 견훤을 중심으로 새로운 씨족집단이 형성되었음을 의미한다.

따라서 위에 인용된 견훤설화는 특정 씨족집단의 시조신화로 정착되어

---

40) 『한국성씨대관』(서울 : 창조사, 1971), 1073쪽. 그 외에 『한국인의 족보』(서울 : 일신각, 1977)에서도 이와 같이 적고 있지만, 『성씨의 고향』(중앙일보, 1989)에서는 『삼국유사』의 인용자료를 생략한 채 견씨의 유래를 후백제 견훤에게서 찾고 있다. 『완산견씨세보』에는 "아자개는 신라 진흥왕의 현손이라 하였으며, 그 조부 선품이 가은현(지금 문경지방)에 숨어 살면서 이씨로 성을 바꿨는데 견훤이 견씨로 고쳐 이로부터 견씨가 창씨되었다"고 하였다.
41) 『삼국사기』에서도 견훤은 본래 이씨 성이었으나 후에 견씨가 되었다고 간략하게 언급하고 있다(尚州加恩縣人也 本姓李 後以甄爲氏 『삼국사기』 권 제50 견훤).
42) 『한국구비문학대계』 3-4, 732쪽.
43) 성씨의 범위에서 신성성이 인정되는 시조에 관한 신화로, 始祖神話라 명명하기도 한다(장덕순 외, 『구비문학개설』(서울 : 일조각, 1971), 33쪽).

오늘에 이르고 있음을 알 수 있다. 성씨신화의 전승자는 그 성씨를 지닌 특정의 씨족집단이다. 씨족들은 시조신화를 통해 씨족의 신화적 연원을 밝히고 있고, 아울러 그 신화를 신성하고 진실한 것으로 믿기 때문에 신화의 영역에 해당한다. 그리고 "자기 조상을 신격화하고 이를 통해 조상에 대한 신성성과 성씨에 대한 당위성을 표출"[44]하기 때문에 성씨신화는 신화적 질서를 갖추고 있다고 하겠다.

앞서 언급한 것처럼 견훤설화는 시조신화적 자질을 갖춘 건국신화였으나 역사적인 사실과 결부되어 전설적 변이를 이루었다. 그러나 후대에 이러한 성씨신화로 정착·전승되어 다시금 특정 씨족집단에 의해 신화로써 신성성을 확보하고서 신화적 전통을 지속시키고 있는 것이다.

5. 맺음말

이상 문헌자료와 구전자료를 토대로 견훤설화를 유형 분류하여 그 전개양상을 살펴보았다. 그리고 견훤설화의 신화적 상징이 전설적인 변이를 이루고 있는 점과 역사적 사실과의 상호관련성을 토대로 견훤설화에 드러난 역사인식을 검토하였으며, 오늘날 특정 씨족집단에 의해 견훤설화는 부분적이나마 신화적 전통을 지속시키고 있는 점 등을 파악하였다.

견훤설화는 두 가지 전개양상을 보인다. 견훤의 이물교구에 의한 신이한 탄생에 이어 호랑이가 아이에게 젖을 주고 이 아이가 훗날 장성하여 왕이 된다는 ㉮형의 설화와 지렁이 자손인 견훤이 소금물에 죽고 마는 ㉯형의 설화가 그것이다. 견훤의 탄생과 죽음 가운데 어디에 초점을 두고 전승되느냐에 따라서 그 전개양상이 달라지는데, ㉮형의 설화는 신이한 탄생과 성장을 통해 신화적 진실을, ㉯형의 설화는 견훤의 죽음을 통해 역사적 사실을 내포하면

---

44) 장장식, 「곽씨 씨족설화의 형성과 신화성」, 『한국민속학보』 제9호(한국민속학회, 1998), 220쪽.

서, ㉮형과 ㉯형의 설화는 서로 상호작용을 이루고 있는 것으로 파악하였다.

그리고 견훤설화는 인간계와 이류계가 철저히 분화된 양상을 보여주고 있으며, 처녀, 야래자, 야래자가 거처하는 곳 등은 신화적 상징을 가지고 있으나, 야래자의 정체를 밝히려는 인간의 적극적인 의지로 인해 그 신성성이 탈락된다. 이는 온전한 신화를 이야기할 수 없는 인간의 이성적인 의지 때문인 것으로 파악하였다. 또한 역사기록을 토대로 살펴보면, 견훤은 후백제 건국의 당위성을 백제 멸망에서 찾고 있다. 그래서 국가적 위엄을 지키고 백제의 정통성을 계승하려는 정략적 차원에서 견훤의 출생을 신성화할 수 있는 신화적 장치에 의해 견훤설화가 형성된 것으로 보았다.

따라서 무왕과 견훤설화와 같은 야래자설화는 전라도 일대의 시조신화의 사적 양태를 파악할 수 있는 자료로 생각되며, 유독 전라도 일대에서 ㉮형의 견훤설화가 나타나는 것은 이러한 점을 뒷받침하고 있다. 이에 비해 안동지역에서는 견훤이 왕건에게 대패했던 역사적 사건으로 인해 오히려 견훤보다 삼태사묘와 차전놀이가 그 역사적 산물로 남아 있고, ㉯형과 같은 설화가 구전되고 있음을 파악하였다. 그리고 오늘날 견훤설화의 일부분이 견씨시조신화로 정착·전승됨으로써, 특정의 씨족집단에 의해 신화 영역을 확보하고서 신화적 전통을 지속하고 있음을 파악하였다.

‖ 참고문헌 ‖

『慶州金氏太師公派大同譜』, 1999.

『慶州崔氏大同譜』, 1982.

『高麗史』

『국사대사전』, 서울 : 학원출판사, 1987.

『國譯國譯新增東國輿地勝覽』, 민족문화추진위원회, 1982.

『揆園史話』

『나주목지』, 나주시, 1989.

『나주시 문화유적』, 나주시·목포대박물관, 1999.

『南平文氏大同文獻錄』

『南平文氏大同譜』, 1995.

『南平文氏族譜』, 헌종 12년(1846).

『達成裵氏家乘譜』, 고종 27년(1890).

『동국여지승람』

『東國李相國集』

『櫟翁稗說』

『文化柳氏忠景公派譜』, 1988.

『三國史記』

『三國史節要』

『三國遺事』

『姓氏의 故鄕』, 서울 : 중앙일보사, 1989.

『世宗實錄地理志』

『新增東國輿地勝覽』

『利川徐氏族譜』, 1897.

『帝王韻紀』

『朝鮮王朝實錄』

『昌寧曺氏侍中公派譜』, 1980.

『昌寧曺氏莊襄公派譜』, 1984.

『昌寧曺氏忠簡公派譜』, 1985.

『忠州魚氏大同譜』, 1999.

『忠州魚氏族譜』, 고종 16년(1879).

『坡平尹氏世譜』, 헌종 5년(1839).

『坡平尹氏世譜』, 1992.

『平康蔡氏大同譜』, 1991.

『平康蔡氏族譜』, 광무 2년(1898).

『河陰奉氏大同譜』, 1997.

『河陰奉氏世譜』, 순조 26년(1826).

『한국구비문학대계』 全82권, 서울 : 한국정신문화연구원, 1980~1983.

『한국문화상징사전』, 서울 : 동아출판사, 1992.

『한국민속종합조사보고서』, 문화재관리국.

『한국성씨대관』, 서울 : 창조사, 1971.

『한국인의 족보』, 서울 : 일신각, 1977.

『한국지명총람』, 한글학회, 1985.

고려대 민족문화연구소, 『한국민속대관』, 서울 : 고대민족문화연구소 출판부, 1995.

고승제, 『한국촌락사회사연구』, 서울 : 일지사, 1977.

권오경, 「구비문학교육을 위한 수업모형 탐색」, 『어문학』 제83호, 한국어문학회, 2004.

김광순, 「시조신화의 양상」, 『국어국문학』 제68·69 합병호, 1975.

_____, 「시조신화의 양상에 관한 연구」, 『어문논총』 제12호, 경북대학교, 1978.

_____, 『한국구비전승의 문학』, 서울 : 형설출판사, 1988.

김광일, 「한국 신화의 정신분석학적 연구」, 『한국문화인류학』 창간호, 한국문화인류학회, 1968.

김기창, 「구비문학교육의 바람직한 방향」, 『국제어문』 제12집, 국제어문학회, 1991.

_____, 『한국구비문학교육사』, 서울 : 집문당, 1992.

김두헌, 『한국가족제도연구』, 서울 : 서울대 출판부, 1980.

김민수, 「우리의 姓名 문제」, 『국어국문학』 제55~57 합병호, 국어국문학회, 1972.

김상기, 「견훤의 家鄕에 대하여」, 『동방사논총』, 서울 : 서울대 출판부, 1984.

김성호, 『씨성으로 본 한일민족의 기원』, 서울 : 푸른숲, 2000.

김수태, 「후백제 견훤정권의 성립과 농민」, 『백제연구』 제29집, 충남대 백제연구소, 1999.

김열규, 『한국민속과 문학연구』, 서울 : 일조각, 1971.

_____, 『신화 / 설화』, 서울 : 한국일보사, 1975.

_____, 『한국의 신화』, 서울 : 일조각, 1990.

김영만, 『민담에 있어서 의미의 형성과 그 전달에 관한 연구』, 부산대학교 박사학위논문, 1987.

김영수·김태환, 「한국 시조설화와 그 역사지평」, 『한국학보』 제72집, 서울 : 일지사, 1993.

김용선, 「고려시대 가계기록과 족보」, 『한국사학논총』 上, 서울 : 일조각, 1994.

김재수, 「신화교육의 중요성」, 『국어과교육연구』 제6집, 전국교육대학 국어과교육연구협의회, 1988.

김철준, 「신라시대의 친족집단」, 『한국고대사회연구』, 서울 : 서울대 출판부, 1990.

김학천, 『姓의 기원』, 서울 : 청문각, 2000.

김현룡, 『韓國古說話論』, 서울 : 새문사, 1984.

김화경, 『한국설화의 연구』, 경북 : 영남대출판부, 1987.

나경수, 『한국 건국신화 연구』, 전남대학교 박사학위논문, 1988.

_____, 「우왕신화의 변이고」, 『용봉논총』 제21집, 전남대학교 인문과학연구소, 1992.

_____, 『한국의 신화연구』, 서울 : 교문각, 1993.

_____, 「신화의 개념에 대한 攷」, 『한국민속학』 제26집, 민속학회, 1994.

_____, 「구비문학교육의 필요성과 효용」, 『남도민속연구』 제3집, 남도민속학회, 1995.

노성환, 「삼륜산형전설의 신혼변이고」, 『비교민속학』 제1집, 비교민속학회, 1985.

노성환·노현송·최광우, 「한일 야래자설화의 일연구」, 『연구논문집』 15-2, 울산공과대학, 1984.

大林太良·兒玉仁夫, 권태효 옮김, 『신화학입문』, 서울 : 새문사, 1996.

민긍기, 「신화의 실체를 구명하기 위한 몇 가지 점검」, 『연민학지』 제8집, 연민학회, 2000.

민속학회, 『한국민속학의 이해』, 서울 : 문학아카데미, 1994.

박영준, 『韓國의 傳說』 全10권, 서울 : 한국문화도서출판사, 1972.

박현국, 『설화의 신화적 구조와 상징연구』, 중앙대 박사학위논문, 1992.

_____, 『한국공간설화연구』, 서울 : 국학자료원, 1995.

배씨종보편찬회편, 『배씨의 뿌리와 위인집』, 서울 : 족보문화사, 1985.

변태섭, 「한국 고대의 계세사상과 조상숭배사상」 上, 『역사교육』 제3집, 역사교육연구회, 1958.

블라디미르 프롭, 박전열 옮김, 『구전문학과 현실』, 서울 : 교문사, 1990.

서대석, 「백제신화연구」, 『백제논총』 제1집, 백제문화개발연구원, 1985.

서해숙, 「가택신앙과 주거공간의 상관관계」, 『남도민속연구』 제7집, 남도민속학회, 2001.

_____, 「창녕조씨 시조신화 연구」, 『한국언어문학』 제49집, 한국언어문학회, 2002.

_____, 『한국의 성씨시조신화 연구』, 전남대 박사학위논문, 2002.

성기열, 『한국설화의 연구』, 인천 : 인하대출판부, 1988.

소재영, 『한국설화문학연구』, 서울 : 숭실대 출판부, 1997.

손진태, 『한국민족설화의 연구』, 서울 : 을유문화사, 1947.

_____, 『조선민담집』, 서울 : 태학사, 1981.

송준호, 「한국에 있어서의 가계기록의 역사와 그 해석」, 『역사학보』 제87집, 역
　　　사학회, 1980.

_____, 「한국의 씨족제에 있어서의 본관 및 시조의 문제」, 『역사학보』 제109집,
　　　역사학회, 1986.

신석호, 「성씨에 대한 고찰」, 『한국인의 족보』, 서울 : 상아탑, 1999.

신종원, 「『삼국사기』 제사지 연구」, 『사학연구』 38집, 사학연구회, 1984.

王彬, 『신화학입문』, 서울 : 금란출판사, 1980.

윤경수, 「『최고운전』에 나타난 신화설화의 탐구」, 『도해 조선조소설의 신화적
　　　분석』, 서울 : 태학사, 1998.

윤재근, 「고운 최치원의 수용양상」, 『어문논집』 제24 · 25 합병호, 고려대학교,
　　　1985.

윤철중, 『한국의 시조신화』, 서울 : 보고사, 1996.

이근직, 「신라 삼성시조의 탄강지 연구」, 『경주사학』 제16집, 경주사학회, 1997.

이도학, 『진훤이라 불러다오』, 서울 : 푸른역사, 1998.

이부영, 『한국 민담의 심층분석』, 서울 : 집문당, 1995.

이상옥, 「한국 족보의 유래」, 『한국성씨대관』, 서울 : 창조사, 1978.

이상일, 「설화쟝르론」, 『민담학개론』, 서울 : 일조각, 1982.

이수건, 「한국 성씨의 유래와 종류 및 특징」, 『새국어생활』 제1권 1호, 국립국어
　　　연구원, 1991 봄.

이수봉, 「가문신화」, 『인문과학』 28집, 성균관대학교 인문학연구소, 1998.

_____,「청주곽씨 가문신화의 변증고」,『설화문학연구』下, 단국대출판부, 1998.

이순근,「신라시대 성씨취득과 그 의미」,『한국사론』제6집, 서울대 국사학과, 1980.

이영수,「하음봉씨 성씨시조설화 연구」,『한국학연구』제10집, 인하대 한국학연구소, 1999.

이종서,「나말여초 성씨 사용의 확대와 그 배경」, 서울대학교 석사학위논문, 1996.

이종주,「동북아 시조신화 화소 구성원리와 제양상」,『동북아 샤머니즘문화』, 서울 : 소명출판사, 2000.

李重煥, 이익성 옮김,『擇里志』, 서울 : 을유문화사, 1993.

이지영,『한국 신화의 신격 유래에 관한 연구』, 서울 : 태학사, 1995.

이창식,「구비문학교육론」,『동국어문학』제6집, 동국대 국어국문학회, 1994.

임석재,『한국구전설화』全9권, 서울 : 평민사, 1990.

_____,『한국구전설화』충청남북편, 서울 : 평민사, 1990.

임재해,「존재론적 구조로 본 설화갈래론」,『한국・일본의 설화 연구』, 인천 : 인하대출판부, 1992.

_____,『민족신화와 건국영웅들』, 서울 : 천재교육, 1995.

_____,「설화 자료에 의한 역사연구의 방법 모색」,『설화와 역사』, 서울 : 집문당, 2000.

장덕순 외,『구비문학개설』, 서울 : 일조각, 1971.

장덕순,『한국설화문학개설』, 서울 : 선명문화사, 1974.

_____,『한국문학의 연원과 현장』, 서울 : 집문당, 1986.

_____,『한국설화문화연구』, 서울 : 서울대 출판부, 1987.

_____,「최치원과 설화문학」,『한국민속과 문학』, 서울 : 박이정, 1995.

장석규,「구비문학교육의 효용론」,『구비문학연구』제8집, 한국구비문학회, 1996.

_____,「구비문학교육 현실의 진단과 처방 (1)」,『문학과 언어』제21집, 문학과 언어학회, 1999.

_____, 「구비문학교육 현실의 진단과 처방 (2)」, 『어문학』 제67집, 한국어문학 회, 1999.

장장식, 「곽씨 씨족설화의 형성과 신화성」, 『한국민속학보』 제9호, 한국민속학 회, 1998.

장주근, 「신화학에서 본 한국문화의 기원」, 『한국문화인류학』 창간호, 한국문화 인류학회, 1968.

_____, 『풀어쓴 한국의 신화』, 서울 : 집문당, 1998.

정병헌, 「백제 용신설화의 성격과 전개양상」, 『구비문학연구』 제1집, 한국구비 문학회, 1994.

정재교, 「신라의 국가적 성장과 신궁」, 『부대사학』 제11집, 부대사학회, 1987.

정진홍, 『종교학서설』, 서울 : 전망사, 1990.

조동일, 『한국소설의 이론』, 서울 : 지식산업사, 1977.

_____, 『인물전설의 의미와 기능』, 경북 : 영남대 민족문화연구소, 1979.

_____, 『한국문학통사』, 서울 : 지식산업사, 1994.

조영주, 「한국 성씨기원설화 연구」, 경희대학교 교육대학원 석사학위논문, 1998.

조현설, 『건국신화의 형성과 재편에 관한 연구』, 동국대학교 박사학위논문, 1997.

조희웅, 『설화학강요』, 서울 : 새문사, 1993.

지병규, 『고대 건국신화의 계통적 연구』, 충남대 박사학위논문, 1993.

지춘상 외 공저, 『남도민속학개설』, 서울 : 태학사, 1998.

천혜숙 외, 『한국구비문학의 이해』, 서울 : 월인, 2000.

천혜숙, 「장자못전설 재고」, 『민속어문논총』, 대구 : 계명대출판부, 1983.

_____, 『전설의 신화적 성격에 관한 연구』, 계명대 박사학위 논문, 1987.

_____, 「민속신화의 범주와 그 민속사회적 가치」, 『인문과학』 제28집, 성균관대 학교 인문학연구소, 1998.

최광식, 「삼국의 시조묘와 그 제사」, 『대구사학』 제38집, 대구사학회, 1989.

최길성, 『한국민간신앙의 연구』, 대구 : 계명대출판부, 1989.

최내옥, 「아기장수 전설의 신고찰」, 『설화』, 민속학회, 1989.

최동, 『조선상고민족사』, 서울 : 인간사, 1966.

최삼룡, 「최고운전의 출생담고」, 『어문논총』 제22집, 고려대, 1985.

최상수, 『한국민간전설집』, 서울 : 통문관, 1958.

최운식 외, 『설화·고소설 교육론』, 서울 : 민속원, 2002.

최운식, 『전설의 고향을 찾아서』, 서울 : 민속원, 1997.

최인학 외, 『한국민속학의 새로 읽기』, 서울 : 민속원, 2001.

최재석, 「신라사회의 시조의 개념」, 『한국사연구』 제53집, 한국사연구회, 1986.

표인주, 『전남의 당신화 연구』, 전남대학교 박사학위논문, 1994.

_____, 『남도설화문학연구』, 서울 : 민속원, 2000.

한석수, 『최치원전승의 연구』, 경북 : 계명문화사, 1989.

한선하, 「최치원설화 전승 연구」, 영남대 석사학위논문, 2000.

허경회, 『한국의 왕조설화 연구』, 전남대학교 박사학위논문, 1987.

허경회, 『한국씨족설화연구』, 광주 : 전남대 출판부, 1990.

현용준, 『무속신화와 문헌신화』, 서울 : 집문당, 1992.

홍경표, 「용신설화와 그 상징체계 시고」, 『한국전통문화연구』 제1집, 효성여대 전통문화연구소, 1985.

홍태한, 『인물전설의 현실인식』, 서울 : 민속원, 2000.

황인덕, 「견훤전설의 구비창작담적 성격」, 『후백제와 견훤』 발표요지문, 2000.

황패강, 「민속과 신화」, 『한국민속학』 제8집, 민속학회, 1975.

Arnold van Gennep, 전경수 옮김, 『통과의례』, 서울 : 을유문화사, 1994.

Edmund Leach, 신인철 옮김, 『성서의 구조인류학』, 서울 : 한길사, 1996.

Joseph campbell, 이윤기 옮김, 『신화의 힘』, 서울 : 고려원, 1996.

M. Eliade, 이은봉 옮김, 『종교형태론』, 서울 : 한길사, 1996.

M. Eliade, 정진홍 옮김, 『우주와 역사』, 서울 : 현대사상사, 1979.

Mary Douglas, 유제분·이훈상 옮김, 『순수와 위험』, 서울 : 현대미학사, 1997.

R. M. Dorson, "folkore-Selected Essays", Indiana Univ. Press, 1972.

Ruth Benedict, 김열규 옮김, 『문화의 패턴』, 서울 : 까치, 1993.

Walter J. Ong, 이기우·임명진 옮김, 『구술문화와 문자문화』, 서울 : 문예출판사, 1995.

교육과정 정보서비스 홈페이지 http : /www.kncis.or.kr

찾아보기

아

서해숙

전남 화순에서 출생했으며, 전남대학교에서 「한국의 성씨시조신화 연구」로 박사학위를 받았
다. 현재 전남대학교 호남문화연구소 전임연구원으로 활동하면서, 국문학과에서 강의를 맡고
있다. 논저로는 「민속문화에 나타난 공간인식 연구」, 「전북 해안지역 동제의 활용방안」 등을
비롯하여 『여성농업인의 삶과 전통문화』, 『장흥 호계마을사람들의 삶과 앎』, 『전주설화』, 『전
북 해안지역 마을공동체신앙』(공저) 외 다수가 있다. 2002년 월산민속학술상의 학위논문상을
수상했다.

한국 성씨의 기원과 신화

2005년 10월 18일 초판1쇄 인쇄
2005년 10월 28일 초판1쇄 발행

지은이   서해숙
펴낸이   홍기원

펴낸곳   민속원
주 소   서울 금천구 시흥동 220-33 한광빌딩 B-1호
등 록   제18-1호
전 화   02) 805-3320, 806-3320
팩 스   02) 802-33346
E-mail   minsok1@chollian.net

ISBN 89-5638-291-3 93380